# 历史四季

## 开国与转型

春之卷

冯敏飞 著

新世界出版社
NEW WORLD PRESS

图书在版编目（CIP）数据

开国与转型：透视13个长寿王朝开国之初的蓬勃景象 / 冯敏飞著. -- 北京：新世界出版社，2024.4
（历史四季；1）
ISBN 978-7-5104-7866-6

Ⅰ.①开… Ⅱ.①冯… Ⅲ.①中国历史－古代史－研究 Ⅳ.①K220.7

中国国家版本馆CIP数据核字(2024)第024684号

## 开国与转型：透视13个长寿王朝开国之初的蓬勃景象

| | |
|---|---|
| 作　　者： | 冯敏飞 |
| 责任编辑： | 熊文霞 |
| 责任校对： | 宣　慧　张杰楠 |
| 责任印制： | 王宝根 |
| 出　　版： | 新世界出版社 |
| 网　　址： | http://www.nwp.com.cn |
| 社　　址： | 北京西城区百万庄大街24号（100037） |
| 发 行 部： | (010)6899 5968　(010)6899 8705（传真） |
| 总 编 室： | (010)6899 5424　(010)6832 6679（传真） |
| 版 权 部： | +8610 6899 6306（电话）　nwpcd@sina.com（电邮） |
| 印　　刷： | 天津旭非印刷有限公司 |
| 经　　销： | 新华书店 |
| 开　　本： | 880mm×1230mm　1/32　尺寸：145mm×210mm |
| 字　　数： | 230千字　印张：9.25 |
| 版　　次： | 2024年4月第1版　2024年4月第1次印刷 |
| 书　　号： | ISBN 978-7-5104-7866-6 |
| 定　　价： | 48.00元 |

版权所有，侵权必究
凡购本社图书，如有缺页、倒页、脱页等印装错误，可随时退换。
客服电话：（010）6899 8638

# 推荐序

聂震宁

"读史热"已经成为全民阅读中一个十分普遍的现象。

其实,中国一直都有史学热。梁启超有名言:"中国于各种学问中,惟史学为最发达;史学在世界各国中,惟中国为最发达。"

有着史学热传统的中国,一旦开展全民阅读,提倡多读书,建设书香社会,读史热随之而来也是自然而然的事情。

因为读史有大用。唐太宗说:"以史为镜,可以知兴替。"章太炎说:"夫读史之效,在发扬祖德,巩固国本;不读史,则不知前人创业之艰难,后人守成之不易,爱国之心,何由而起?"毛主席一直特别重视读史,他说:"以史为鉴,可免重蹈覆辙。"他还说,看历史就会看到前途。史学因其鉴往知来、资政育人的功能,在中国历朝历代都是主流社会的必修课。

读史的大用还在于能增长智慧。史学是充满活力的智慧之库。读史能拓展人们的思维空间。一个人的精神生活不能囿于狭小的现实空间，广博的阅读乃是自我成长、自我拓展、自我救赎的主要途径，其中，读史能与前人神往交谊，可以兴，可以观，可以群，可以怨，乐在其中，成长与拓展也就孕育于其中。好读史并非食古不化，读史可以知古而鉴今，温故而知新，使得人们更加关注社会，关注当下，关注自身，关注他人，关注未来。

虽然全民阅读中的读史热也招致过一些非议，有专家认为其中存在某些哗众取宠的"史学泡沫"，可是总体而言，新世纪以来，不少史学新著勇于摆脱传统经院史学的窠臼，在对史料深刻理解的基础上努力提高讲故事的能力，使得史学更加贴近大众，贴近现实，引起热读，当然是有助于优秀传统文化传承创新的。

也许正是有读史热的助推，眼看着有越来越多的史学专家把自己的史学新著写得不仅耐看也还好看，受到读者拥戴，令许多人对史学的显耀心生歆羡；而也许因为许多人对史学的显耀心生歆羡，我们又眼看着有越来越多出自非史学专家的史学新著不仅好看也还耐看，同样受到读者喜爱，令更多的人热衷于读史乃至写史。

作家冯敏飞就是这样一位非史学专家，却热衷于读史乃至写史的史学新著作者。

冯敏飞先生早些年创作出版的长篇小说《鼠品》《红豆项链》《兵部尚书佚事》《裁员恐惧》《京城之恋》和散文集《人性·自然·历史》《历史上的60年》等，得到过不同程度的好评，《鼠品》《红豆项链》还获得过文学奖。我们从其创作的总体风貌可以发现，他有写作历史题材的偏好，长篇小说《兵部尚书佚事》《京城之恋》就是历史题材，散文集《人性·自然·历史》《历史上的60年》中大多数篇章是读史随笔。一切机会都是方向，关键在于一个人是否自觉。一切偏好都会成就一个独特的作家，关键在于他是否执着。冯敏飞觉察到当下读史热的机会，而他又执着于自己对历史题材的偏好，于是接连推出了一系列历史写作新著，计有《历史的季节》《智读中国史》《中国盛世》《家天下是如何倒掉的：中国12个王朝的最后10年》《危世图存：中国历史上的15次中兴》等。特别是《智读中国史》《历史的季节》两书，专谈中国历史上王朝的盛衰，引起众多读者的关注。《智读中国史》一书打破朝代分割，突出盛世（包括治世、中兴）脉络，让读者在尽可能短的时间里，对中国数千年历朝历代之兴衰有清晰的脉络印象。书中还特别附有作者精心制作的一米多长的《中国历史兴衰一览图》，将千古历史王朝兴衰绘于一图，方便读者对中国历史形成全局性认识。《历史的季节》一书聚焦中国14个百年王朝，对其王朝建立70年前后这一历史节点做切片式分析，别开生面地图解王朝兴盛衰亡的历史轨迹。作者通过统计分析中国历史上的王朝样本，证实70年是王朝的"天花板"，但也可能是"喇叭口"，大部分王朝过不了这道"天花板"，只有少部分王朝通过"喇叭口"从而延续较长时间。由此该书得出一个结论，即：转身和改革是中国历史永恒的话题，而且历久弥新。

应当说，作家冯敏飞的读史与写史在一定程度上是有其独到之处的。人们习惯称"读史使人明智"，可他并不就此打住，而是在此基础上提出了"读史使人明势"，说明他力图在读史的过程中看清天下大势和历史走势。怀着这样的抱负和追求，他将数十年研究中国历史兴盛衰亡的成果扩充成一部规模更为宏大的四卷本《历史四季》。他尝试在中华民族2000多年的历史典籍中，寻找到众多王朝创世、盛世、危世与末世中那些极为关键的部分,把其中可资明智和明势而且有趣的内容归纳为对应的春夏秋冬四个季节,以现代的视角、史家的态度、独到的思索和文学的表述编写给读者,帮助读者用较少的时间集中阅读到他们所感兴趣的历史内容。

冯敏飞这样的历史写作采取的就是一种跳读方法。阅读界对跳读法一直都是有所推崇的,认为读者在选择一个视角后,以自选的某种规律跳跃而读,省略掉与视角无关的部分内容,可以达到阅读效果最大化。冯敏飞说,因为确定了"历史的四季"这样一个视角,他采取了跳读法,才可能在二十五史、《资治通鉴》和《续资治通鉴》等基础典籍中跳跃而读,着重参考吕思勉的《中国通史》、李学勤和郭志坤的《细讲中国丛书》、卜宪群的《中国通史》、柏杨的《中国人史纲》和姚大中的《姚著中国史》等专著,还参考了《讲谈社·中国的历史》《剑桥中国史》《哈佛中国史》及《统治史》等关于中国史的各种域外著作。日本学者齐藤英治就十分主张跳读,他认为,通过大约20%的节点,即可获取80%的高质量的信息,跳读就是努力寻求那20%的关键信息。日本另一位学者印南敦史所著的《快速阅读术》也持相似的看法。我在拙著《阅读力决定学习力》里对印南敦史《快速阅读术》中的跳读法也做过专门介绍。

如此说来,是不是可以认为冯敏飞的历史写作缺少创新价值呢?其实不然。史学中的专题写作本身就需要有创新的视角和构思。被誉为"创新理论"鼻祖的熊彼特认为,所谓创新,就是"当我们把所能支配的原材料和力量结合起来,生产其他的东西,或者用不同的方法生产相同的东西",即实现了生产手段的新组合,产生了"具有发展特点的现象",也就是"企业家把一种从来没有过的生产要素和生产条件实行新的组合从而建立一种新的生产函数"。冯敏飞的历史写作不正是在众多历史典籍中"把所能支配的原材料和力量结合起来,生产其他的东西,或者用不同的方法生产相同的东西"吗?根据熊彼特的"创新理论"。这当然也是一种创新。

我们要承认,说到底冯敏飞就是一位作家,作家写史,跟历史学家比的不是学术性,不是考据,甚至也不是辞章,更多的是比建立在历史学家研究基础上的文学讲述、义理阐释,甚至是可读性的重塑。冯敏飞给自己历史书写的定位是读史的"随笔"。随笔属于文学门类,是一种讲究考据、辞章、义理和讲述的文学写作,并非如历史通俗演义小说那样可以随意虚构甚至戏说。他说,自己在写作中,在描写许多历史事件时,很想像写小说那样放开笔墨演绎一些场景与细节,但最终他没有这样做。他压制并克制住了一个小说家的专长和冲动,而是尽可能用历史典籍中那些精彩的原文(哪怕几个字),此外还花费大量时间精力像学者那样做了引文注释。他说他给自己设定的写作目标是努力做到比学术著作更好读,比通俗读物更可信,让人们用尽可能少的时间读到尽可能集中的史实,而且要读来妙趣横生却又发人深省。我相信他是这么想的,也正是这么做的。

我和冯敏飞同是文学圈中人,是文友。当年我读冯敏飞的长篇小说《鼠品》曾有惊艳之感,以为他会继续把小说写得如此这般超凡脱俗,没料到,他竟然华丽转身,潜心于历史写作且大作迭出,给了文友们十分的惊奇。近些年我在阅读研究与推广方面写了一些东西,冯敏飞表示过认同和兴趣,希望我对他的历史写作和着力提倡的读史方法给予关注,并邀约我为他的新著《历史四季》作序。盛情难却,拉拉杂杂写下上面一些感想,就教于冯敏飞先生和各位专家、读者。

是为序。

2022 年 11 月 3 日

聂震宁：第十、十一、十二届全国政协委员，中国作协会员，韬奋基金会第四届理事长，中国出版协会副理事长。曾任中国出版集团总裁、人民文学出版社社长兼总编辑。

# 作者序

李白仰天长叹:"秦王扫六合,虎视何雄哉!"秦始皇武功盖世,死后犹威震殊俗。不料短短十数年,秦崩而楚亡,比秦始皇小3岁的刘邦手提三尺剑清寰海,创业垂基400载。相比之长寿王朝,大秦如同一个强壮的小伙子暴亡,特别令人喟叹。

《剑桥中国秦汉史》有专节《崩溃的原因》,归纳了秦亡的5个原因:一是残暴和剥削严重,二是秦始皇及二世不愿纳谏、子婴软弱,三是没能吸取历史教训,四是陈胜、吴广起义,五是好大喜功。① 除此之外,是不是还有其他原因?

---

① 作者注——[英]崔瑞德、[英]鲁惟一编,中国社会科学院译:《剑桥中国秦汉史》,中国社会科学出版社1990年版。另,本书脚注均为作者注。

## 从盛世看末世

  这些年来,笔者专注于中国历史王朝兴衰问题,着重创世、盛世、危世与末世历史四季,全面梳理历史上43个盛世(含治世、中兴),剖析十余个长寿王朝立朝之初,以及十几个王朝的最后10年。系统地看下来,有一个词逐渐浮现并明朗化,这就是"华丽转身"。

  "华丽转身"是现代词,指从一种社会角色形象转变为另一种社会角色形象。转身是改变,华丽则强调这种改与变是朝着积极的、好的、公众认可或期望的方向。引申到政治,就是古人所谓"皇道开明",现代所谓"文明执政"。"居马上得之,宁可以马上治之乎",说的也是这意思。对一个帝王来说,这才是关键。

  历史上,不论中外,帝国或王朝都像新生儿一样带着血污降生,没有几个来自和平,来得圣洁。"汤武革命"说是"顺乎天而应乎人",千古叫好,可是与学者稍加深入讨论,汉景帝刘启就觉得敏感了,连忙叫停。晋明帝司马绍偶然听说前辈开国真相时,不敢相信,"覆面著床"说:"如果真是这么血腥(诛夷名族),国祚怎么可能久长?"司马绍显然是登场未久。史学名家吕思勉深有感慨说:"篡弑,也是历代英雄的公罪。"[①]法国历史学家米涅说得更白:"好事和坏事一样,也是要通过篡夺的方法和暴力才能完成。"[②]所以,"权力来源合法性"对于开国者来说实际上是道伪命题。朱元璋、康熙为他们的权力来源喋喋不休地辩护,实在是浪费精力。而像北魏太武帝拓跋焘,为新修的国史所谓"暴扬国恶"问题不仅族诛崔浩,还顺手杀了他的姻亲范阳卢氏、太原

---

① 吕思勉:《中国通史》,群言出版社2016年版。
② [法]米涅:《法国革命史》,商务印书馆1977年版。

郭氏和河东柳氏等北方大族，北魏的汉化努力又一次失败，实在是得不偿失。

夺权之后再区分统治者高下与王朝优劣，才有实质性意义。汉代人所谓"逆取顺守"，也是这意思。人类历史是一部华丽转身之史，而不是相反。那种远古多美好、后来才变坏之类厚古薄今的说法，我是无法赞同的。但我觉得读史如观荷，不必纠缠它是否出身泥浊。一个帝王立朝或登基是否合理正当，或曰是否具有"权力来源合法性"，跟婴儿出生是否身带血污的问题一样没有实质性意义。悠悠千古，有几个盛世帝王是合法的，又有几个末世帝王不是合法的？历史研究在这方面浪费太多精力了！

还是把注意力转移到看它是否及时华丽转身吧！有些帝王迅速华丽转身，尽量告别暴力，即使当时没能开创盛世，也打下了良好基础，让王朝在二三代之后步入盛世。更多帝王迟迟不肯华丽转身，甚至"丑恶转身"，一根筋走下去，王朝没毁在自己手里也坚持不了几代。汉光武帝刘秀、晋武帝司马炎、梁武帝萧衍、隋文帝杨坚、宋太祖赵匡胤、明太祖朱元璋，都是开国即盛世。周成王姬诵、宋文帝刘义隆、齐武帝萧赜、唐太宗李世民、后唐明宗李嗣源、清圣祖爱新觉罗·玄烨等，其后二三代也开创盛世。所谓中兴，就是"王道衰而有能复兴者"。从前辈那里接过来就是"王道衰"的班底，再不华丽转身就不可救药了。

"开元盛世"如日中天，可就在这时爆发"安史之乱"。日本明治大学历史学教授气贺泽保规分析：

安史之乱从根本上动摇了唐朝的统治根基，使得唐朝处于濒临灭亡的危机境地，然而在不知不觉中，唐王朝却又稳住了阵脚，竟然又延续了一个半世纪的命脉。究其原因，应该说与蕴含在唐朝内部的柔性结构所具有的强韧性有关。①

这种蕴含在王朝内部柔性结构的"强韧性"，就是盛世的结晶。有了这种强韧性，唐朝能够承受意外打击。而秦统一虽然迅猛，但由于缺乏强韧性，像钢一样看似无比坚硬，其实很脆，经得起高压却经不起打击，一打就断。人算不如天算，百密一疏，意外防不胜防。韧性的强度，或者说有没有盛世，稳定发展期的长短，决定了一个王朝寿命的长短。

## 从暴君到明君

将一个人物简单标签化，很容易以偏概全、先入为主。

《史记》中有一个细节不可忽略：第一次会商鞅，秦孝公听得打瞌睡，事后还怒责引见的太监景监："子之客妄人耳，安足用邪！"景监自然把气撒到商鞅身上，商鞅说："求您再给我一次机会，我换个话题！"果然，秦孝公来兴趣了，竟然快语通宵，一连几天几夜。景监好奇得很，忙问商鞅："你究竟说了什么，让吾君欢甚也？"商鞅说："前两次，我推行礼乐之治，劝君直追三代学尧舜，君叹道：'礼乐之治当然好，可那不是三年五年、十年八年能够见效的，我等不了。你看当今天下，哪一个不是虎视眈眈？哪一个不是危在旦夕？又有哪一个能够等待你用几十年、上百年让秦国变成强国？'听了这话，我恍然大悟，改

---

① ［日］气贺泽保规著，石晓军译：《绚烂的世界帝国：隋唐时代》，广西师范大学出版社2014年版。

而直接推行能够最快强国的霸王之道，君王听了果然非常高兴。只是可惜，这霸道在道义上就比不上以'三代'图之了！"① 由此可见，秦孝公与商鞅都不是糊涂之人，也都不是无德之人，只是在残酷现实逼迫下，不得不狠心为之，心灵深处或许还幻想将来改行礼乐之治。如秦果能行尧舜之道，我们或许还有理由相信：秦国在以暴力完成统一大业后，有可能华丽转身，转而推行礼乐之治，直追"三代"。

面对春秋战国那礼崩乐坏、烽火连天的局势，许多有识之士挺身而出，所谓诸子百家，都在积极寻求解救之道，只不过多数人都失败了。秦始皇收拾了那么大的乱局，应该说功莫大焉。

统一之后，秦始皇仍然励精图治，他大小事都亲自抓，日夜批阅公文，不批完不睡觉。②

《中国历史大事编年》记载始皇帝的主要作为：始皇帝二十六年（公元前221年）统一六国、定官制、改行郡县制、统一度量衡、收民间兵器铸钟鐻；始皇帝二十八年西巡、筑国道；始皇帝二十九年东巡封禅、凿灵渠；始皇帝三十一年查核田亩；始皇帝三十二年伐匈奴；始皇帝三十三年击南越、筑长城。③ 著名作家柏杨"不为君王唱赞歌"，却破例赞秦始皇"做出了几乎比此后两千年大多数帝王所做的总和还要多的事"。④

---

① 《史记》卷六八，商君传，中华书局1999年版，第3册，"鞅曰：'吾说君以帝王之道比三代，而君曰：'久远，吾不能待。且贤君者，各及其身显名天下，安能邑邑待数十百年以成帝王乎？'故吾以强国之术说君，君大说之耳。然亦难以比德于殷、周矣。'"另，本书所引二十四史均参照中华书局1999年版本。
② 《史记》卷六，秦始皇本纪，第1册，"天下之事无小大皆决于上，上至以衡石量书，日夜有呈，不中呈不得休息。"
③ 张习孔、田珏：《中国历史大事编年》，北京出版社1987年版。
④ 柏杨：《中国人史纲》上册，同心出版社2005年版。

这一系列大事,对于一个历经几百年战乱之后刚刚统一的国家来说,确实难以承受。据估计,当时全国多达15%以上的人口被征集到各大工地。史书描述其时"赭衣塞路,囹圄成市",惨不忍睹。如果说伐匈奴、击南越、筑长城出于无奈,那么造宫殿和骊山墓可以暂缓吧?做超出实际能力的事,就难免用暴力强制。最糟的是"焚书坑儒","它使后世的文人对秦帝国产生了持久的反感"。[①]实际上,后世不称"焚书坑儒"而甚于"焚书坑儒"之事屡见不鲜。一方面是战争"焚书",例如"光武迁还洛阳,其经牒秘书载之二千余两,自此以后,参倍于前……及王允所收而西者,裁七十余乘,道路艰远,复弃其半矣。后长安之乱,一时焚荡,莫不泯尽焉";[②]另一方面是以编修新书之名所行的破坏,例如明清之时。只不过"焚书坑儒"早被标签化,好比注册商标,后来可以超过其标准,但不得同冠其名。

然而,秦始皇显然也有华丽转身。他认为"天下共苦战斗不休,以有侯王",所以从体制上挖掉诸侯混战的根源。统一度量衡、凿灵渠关系经济民生;收兵器、铸乐器则极富象征意义。深入历史的大街小巷,还可以找到些耐人寻味的细节。秦始皇聘有70位学者,授以"博士"官衔,又为博士招2000多名"诸生",并"尊赐之甚厚"。"博"与"诸"说明没什么"独尊"之类。2002年湖南龙山里耶出土的秦简表明:公元前214年被调派服徭役的12名犯罪男子,每日工资8钱,除去伙食费可余6钱。始皇帝三十二年(公元前215年)北巡时,秦始皇令李斯代撰《碣石门辞》,其中有句:"男乐其畴,女修其业,事各有序。"即使这不是现实写照,至少表明秦始皇有这样的理

---
[①] 《剑桥中国秦汉史》。
[②] 《后汉书》卷七九上,儒林列传,第9册。

想,与儒家所追求并不矛盾。这次北巡还到了今河北秦皇岛,见岛上荆条丛生,秦始皇立即下马叩拜,长叹说:"这是小时候读书时,我老师用过的啊!"①即使这传说不一定可信,至少也可以说明在有些古人的心目当中,秦始皇是尊师重教的。北京大学教授辛德勇说:"儒家在秦代不仅没有受到特别压抑,而且与其他诸家学说比较起来,还可以说是独得朝廷的眷顾,有着其他诸家无可比拟的优越地位。"②不然的话,如果真是"焚书坑儒"殆尽的话,刘邦制礼作乐怎么"颇采古礼与秦仪式杂就之"?③历史学家陈寅恪甚至认为《中庸》是"秦时儒生之作品也"。

可见秦始皇不是不想华丽转身,只不过没转成功,或者说没来得及转成功,就被贴上"暴君"的标签了。秦始皇死时才50岁。

事实上,从战国中期到秦汉之际流行的是"黄老之学"。此学尊崇黄帝和老子,以道家思想为主,吸纳了阴阳、儒、法、墨等学派的观点。汉武帝刘彻所谓"罢黜百家,独尊儒术",实际上只不过表面文章,行的还是"霸王道杂之"。纵观千古,"独尊法术"或者"独尊儒术"的日子总共也找不出几天。

## 从恩人变敌人

直到秦始皇死,秦朝局势比此前此后许多政权变易之时看起来更平稳。始皇帝三十七年(公元前210年)上半年,秦始皇远离京城,从今陕西西安东巡至今湖北云梦遥祭虞舜,然后到今浙江会稽山祭大禹,眺

---

① 蒋一葵:《长安客话》,"俗呼秦皇岛……俗传秦皇至此山见荆,愕然曰:'此里师授吾句读时所用朴也。'"
② 辛德勇:《生死秦始皇》,中华书局2019年版。
③ 《史记》卷九九,叔孙通传,第3册。

望南方战场，也许还想继续南下呢，秦朝哪有半点土崩瓦解的迹象？然而，正如孟德斯鸠在《论法的精神》中所说，平静不是太平，只是将被占领之地的缄默而已。

就在这时，秦始皇忽然病倒，局势也随之如山倒。大公子扶苏曾公然为儒生辩护，触怒龙颜，被逐边境督军，这是秦始皇的一个致命错误。但辞世前夕，秦始皇拟遗诏令扶苏接班，说明他仍有华丽转身之心。不想这要命的时刻出了意外，大臣赵高与大将蒙恬之间有怨，赵高便篡改遗诏，以"不孝"之名赐死扶苏，而让另一个公子胡亥继位。不过，至此局势还不算太坏。胡亥少时跟赵高学过法律，时年20岁。此时距陈胜揭竿而起还有整整一年时间，刘邦起兵更是在后，胡亥有时间华丽转身，问题是胡亥根本没有此心。

在这里，姑且不抨击赵高、李斯之流，因为任何时候都有恶人。也不应抱怨六国后人复辟，给了你十几年时间，为什么还不能让他们"悦服"？如果没有陈胜等人带头，他们何曾有过反抗？关键是胡亥这不肖之子认贼为父，贪图享乐，像木偶一样任恶人摆布，一根筋错到死。

南北朝时候的刘宋武皇帝刘裕也是开国皇帝，命更薄，称帝后不到三年即病死。其长子刘义符继位，却根本不把朝政放心上，而当时国际形势严峻，顾命大臣谢晦等人感到问题严重，便将刘义符废黜了，改立刘义隆。刘义隆皇位可谓捡来的，理当感恩戴德，然而他桥归桥路归路，将谢晦等人治罪，然后北伐南征，平息内乱，发展经济，开创"元嘉之治"。这不是孤例。此后十余年，北魏太监宗爱杀太武帝拓跋焘，改立其子拓跋余。拓跋余佯装胸无大志，暗中谋划。宗爱觉察后先下手将他杀了，然后立拓跋濬。拓跋濬吸取教训，继位后即杀宗爱个措手不及。拓跋濬在位近13年，国家逐渐安定，病死后由其子拓跋弘继位。拓跋弘禅位于其长子拓跋宏，后拓跋宏开创"孝文中兴"。如果胡亥能像刘义隆、拓跋濬，继位后华丽转身，不说开创盛世，保持大局稳定应该不难吧？

民军势如破竹，火烧眉毛，胡亥、赵高、李斯之流却还在那里内耗。直到赵高杀了李斯，胡亥才意识到危险，怒责赵高。赵高怕了，逼胡亥自杀，拥立其侄子婴。子婴不是傻瓜，赵高派人请子婴去受玺即位，子婴称病。赵高信以为真，前往探望，一进门便被杀。

子婴也许不凡，但为时已晚。继位第46天，刘邦的民军即入咸阳。子婴终究无力回天，放弃抵抗，向刘邦投降。强大无比的秦帝国仅存15年零47天。

说到底，还得追究秦始皇。浙江大学社会学系赵鼎新教授指出："秦国在统一中国之后对它囊括天下的组织能力的有效性以及它在全民战争时期发展出来的一套严酷的统治手段过于自信"，"因而出现了中国历史上国家权力首次不受任何社会力量有效制衡的局面。正如中国和世界历史上所一再上演的那样，这样一种政治体制所带来的只会是灾难性的后果"。① 因为过于自信，秦始皇迟迟没能实现华丽转身，虽然干了一堆大事，但人心也失尽了——没几个人真心实意想去挽救秦朝。

想想拓跋濬当时，年仅12岁，能有多少大智大勇，还不是靠左右大臣？可是，秦始皇遗诏被篡改之时，为什么没有其他人站出来阻止赵高、李斯，让胡亥这个年轻人悬崖勒马？胡亥娱乐至死，继续横征暴敛修阿房宫，而将各地越来越激烈的内战误以为鼠窃狗偷。直到战火烧到距咸阳仅60公里的地方，胡亥才如梦初醒，慌忙赦免骊山修墓的

---

① 赵鼎新著，夏江旗译：《东周战争与儒法国家的诞生》，北京联合出版公司2020年版。

数十万刑徒，发给武器，鼓动他们拼死抵抗。这之前，那么多文官武将干什么去了？别忘了，陈胜、吴广们大都只是未经武装训练的农民，而官军十几年前曾经横扫中原六国，军心民心这么快丢哪里去了？

古往今来，人们都希望长寿，也希望国祚永昌。迄今怨始皇，只因为他浪费了太多性命！

## 从折线转射线

如果将秦王朝的历史用线条描画出来，折线形最形象，上升线11年，下降线4年，顶端只有始皇帝三十七年（公元前210年）一个点，飙升后如同跳楼般坠落，如钢条戛然而断。

隋朝与之类似，但有所不同。隋开皇元年（581年），杨坚受北周静帝禅让，开皇九年（589年）结束南北朝乱局，随即华丽转身，开创"开皇之治"。仁寿四年（604年）杨坚去世，儿子杨广继位，说是弑父篡权，但没有影响大局稳定，完成大运河开发，完善科举制，拓展疆土，畅通"丝绸之路"，直到大业五年（609年）还一派升平景象。但随后发生突变，特别是三征高句丽陷入泥沼，老天爷又雪上加霜，山东、河南遇严重水灾，各地纷纷造反，仅文献确认的反叛组织就有200多个，官军根本应付不过来，大业十四年（618年），隋被唐取代。这说明仅有一个华丽转身的开国帝王还不够。

汉武帝刘彻曾为自己辩护："汉家庶事草创，加四夷侵陵中国，朕不变更制度，后世无法。"[①] 其实，哪一个国家或者王朝不是"草创"？

---

① 《资治通鉴》卷二二，汉纪，中华书局2019年版，第2册。

何况如范仲淹所说:"历代之政,久皆有弊,弊而不救,祸乱必生。"①即使盛世,也无不隐藏着或多或少的问题。因此,即使开局转身得够华丽,也不可一劳永逸,还需要一个又一个的华丽转身,才可能形成足以抵御各种意外打击的"强韧性"。

汉唐宋明清与秦隋等大不一样。唐朝在"安史之乱"前有"贞观之治""永徽之治""武周之治""开元盛世",好比一节节火箭助推卫星升入太空,一口气发展兴盛了130多年;"安史之乱"后,相继有"元和中兴""会昌中兴""大中中兴"又延续了150余年。明朝与此类似,前期有"洪武之治""永乐之治""仁宣之治"三大盛世,后期因为"弘治中兴""隆庆之治""万历中兴"又延续了150多年。如果描绘它们的历史轨迹,一个盛世是一个波峰,整个王朝有数个波峰。将这些波峰的高点用曲线连起来,大致呈一条上升的椭圆弧。如果把椭圆形圆心放置在一个坐标系的原点上,王朝上升的弧线就像第二象限中的弧线。长寿王朝如同横放型椭圆第二象限的弧线,稍短一些的王朝如竖放型椭圆第二象限的弧线——它们都绝不是只有一个高点、冲高之后直接向下的折线。

正是基于此,笔者强调"读史明势",并畅想今后一个国家的历史轨迹可望由椭圆形变成"射线"。射线的特点:一是只有一个端点和一个方向,二是不可度量。在世界总体和平的时代,只要及时华丽转身,保持执政定力,不断改革进取,超越儒法,超越左右,超越中兴,一个国家就完全有可能在一个方向保持不可度量、可持续的平稳发展势头。

---

① 范仲淹:《答手诏条陈十事》。

中国是文明古国，国学典籍汗牛充栋。传统图书分类：经、史、子、集，称"四部"。那么，读经，还是读史？我想：读经，不是让人觉得"天地亦是架漏过时，而人心亦是牵补度日"①，便是"斯道已大明，无烦著作"②，没完没了地厚古薄今，与"三千年未有之变局"的历史与现实渐行渐远，甚至让人对未来绝望。还是读史吧！

正如鲁迅先生在《这个与那个》中说："读史，就愈可以觉悟中国改革之不可缓了。"

鲁迅先生一语破的，历久弥新！

且以此为序。③

---

① 陈亮：《甲辰答朱元晦书》。
② 《明史》卷二八二，列传。
③ 本文曾刊发于2018年2月5日中共中央党校《学习时报》，原题《强而无韧的秦王朝：秦朝二世而亡的教训》，略有修改。

前 言
# 历史需要一种新的读法

1

民谚曰"天上众星皆拱北,世间无水不朝东",乍一看很像真理,稍加细思便觉得后半句不对头。

山东曲阜之地势,就与全国总体西高东低的地势相反,是东高西低,那里的河流如大沂河、廖河、泗河等都往西流,因此有"圣人门前倒流水"之类佳话。我家乡古人攀龙附凤,说杉溪西流了 30 里与濉溪汇为金溪才折南,汇入闽江才朝东,因此也具圣人故里风水云云。

其实,水无不是从高处四面往低处流的,从局部看,显然朝东、朝南、朝西、朝北流的都会有。新疆巴音布鲁克,那草原辽阔无垠,直接天云。登临稍高处望去,一条大河从天而来,十八湾尽收眼底。我到那里旅游时,曾经在那栈道上伫立凝望了许久。我困惑:家乡因天为山欺而水求石放不难理解,这平平坦坦的大草原,何以"水求草放"?忽然两眼一亮:读史当如此!

后来在网上读到一篇佚名文章，说禅师（有的版本为地理老师）指着中国地图问："河流为什么不走直路，而偏偏要走弯路？"禅师说："走弯路是自然界的一种常态，走直路倒是一种非常态，因为河流在流淌中会遇到各种各样的障碍，有些障碍是无法逾越的。走弯路，避开了一道道障碍，才可能抵达遥远的大海。"禅师突然把话题一转，说人生也是如此云云。由此，我更坚定了自己的一点感想，这就是：读史如观川流！

读史当读通史，上下数千年全览！

任何一个王朝都不能代表中国历史，任何一个帝王都不能代表他所在的王朝，如同任何一个季节都不能代表全年。

如果只读某一个王朝、某一位帝王的历史，无异于蹲在某个小湾道里探望整条河流，无异于夏虫语冰。

## 2

我们无法知道自己之后的未来，难道还能不了解自己之前的历史吗？

一条河再长也有穷尽之时，而一个人再长寿也只不过在历史的某个小河湾散步一会儿，要了解人类社会的大致全貌唯有读历史。然而，历史要详尽读下来则几乎不可能。

有个朋友到我家，看着砌成墙样的二十五史、《资治通鉴》之类，不禁发问："这些书，你都有看吗？"我笑答："都不看，那是不可能的；每一页都看，那也是不可能的！"

中国历史悠久，史书汗牛充栋。著名历史学家黄仁宇说仅二十四史（不包括清史）就有约 7.6 万页，即使每天专职读 50 页，也得四五年。司马光组织一个5人班子,花了19年时间,编写出300多万字的《资治通鉴》,感到非常满意,可是没多久便大失所望,不由叹曰:"修《通鉴》成,惟王胜之借一读,他人读未尽一纸,已欠伸思睡。"①

为此,司马光晚年删繁就简,新编《通鉴举要历》,还多达80卷,不知何故没有修改定稿。胡国安根据他遗稿编成《通鉴举要补遗》,但朱熹认为该书"其文愈约而事愈备","不能有以领其要而及其详"②,他又动手编《资治通鉴纲目》,结果仍然不简。柏杨曾经编《现代语文版资治通鉴》,还多达72卷。

何况在当下"碎片化阅读时代",人们追求快节奏,对超出微博140字以上的内容都少有耐心,传统史书读者更少。

何况史书本身也不宜一成不变。

早在1941年,中国历史研究会就谈到了历史的现代阅读问题,明确认为二十五史、《资治通鉴》"这类书不适合于学习历史的需要"(对于研究历史另当别论),因为一是人们没有那么多时间和精力;二是对于人民生活境遇记载非常简略;三是最重要一点,"我们要探求中国社会循着怎样的道路向前发展,而这类书却竭力湮没或歪曲发展的事实,尽量表扬倒退停滞阻碍社会发展的功业"。③80年过去,中国历史研究会这一看法不断得到新的支持。享誉世界的英国历史学家汤因比在《历史研究》新版序文中坦言:尽管新版与旧版相比"有着广泛的不同之处……注定也会过时"。④为什么呢?英国另一位历史学家克里斯托

---

① 《资治通鉴》自序。
② 朱熹:《资治通鉴纲目》自序。
③ 范文澜:《中国通史简编》,江苏人民出版社2020年版,序。
④ [英]阿诺德·汤因比著,刘北成、郭小凌译:《历史研究》,上海人民出版社2005年版。

弗·希尔说:

> 每一代人都需要重新书写历史,因为尽管过去发生的事本身不会发生改变,但现实是不断变化的,每一代人都要对过去提出新问题,发现与现在相似的新领域,再现先辈所不同的侧面。①

我们这个时代的人对于历史的思考与司马迁、司马光、朱熹们不同,也肯定与梁启超、范文澜、吕思勉们不一样,需要更新的"资治通鉴"。

历史不断需要新的读法,也就不断需要新的写法。

## 3

在英国"天才小说家"毛姆看来,不少长篇小说名著都是可以大加删节的。毛姆曾应美国《红书》杂志之邀开列一份"我心目中的世界十大好小说"书单,附了一篇短评,强调说:

> 聪明的读者若学会把书中没有兴趣的部分略过不读的艺术,读这些书将是最大的享受。②

这话引起一位书商的共鸣,建议毛姆将这十大名著删去一般人不会

---

① 转引自车效梅:《跨国史视阈下丝绸之路城市史的研究和书写》,《光明日报》,2020年3月16日。
② [英]威廉·萨默塞特·毛姆著,宋碧云译:《不一样的文学史:世界十大小说家及其代表作》,山东文艺出版社2018年版。

喜欢看的部分，再附上他为每本书所写的导读。毛姆欣然同意。法国著名作家普鲁斯特的《追忆似水年华》，公认是意识流小说的代表作，20世纪最伟大的小说之一。这小说中文全译本达240多万字，篇幅长得吓人。毛姆也是普鲁斯特的狂热仰慕者，但觉得他这小说"即使大删特删仍不可能删到合理的规模"。而这"浩瀚巨作的浓缩本，省略已被时间削去价值的部分，只留下小说的精华，亦即具有永恒趣味的部分。缩减后的《追忆似水年华》仍会是一部鸿篇巨制，却是不折不扣的上乘佳作"。巴尔扎克、狄更斯及托尔斯泰等人的长篇小说都存在类似的情况。

为了"省略已被时间削去价值的部分"，一般人读书都会跳着读，即只寻找"具有永恒趣味的部分"读。毛姆说"跳着读或许是坏习惯，却是情势所逼而养成的坏习惯"，即为作家所迫。

英国文学大师、现代传记文学的开创者詹姆斯·鲍斯韦尔介绍说：约翰生博士看书跳读得很凶，因为"他天赋异禀，立刻就能抓住任何一本书有价值的地方，用不着苦苦从头读到尾"。[①] 不过，鲍斯韦尔所说是知识方面的书，例如历史书等。

毛姆似乎也认为，小说的结构比知识方面的书更不容易删节，或者说更不容易跳着读。美国作家马克·吐温有句名言："现实远比小说荒诞，因为小说是在一定逻辑下进行的，而现实往往毫无逻辑可言。"历史是昨天的现实。这话可以稍加改动，因为小说是在一定逻辑下写成的，因此难以删节，或者跳着读，少一个细节下部分就可能觉得莫名其妙。而历史往往毫无逻辑可言，因此存在大量"毫无逻辑可言"的部分

---

① 转引自《不一样的文学史：世界十大小说家及其代表作》。

应当删节,或者说跳着读。之所以有必要删或者说跳过,还因为一个作家写书要花很长时间,"作者有时候亦难免才思不济"。①

历史书还存在另一种难免"被时间削去价值的部分",这就是历史本身的问题。悠悠数千年历史,总有大段大段平淡无奇,辉煌如汉唐也都有若干平庸的年代,一个明君也总有若干年、若干月平凡得不足入史。作为一个帝王的传记,或者一个王朝的断代史、一个国家的通史,往往又不能完全忽略那些平庸的部分。这就更需要我们普通读者跳着去寻找"有价值的地方",而"用不着苦苦从头读到尾"。

严格来说,即使鸿篇巨制的史书也经过"省略已被时间削去价值的部分"。自汉以后,几乎历代帝王都有一种"起居注",类似日记,及时记录帝王的言行,作为撰修国史的基本材料之一。人们读的都是史书,而不是"起居注"。即使是"起居注",也不可能有闻必录,必定也有所选择。这选择视所需篇幅而定,同时出于不同的思想理念。

读书,不仅需要选择书的智慧,还需要跳读的艺术!

对于二十五史及《资治通鉴》之类,我想99%的读者都是"跳读",只不过跳的形式不一样而已。

有鉴于此,我要向读者推荐一种"跳读法",尝试"把书中没有兴趣的部分略过不读的艺术"引入历史阅读。

跳读历史,与专业史如思想史、农业史、服装史等有所同有所不同。同的是专注某一个视角,不同的是在选择一个视角后并不是从古至今一口气连贯下来,而是依作者自选的某种规律跳跃着,略去不太重要的部分,以节省阅读时间。

---

① 《不一样的文学史:世界十大小说家及其代表作》。

我跳读历史的方式是：挑出历代王朝的创世、盛世、危世与末世那10%的关键内容进行阅读，找到中华历史特别是帝制时代2000多年历史当中"具有永恒趣味的部分"。

我这本书之所以采用"随笔"的形式，就是想随兴所至，觉得"永恒趣味"多些就多写几笔，"永恒趣味"少就少写几笔，没有"永恒趣味"的就尽量不写。

## 4

"帝制"与"封建制"不同。英国著名政治学家、历史学家塞缪尔·E.芬纳的说法比较权威：

> "帝国"一词源自罗马术语"统治权"（imperium），后者即使在具体的罗马背景中也很难翻译，但它总是带有支配和控制的含义。通常认为帝国是通过征服形成的，这很有道理，因为这个词本身就有某个种族、集体或核心区域单位支配其他的种族、集体或区域单位的含义。①

这个定义显然适合东周至民国的中国的历史。

中外史观有诸多差异。梁启超批评中国旧史学以王朝划分时代，"虽名为史，实不过一人一家之谱牒"，"史见有君主，不见有国民"，

---

① ［英］塞缪尔·E.芬纳著，王震、马百亮译：《统治史》卷一，华东师范大学出版社2014年版。

使得人们"知有朝廷而不知有国家"。①他总结说世界历史上"四个政体非常长寿",就将中国秦至清视为一个整体,计2133年,其他长寿的国家如埃及2820年、罗马985年、亚述帝国744年、奥斯曼帝国568年、萨珊波斯帝国427年、哈里发帝国312年、阿契美尼德波斯帝国220年,等等,并强调说:"将秦朝统一作为开端,不但符合惯例,在我看来也是正确的。"②唐德刚提出一个关于中国社会政治制度转型理论——历史三峡理论,把先秦以来的中国政治社会制度变迁分为"封建、帝制与民治"三个大的阶段,第一次大转型自公元前4世纪商鞅变法起至秦皇汉武之间,从封建转帝制;第二次大转型发端于鸦片战争之后,从帝制转民主制。

为了更具体地考察历史,通常也得细化:秦朝、汉朝、北魏、隋朝、唐朝、宋朝、辽朝、金朝、元朝、明朝、清朝,等等。

历史有如天地四季。一个王朝春夏秋冬过去,又一个王朝的春夏秋冬起始。中华帝制时代那2000多年,就是这样一次又一次周而复始地轮回循环,形成一个又一个难以摆脱的"历史周期率"。

步入历史季节的深处,一木知春,一叶知秋。好比将若干个不同地区春季、秋季的照片串起来看,是不是可以对春、秋有更好的认知?

对于本书的特色,我给自己提的要求是:现代的视角,史家的态度,文学的表述。有没有做到,还请读者诸君评判。

---

① 梁启超:《新史学》,商务印书馆2014年版。
② 《新史学》。

# 目录

推荐序 （聂震宁） ···i
作者序 ···vii
前　言　历史需要一种新的读法 ···xix

**开篇语　切片式看长寿王朝** ···001
　　本卷视角 ···001
　　"三代"：儒家至爱 ···005
　　帝制之前"孔子的笼子" ···009

**第一章　西汉初60年** ···022
　　开国立朝：突然毁"鸿沟之约" ···022
　　最大看点："无为而治" ···025
　　千古之叹："孔子的笼子"第一次大改造 ···031

## 第二章　东汉初30年　···050

开国立朝：中兴与定鼎　···050

最大看点："柔道政治"　···052

千古之叹：三岁当皇帝可笑还是可悲　···060

## 第三章　东晋初30年　···065

开国立朝：流而不亡　···065

最大看点：侥幸灭蜀　···068

千古之叹：野无遗贤好还是野有遗贤好　···072

## 第四章　北魏初60年　···080

开国立朝：堪与法兰克帝国相比　···080

最大看点：中国史上第一次禁佛　···082

千古之叹：一个民族向外学习有多难　···085

## 第五章　唐初30年　···093

开国立朝：猫儿掀桌为谁作　···093

最大看点：多元的文化　···097

千古之叹：武则天该骂还是该赞　···111

## 第六章　辽初30年　···117

开国立朝：东亚仅此像大国　···117

最大看点：策马渡黄河　···121

千古之叹：游牧族的飞跃　…127

第七章　**北宋初20年**　…130

　　开国立朝：山寨"黄袍加身"　…130

　　最大看点："文以靖国"　…133

　　千古之叹：宋仁宗真是个好皇帝吗　…145

第八章　**西夏初70年**　…152

　　开国立朝：再现三国鼎立　…152

　　最大看点：坚持履行和平协议　…155

　　千古之叹：小王朝的正名之事　…157

第九章　**金初40年**　…161

　　开国立朝：法治罕见之好　…161

　　最大看点：彻底向中原靠近　…163

　　千古之叹：帝王的自我批评　…169

第十章　**南宋初40年**　…175

　　开国立朝：送上门的皇印　…175

　　最大看点：和平带来双赢　…177

　　千古之叹："孔子的笼子"第二次大改造　…183

第十一章　**元初20年**　…199

　　　　　　开国立朝："被华夏文明所征服"　…199

　　　　　　最大看点：挥泪斩宠臣　…202

　　　　　　千古之叹：皇帝为什么越来越蛮横无理　…207


第十二章　**明初30年**　…214

　　　　　　开国立朝："驱逐胡虏"　…214

　　　　　　最大看点："救济斯民"　…215

　　　　　　千古之叹：明朝时期的贸易　…230


第十三章　**清初百年**　…236

　　　　　　开国立朝：偶然之偶然　…236

　　　　　　最大看点：封建王朝的最后盛世　…242

　　　　　　千古之叹：明清时期为什么逐渐陷入停滞　…252


小　结　**长寿王朝的"长寿秘诀"**　…261

**开篇语**

# 切片式看长寿王朝

## 本卷视角

历史四季,本卷主题为春,着眼于创世。

据柏杨统计,中国历史从黄帝上任至溥仪退位的 4643 年间,共有 83 个大小不同的政权、559 位帝王。当然,这仅是一家之言。有些王朝在史料上出现一次或数次便石沉大海,所以中国历史上究竟有多少个王朝至今仍是一笔糊涂账。比如两汉之际王莽的"新"朝,仅存 15 年,跟秦朝一样,好些历史学家忽略不计。

中国历史上造反太多,太多人想当帝王。仅在新莽崩溃、刘秀称帝前后,就有十几个造反头目称帝建政。例如蜀郡太守公孙述,臣僚李熊劝他称帝,说:"蜀地沃野千里,战士不下百万。所谓用天因地,成功之资啊!"公孙述听了当然动心,可他心虚,不敢妄为。这时,梦中有人对他说:"八厶子系,十二为期。""八厶子系"显然是"公孙"二字;

"十二为期"理解有分歧,应当指汉室12个帝王(包括吕后),意思是汉室气数已尽,该由公孙述来替代。也有说指统治期仅12年,所以公孙述梦醒而来又喜又悲,叹道:"虽然可以贵为帝王,可是国运太短,怎么办?"老婆倒比他想得开:"孔夫子说'朝闻道,夕死可矣',何况有12年!"经这么一开导,公孙述不再犹豫,起兵反王莽,比刘秀早两个月称帝,不过真的十余年便灰飞烟灭,在帝王谱系当中了无踪迹。历史上像公孙述这样的"帝王"数不胜数。部众劝李寿称帝,占卜"可数年天子",有人欢欣说"一日尚足,况数年乎",李寿即表示赞同:"朝闻道,夕死可矣。"弑杨广的宇文化及在败亡之时,忽然感叹:"人生固当死,岂不一日为帝乎"?李自成也是在败退北京之时匆匆称帝……

所以,本卷所关注之春,必须界定于长寿王朝之春。


古今中外,人们都希望自己的国家强大,关于"大国""强国""帝国"之类的话题总是热门。我们现代仍然常常不无骄傲地称"大汉""大唐""大宋""大元""大明""大清"等。

"大国"与"强国""帝国"等概念看似意思差不多,但细寻起来,还是有些许差异。有些人偏重于军力强、疆域大,有些人则偏重于综合国力强、国泰民安,见仁见智。

长寿是人类古往今来最普遍、最基本的愿望。鲁哀公请教治国之道时,孔子说"政之急者,莫大乎使民富且寿也",并具体指导说:"省力役,薄赋敛,则民富矣;敦礼教,远罪疾,则民寿矣。"[①]

---

① 《孔子家语》,贤君。

作为万民之上的帝王，更是强烈地奢望长生不死。秦始皇、汉武帝等诸多帝王极力追求仙药，好几位帝王甚至落得因服所谓"仙丹"而死的下场。同时，几乎所有帝王也强烈地奢望"家天下"千年万万年。只是鉴于此前从未有一人真正不死的残酷现实，秦始皇又不能不做好死亡的准备，亲自拟好一系列名称，"朕为始皇帝。后世以计数，二世三世至于万世，传之无穷"，通过血脉实现秦王朝永恒的目的。他的传国玉玺刻着"受命于天，既寿永昌"八个大字。玉玺在唐时更名为"受命宝"，后辗转落到辽国皇帝耶律隆绪的手里。耶律隆绪虽是地道的契丹人，但他有相当水平的汉文化，以诗寄语"子孙皆宜守，世业当永昌"。在北京朝阳门外神路街公交车站旁，迄今耸立一座高大的黄彩琉璃牌楼，三间四柱七顶，正间的南北两面各有一块石匾，北面字为"永延帝祚"，南面字为"秩祀岱宗"，相传为明代内阁首辅严嵩所书。帝祚即帝位、皇位。千古帝王，不论何姓何族，与秦始皇无不同愿。尽管早有人哀叹"人生不满百"，但还是一代代高呼"万岁"，响彻云霄，声遏白云。

古埃及人更聪明，宣称他们的国王就是神。国王不但自己长生不老，而且能够把永生赐予他人。因为人们期望感恩的神王能慷慨地允许那些曾经在此生尽心侍奉过他的人作为永远忠实的奴仆，分享神的永生。法老就是这样，利用民众奢望长生的心理加强自己的统治。①

中外古代帝王的美好愿望无不落空，不少还是在自己手上成为泡影。不过，幸好帝王也必然会死，不然暴君昏君带来的苦难没完没了，连对好日子的期望都不敢有。

---

① ［美］威廉·麦克尼尔著，施诚、赵婧译：《世界史：从史前到21世纪全球文明的互动》，中信出版社，2013年版。

祈盼盛世，祈盼长治久安！祖先的美好理想源远流长，这应该也是现代世界各国人民的心声。

看长寿王朝，当然比看短命王朝更有意义。

天地四季的时间分明，可以精确到几时几分立春、立夏、立秋或立冬，历史四季则无法界定统一的时间，只能以"模糊数学"论。长寿王朝之春的视角，有两类：

一是该王朝的第一个盛世（治世、中兴），有的开国立朝伊始即计入盛世，如北宋、南宋；较多是历经一两代打好基础才开始，如西周、西汉、清等。

二是王朝前期的某一年，虽没有盛世之誉，但相对较兴盛时期的代表年份。具体时间不限，距开国立朝或20年，或30年、40年、60年不等，比较随机。选择这样的点做切片式分析，也是挺有意义的。黄仁宇一方面将中国上下数千年浓缩成一册《中国大历史》，另一方面则将1587年往深里挖掘成《万历十五年》。关于后者，黄仁宇特别说明："万历十五年在我国的朝廷上发生了若干为历史学家所易于忽视的事件。这些事件，表面看来虽似末端小节，但实质上却是以前发生大事的症结，也是将在以后掀起波澜的机缘。其间关系因果，恰为历史的重点。"[①]

既然通史有通史之长，断代史有断代史之长，那么选取某年某事深究之史也有其长。

---

[①] 黄仁宇：《万历十五年》，中华书局2006年版。

# "三代"：儒家至爱

夏、商、周三个朝代，特称"三代"。实际上，三代应该是指这三个朝代之初，或者说这三个朝代的盛世。

1996年国家启动"夏商周断代工程"，组织历史学、考古学、文献学、古文字学、历史地理学、天文学和测年技术学等9个学科12个专业200多名科学家联合攻关，希望能明确夏商周时期的具体年代。2000年基本完成，制定出《夏商周年表》。

## 夏

传有"少康中兴"：大禹传位给儿子启，启又传其子太康，"公天下"从此变为"家天下"。可是太康"不恤民事"，有次游猎到黄河以南，发生叛乱，被篡国。太康的侄孙少康侥幸出逃，长大后复国，重建夏朝。详见本系列"秋之卷"《变革与复兴》开篇语。

夏桀是中国历史上臭名昭著的暴君之一，他最喜爱的美女妹喜则是中国历史上第一个"红颜祸水"。夏桀筑倾宫、饰瑶台、作琼室、立玉门，沉湎后宫，不务政事，朝野越来越不满。夏桀自诩太阳，说要带给百姓光明与温暖，实际却是无尽的苦难，百姓忍无可忍，说："你那颗太阳什么时候灭亡啊，我们情愿与你同归于尽！"这就是成语"时日曷丧"的由来。

## 商

商部族首领汤发动革命，打败夏桀，夺得政权，建立商朝。商汤吸取夏桀的教训，发布《汤诰》，要求臣属"有功于民，勤力乃事"，

"以宽治民",赢得诸侯国的朝拜。

其后,历经"比九世乱",多次向东迁都。第二十任商王盘庚上任后,毅然将都城改向西迁到"殷",此后200多年没再迁都。《史记》说"殷道复兴,诸侯来朝",史称"盘庚中兴"。盘庚死后国运又衰。第二十三任商王武丁上任后,起用甘盘等十位贤臣,推出一系列新政,国家很快复兴,拓展了商朝版图和势力范围,实际上奠定了秦始皇之前华夏族的大体疆域,被誉为"武丁中兴"。关于"盘庚中兴"和"武丁中兴",详见《变革与复兴》开篇语。

商的最后一任帝王纣王,留给人们最坏的印象,一是生活奢侈糜烂,所谓"酒池肉林"说的就是他,他宠爱的苏妲己有如妹喜;二是暴虐嗜杀,"炮刑"就是他发明的,著名忠臣比干因为批评他,不仅被杀还被剖心。不过,有人认为纣王被严重丑化。孔子得意门生子贡就说:纣王的坏不像传说那么严重。人不敢倒霉,一倒霉处于下游,坏事就像污水一样都会归集到他身上。①

## 周

西北部的周人姬昌发动叛乱,死后由儿子姬发领导继续对商作战。进攻商都前夕的誓师大会上,姬发做动员报告,指责商纣王犯下一系列滔天罪行,强调此战是奉上天之命进行讨伐。姬发这篇重要讲话题为《泰誓》,收入《尚书》,但失传,所传却被认为是汉代人的伪作。有趣的是,美国历史学者施珊珊说,《独立宣言》的主要起草人托马斯·杰斐逊应该读过并且借鉴了《泰誓》。②由此可以想象姬发这篇讲

---

① 《论语》,子张,"纣之不善,不如是之甚也。是以君子恶居下流,天下之恶皆归焉。"
② 转引自赵冬梅:《法度与人心:帝制时期人与制度的互动》,中信出版社2021年版。

话多有煽动性，战士们听了热血沸腾，同仇敌忾，战斗力倍增，不到一天时间就攻占商都，逼得纣王和他美丽的妲己自尽。姬发理直气壮地称武王，追封其父为文王，改国号为"周"。

儒家对姬发灭商大加颂扬，与商汤灭夏相提并论，称之"汤武革命"。孟子还辩护说姬发是正义讨伐"一夫"，而非犯上作乱"弑君"。

武王很有雄心壮志，可惜天命不济，第二年病死。太子姬诵继位，即成王。成王当时仅十二三岁，由周公摄政。成王逝世后，其子姬钊即康王继位。成王与康王期间，被誉为"成康之治"，详见下文"孔子的笼子"及《变革与复兴》开篇语。

康王也是"明君难终"，其统治后期国家开始衰落。前996年，康王姬钊死，长子姬瑕继位，称昭王。姬瑕"容仪恭美"，在现代是帅哥，只遗憾他时运不济。上任当年，东夷（大致为今山东一带）发生叛乱。白懋父率师讨伐，师旅竟然拒绝。白懋父应该是一位执掌征伐刑赏大权的人物，对师旅处以罚款300锊（古代重量单位）。同年，巢国（大致为今安徽巢湖一带）也发生叛乱。由此可见，康王的"盛世"并不太平，或者说原来那些被征服的地方几十年之后还没"悦服"，一点也不给新王面子。这年七月，鲁国竟然发生政变，鲁侯之弟姬沸杀兄长姬宰夺位，自称魏公。与东夷、巢国那些本来就是"蛮夷"的地方不一样，鲁国是周的封国，而且是周公之子伯禽亲自开国，姬宰与姬沸才官三代，怎么就兄弟相残呢？不能不承认"王道微缺"了！

前770年王道变大缺，周王被迫东逃，"西周"变"东周"。

东周分"春秋"（前770—前476年）与"战国"（前475—前221年）两个时代，其实早在公元前256年东周实际上已被秦国直接灭亡。这个王朝之长寿，徒有虚名，如同在病床躺过百岁的植物人罢了。人们记忆中更多的是齐桓公小白、晋文公重耳、楚庄王熊旅、吴王夫差、越王勾践等，很难想起东周25个帝王当中哪一个。

春秋战国时期见于史书记载的大大小小诸侯国还有140多个，但司马迁《十二诸侯年表》记的除周外仅13个，即鲁、齐、晋、秦、楚、宋、卫、陈、蔡、曹、郑、燕、吴，突出的是"春秋五霸""战国七雄"等少数几个，最后秦始皇一统天下，可想而知那数百年间你死我活相互吞并多么惨烈。不过，单就战争而言，春秋与战国有些明显的区别，比如春秋时期的战争不以杀人为目的，只是一种政治手段，逼着对方签个盟约获几座城池即告结束；战国时期变得残酷，动辄杀光敌方的有生力量，灭绝对方，而周王的权威更趋衰弱，王城的地盘也不断被侵蚀。到前256年，周王自己的地盘仅剩36村3万多人口，相当于我们今天一个稍大的乡镇而已。中央集权与地方割据势力之争是中国历史上反复出现的现象，只不过地方割据势力在东周时称诸侯国，且以这时期为最。

有一次，宋孝宗赵昚谈论历史，说："自三代以下，至于汉唐，治日常少，乱日常多，何也？"宰相叶衡认为："正为圣君不常有。如周八百年，所称极治者，成康而已。"①

对于"三代"，儒家推崇不已。无论士农工商，立论言必称"三代"，写文章开篇必是"子曰诗云"。在孔子们看来，再没有比三代更好的时代了。后来的儒家仍然持这样一种看法，甚至主张只读三代圣贤之文。宋儒还有一个极端说法：周之后的人心变坏，就像衣服破了一样，只能是今天打个补丁，明天打个补丁，但无论怎样努力也不可能像

---

① 毕沅：《续资治通鉴》卷一四四，宋纪，中华书局1957年版，第8册。

新衣服那么完美了。① 但恕我直言，我可不相信三代真有儒家想象那般美好，周公"礼乐之治"相对较好倒是可信的。

## 帝制之前"孔子的笼子"

现代人常说，要把权力关进笼子，是指"法"（制度）制作的笼子，儒家的孔子们说的是"礼"（道德）制作的笼子。为了突出这一特性，我将儒家泛称为"孔子的笼子"。

### 一、"孔子的笼子"的前身

**"君权神授"**

儒家尊崇尧、舜、禹、汤、文、武、周公等为先贤圣人。有人认为尧、舜等上古人物的故事"大半是在孔子时代之后发展起来的"，也就是说很可能是"孔子创造了这些人物"，"尧、舜、禹从孔子那里得到了他们的思想，这恐怕才是更近于真情的说法"。② 尧、舜完全属于神话传说，禹、汤属于"半信史时代"，出自神话传说的可能性较大。文王、武王与周公的形象，虽然有水分，但应该比较可信。

夏、商、周三个朝代，与一般常说相连的朝代不同。历史学家许海山《古中国简史》说它们"在势力强弱的浮沉方面，表现为前仆后继

---

① 见前文"作者序"，引自《甲辰答朱元晦书》："千五百年之间，天地亦是架漏过时，而人心亦是牵补度日。"
② ［美］顾立雅著，高专诚译：《孔子与中国之道》，大象出版社2000年版。

的朝代继承关系,而三者的文明进展方面,又是'平行并进式'的。周的社会发展,早先基本走的是土著化发展之路,与中原夏商相比,毫无疑问显得晚迟和弱小"。但后来居上,周取代了商。著名历史学家许倬云评述:

> 综合言之,周人以蕞尔小邦,人力物力及文化水平都远逊商代,其能克商而建立新的政治权威,由于周人善于运用战略,能结合与国,一步一步地构成对商人的大包抄,终于在商人疲于外战时,一举得胜。①

许老先生谦谦君子,说话客气。"在商人疲于外战时",指什么?

当时周是商的属邦,为自己与商的共同利益同戎狄作战。商王常派兵增援并予赏赐,甲骨文中常见"保周"之辞。然而,周人发展壮大了,却暗中谋划"翦商",商纣王将其首领姬昌即后来被追谥的周文王抓捕。一般说周人献了美女与财宝,纣王大喜,将姬昌放虎归山。但上海博物馆近年发表的楚简透露,因为今陕西中北部的九邦发生叛乱,姬昌表示希望立功赎罪,请求出征平叛。纣王认为解除燃眉之急要紧,便答应。姬昌出狱后一边平叛,一边继续扩大自己的地盘,很快对商都形成包围之势。姬昌死后,他儿子姬发即周武王趁商军主力在东南与其他部族作战,王城空虚的时候,勾结今西北地区的蜀、羌等八国,一举攻占商都,取而代之。北京大学中文系教授李零强调这批简帛文献的重要性:"可以说,没有文王平九邦,就没有武王克殷。"②李零老师也写得挺

---

① 许倬云:《西周史:增补二版》,生活·读书·新知三联书店2012年版。
② 李零:《我们的中国:思想地图》,生活·读书·新知三联书店2016年版。

克制。不客气地说就是国难当头，诸侯不是真心实意与君王共赴国难，而是耍奸计，趁火打劫，犯上作乱，弑君篡国。

其实天下所有开国情形都差不多，周与秦，王莽与赵匡胤，并没有什么实质性区别，如果要说有区别，也只不过成王败寇。国家王朝"出生"之状，要么是被遮掩的假象，要么是不忍直视的真相。反正那么回事，不看也可以想象，还是着重看他们是否及时"洗礼"，华丽转身，不再制造新的血污。所以，我认为读史应当像观赏荷花那样，没必要追问是否出于污泥，而只需关注它是否依然泥污。从这个角度说，周人是不错的。

古人很早就注意到权力来源的"合法性"问题。商人的说辞是"君权神授"，上天授予我统治权，你不能不服从。周人不服从，并夺权成功了，以属代主，以臣代君，算不算逆天？该怎么向世人交代？许倬云说：

> 这一意料不到的历史发展，刺激周人追寻历史性的解释，遂结合可能确曾有过的事实（如周人生活比较勤劳认真，殷人比较耽于逸乐）以及商人中知识分子已萌生的若干新观念，合而发展为一套天命靡常、唯德是亲的历史观及政治观。①

周人顺水推舟，但是偷换概念，对"君权神授"予以新的解释："天命靡常"，即神可能改授权。那么，神怎么改授？答："唯德是亲"，即谁无德剥夺谁的权，谁有德就将权改授予谁。"德"的概念也

---

① ［美］欧文·斯通著，常涛译：《梵高传》，北京出版社2001年版。

被偷换。所谓"德",在商代原本是指佑助征伐的灵力,到周人这里它能代表的是一种新的思想意识。这样一种新的思想意识的威力,丝毫不亚于干戈。历史上的儒家不懂这样的理论,但深谙此理,千百年注重抢夺、控制褒义词,而将所有贬义词强推给对手。

周公著有《多士》一文,强调商革夏命是由于夏人"大淫泆",所以上天"废元命,降致罚"。商王"明德恤祀"的时候,上天"保乂有殷"。可是到纣王,"诞淫厥泆",于是又"上帝不保,降若兹大丧",使殷命终止。《诗经》生动地描述:上帝对商王失望,举目四顾,逡巡几圈,最后向西望,决定将王权改授给周人。① 他们宣称:"革殷,受天明命。"他们夺权不是犯上作乱,而是奉天之命,昭昭大义,国人必须服从这一新的神授之命。

欧洲历史上也讲"君权神授",但有诸多不同,关键一点不同是:怎么授。教皇是上帝在人间的化身,不仅与王权分开,而且一度权力高于国王。直到13世纪末,法王腓力四世与教皇波尼法斯发生第八次冲突,教会还发明一个"笼子":教皇好比太阳,国王好比月亮,后者之光是向前者借的,因此连国王的宝剑非经教皇许可也不能佩带。没有教皇的认可,国王是不合法的。所以欧洲人很少造反,即使造反也不敢幻想称帝。

中国的所谓"君权神授"实际上是帝王自授。谁夺得权谁就当上帝,也就最有德而最有资格去领导道德建设。他们往往可以满口仁义道德地干着各种各样伤天害理的事,占尽便宜。难怪连《水浒》中的傻大个李逵也想"杀去东京夺了鸟位",李逵没干成的事小和尚朱元璋干成

---

① 《诗经》,皇矣,"皇矣上帝,临下有赫。监观四方,求民之莫。维此二国,其政不获。维彼四国,爰究爰度。上帝耆之,憎其式廓。乃眷西顾,此维与宅。"

了。从第一次揭竿而起的农民陈胜、吴广到篡汉的贵族王莽，从成为第一个自称女皇的村姑陈硕真到砸了孔子牌位开创太平天国的落第生洪秀全，无不用"神授"做幌子。这一点，周公很可能没料想到。德国诗人海涅悲哀地说："我播下的是龙种，可收获的却是跳蚤。"这话完全可以借给周公、孔子们。

### "礼乐之治"

纣王的个人素质挺不错，《史记》写他："资辨捷疾，闻见甚敏。"然而，一旦独揽大权，再没有人可以监督约束他的时候，他便为所欲为地横行起来，很快陷于"小民方兴，相为敌仇"的境地。商朝因为道德沦丧才失去上天宠爱，周朝不能重蹈覆辙，必须接受道德即礼的约束。

早在原始社会末期，就有一些简单、朴素的不成文礼节仪式和风俗习惯。周公之礼主要是用来区分贵贱、尊卑、长幼、亲疏之别的一种统治工具。北大中文系教授李零生动地说：

> "礼"就是古人的一大发明。"礼"是用来约束人的，让人听话，让人守规矩。所谓"教化"，其实就是人对人的驯化。古人的想法是，牲口都要驯，何况人乎……礼的本质是把人分三六九等，要人循规蹈矩，遵守这样的秩序。①

古代"礼"大致就是现代所谓"纪律"吧？当然，实际上还有现代"法"的成分。

---

① 李零：《我们的中国：茫茫禹迹》，生活·读书·新知三联书店2016年版。

不仅如此，还有宗法等一系列具体的制度，像一系列支柱一样，共同维护着"立长立嫡"这幢大厦。将血缘关系引入政治，分封制与宗法制有机结合在一起，"家国同构"。在这样一种政治结构当中，封国与王朝的关系就不松散，而是儿子与父亲、孙子与爷爷之类的关系，绝对相统属。他们认为：天干用十计数，人间也分十个等级，所以王要祭天，公要臣服于王，大夫要臣服于公，士则要臣服于大夫，依此类推，逐级臣服。

中国古代几千年当中，政治制度只有两次大变革，首先是从商到周，再就是从周到秦，秦之后至清都因袭秦制。但汉之后的秦制有较大的不同，无不披着周礼的外衣，否则很可能沿袭不了千古。一代又一代帝王之所以愿意屈尊拜伏在周公、孔子等圣人的泥塑像下，最根本的奥秘应该就在于此吧！

不过，周礼的历史功过值得一议。有人做过一个统计：秦朝两任接班人都出问题，接班故障率100%；西汉14个接班人（含吕后），11个出问题，接班故障率70%；东汉15个接班人，13个出问题，接班故障率85%。其他王朝接班人故障率，西晋100%，东晋50%，隋100%，唐95%，北宋50%，南宋50%，大明85%，大清50%。这充分说明：将皇位继承限定在小圈子、密室里决定，各顺位接班人之间发生激烈冲突的可能性非常高。而历代却倾全国之力去维护所谓"国本"——特指确定皇位继承人即太子，这成本与收益也太不成比例了！

那么，周礼的历史之功究竟何在？

尽管对"国本"作用有限，总体对千古帝制还是产生了不可估量的积极意义——对于帝制比对于封建制的作用还大，因为血腥的专制不可缺少这样一种"遮羞布"。所以，漫长的帝制时期，没有几个皇帝敢不尊孔崇儒,到明清时期连施棺施药之类芝麻大的好人好事都要亲自抓,以便将自己打扮成道德君子,让你无视或者忽略他们的真实面目。

## 二、"孔子的笼子"

### "礼崩乐坏"

俗话说"一代亲,二代表,三代了",意思说亲情一代比一代淡。西周开始分封的时候,那些诸侯不是亲兄弟也是开国功臣,不论对天子还是与其他诸侯当然很亲,很感激,很忠诚,相互间和睦相处,文质彬彬。下一代,亲情必然疏淡一些,感恩也不同——因为他继承其父,而不是直接从天子那里接手,这样对天子的忠诚度也就自然减弱一些。再下一代,再淡化一些。如此下来,经过几代十几代淡化,还能残剩多少亲、多少恩、多少忠?

在对周王恩淡义寡的同时,诸侯势力却越来越大了;对于诸侯来说,大夫的势力也越来越大,终有一日"尾大不掉"。何况周王也不是个个像文王、武王,而像厉王、幽王的倒不少,凭什么要我生来就必须服从祖辈、曾祖辈的你?《孟子》指出:"五霸者,三王之罪人也;今之诸侯,五霸之罪人也;今之大夫,今之诸侯之罪人也。"分封制注定不可久长!只可惜孟子生亦太晚。

周公还没死,"三监"就蹿出"笼子",公然勾结前朝残余叛党——宁愿与前敌在一条战壕,也不愿与同胞兄弟并肩。成王死后,其子姬钊继位,即康王。两任总约40年,大有作为,成就了"成康之治",受到儒家千古推崇。可是,成王就不太愿受"笼子"的约束。新建的洛邑城,比旧城漂亮多了。成王从洛邑回来后,不谈民生,不谈治国方略,而大谈洛邑风光如何绮丽,美女如何妖艳,饮食如何可口,也就是说变得如同商朝末代帝王。康王也不愿受约束，后期沉湎女色，疏于朝政，盛世不再。这不是个案，明君难终几乎是所有王朝的痼疾。康王不是最糟糕的，此后的周王无不更糟，一个个为所欲为地横行，导致国人造反，将厉王赶到一个养猪的地方去，幽王则直接被杀。

天子都不愿受"笼子"的约束，诸侯会愿意吗？世人所谓"周礼尽在鲁矣"，如果仅指周礼之典籍是不错，而如果想象鲁国人尽行周礼，尽是君子，那就大谬了。鲁武公带两个儿子朝拜周宣王，宣王很喜欢其次子（鲁懿公），要立为鲁国太子。大臣反对，说废长立幼不合礼。宣王坚持立。鲁懿公哥哥的儿子不满，起兵弑君篡位，宣王将其杀了，改立懿公之弟。从此，诸侯国弑君的事时有发生。鲁国后来还侵略成性，陆续吞并周边多个小国。楚国则因为待遇不公，一代又一代人"不服周"（迄今仍是武汉人的口头禅），并一再用实际行动抗议。

天子不愿自律，诸侯闯出天子的"笼子"，家臣也不愿蹲诸侯的"笼子"。成语"庆父不死，鲁难未已"说的也是鲁国，庆父还姓姬，正宗的"国姓爷"，官至上卿，却与其嫂、鲁庄公夫人哀姜私通，并密谋立哀姜妹妹叔姜之子为鲁公继承人，引发一系列内乱。庆父终究会死，不追杀也终有死的一天，鲁国的人祸却迟迟未已，天下之乱没完没了……

春秋战国时的诸侯，宛如一群调皮的孩子，整天打闹。受欺负的找到周天子那里哭诉，可是周天子瘫痪在床，一脸无奈："这些孩子，我也管不了啦！你看我自己家里都给弄得乱七八糟！"

既然家长管不了，顽童们只好自己想方设法。张三无理取闹，咱李四、王五几个结成盟友，共同对付张三；李四也变不讲理了，咱张三、王五几个又结盟对付李四。这时，刚好文字开始普及，于是出现"盟书"。盟书内容不限于政治军事，而涉及诸侯国的方方面面。

你死我活的现实迫使各个诸侯国改革自己的政治、经济和军事制度，促进了当时政治、经济、社会生活等方面的发展变化。晋、楚、齐等国政治家提倡"三事"——正德、利用、厚生，换言之就是现代所谓道德、科技与民生。在思想文化领域，则礼崩乐坏，相继涌现出各种学说，争相为现实政治服务。① 孔子、孟子、老子、庄子、墨子等一大批杰出的思想家是其代表。

### "克己复礼"

每到剧变的时代，都会出现三种"对时局肯用心深思"的人：为旧制度辩护的（守旧派）、反对旧制度的（迎合派）与逃避现实纠纷的（悲观派）。孔子是其一典型，"崇拜将要成为过去的，或大半已经成为过去的旧制度文物，苦口婆心地去宣传保守与复古"②。

孔子对周公十分崇拜。我国著名影视导演胡玫执导的电影《孔子》最后一幕：暮年的孔子有气无力地叹道："我好久没梦到周公了！"这话有依据。③ 由此可见：一是孔子以前常梦见周公，二是他还想梦见周公。孔子对周公的崇敬与热望之情，一览无余。

孔子有一句话不可忽略：周朝的礼仪制度，借鉴于夏、商二代，多么丰富而完备啊，所以我遵从周公的礼仪制度！④ 孔子终生奋斗的事业"克己复礼"想要恢复的就是周公的礼仪制度。换言之，只要大家都回各自的"笼子"，"梯子"就会井然有序。

---

① 章学诚：《文史通义·诗教》，"周衰文弊，六艺道息，而诸子争鸣……思以其学易天下"。
② 雷海宗：《中国文化与中国的兵》，江苏人民出版社2019年版。
③ 《论语》，述而，"甚矣吾衰也！久矣吾不复梦见周公！"
④ 《论语》，八佾，"周监于二代，郁郁乎文哉！吾从周。"

孔子多次强调要充分发挥"笼子"的重要作用。季桓子准备侵略别国时,孔子严厉责备身为季氏家臣的两位学生:老虎和犀牛从笼子里跑出,龟甲和玉器在匣子里被毁坏,是谁的过错?① 孔子明确主张对权力"约之以礼"②,并提出"非礼勿视,非礼勿听,非礼勿言,非礼勿动"的具体要求。③ 对此,南开大学历史系教授刘泽华评论说:

> 这"四勿"犹如四堵墙,把人完全圈在了礼的囹圄之中。人类不再是他自身生活的创造者,而是他创造出来的礼的附属品和囚徒。作茧自缚是人类历史上不断发生的悲剧,孔子的"四勿"制造的正是这种悲剧。④

这话不无道理。"孔子的笼子"就是"礼的囹圄",目的是要将权力作为"礼的附属品和囚徒"。问题是:权力愿意吗?如果不愿意,怎么办?

孔子有100个自信,公然声称:谁如果用我辅政,我保证那里一年初见成效,三年将礼崩乐坏的现实变回美好的盛世,⑤ 像现代西方官员的竞选演说一样振奋人心。

鲁定公曾经采纳孔子的政见,并且重用孔子为大司寇,即主管刑狱的最高官员。礼制规定大夫的城墙不得超过标准尺寸,可是"三桓"即三个大夫都超过。孔子命令将超出部分堕了,他们居然武力抵抗。可

---

① 《论语》,季氏篇,"虎兕出于柙,龟玉毁于椟中,是谁之过与?"
② 《论语》,雍也。
③ 《论语》,颜渊。
④ 刘泽华:《先秦政治思想史》,南开大学出版社1984年版。
⑤ 《论语》,子路,"苟有用我者,期月而已可也,三年有成。"

惜孔子生亦晚了些，一般说他出生于前551年，而在前562年"三桓"就瓜分了鲁国的军队，从此国君便没有直接可以指挥的军队。对于如此要命的国情，孔子居然没事先注意到，或者说有注意到没重视，总之失败。鲁公失望得很，只好让孔子走人。孔子不甘失败，到国外去寻求实现理想抱负之地，可是一连十几年走了十来个诸侯国，终是壮志未酬。不得已，他只好回家编书，将伟大理想托付千秋，天真烂漫如此。

孔子以失败告终，为什么呢？孔子最优秀的学生颜回说：有道而不行是君王的错，而不是我们老师的错！① 颜同学这辩护显然说不过去。人类社会是要往明天去的，孔老师指示的却是一条通往昨天的路，还能说没错吗？黄河已经决堤，还能幻想让水倒流回去？孔子本身肯定有某些较大的错，因此无法将权力劝回"笼子"。社会学家赵鼎新描述：

> 在春秋战国之际，事关生死存亡的战争要求人们摆脱道德的束缚，具有很强的工具理性色彩的法家思想迎合了这种要求，而儒家对统治的道德标准的高蹈标举却显得迂阔板滞。②

举个例子吧！孔子到卫国最多，卫灵公及其美丽的夫人南子对他最友好。因为南子风流，名声欠佳，公子蒯聩弑母，然后逃亡。灵公去世后，本当蒯聩继位，因为他逃亡在外，只好由他的儿子辄继承。孔子却建议说：灵公去世，蒯聩成了卫国公室里的长辈，君臣父子这名分不可

---

① 《史记》卷四七，孔子世家，第2册，"夫道之不修也，是吾丑也。夫道既已大修而不用，是有国者之丑也。"
② 《东周战争与儒法国家的诞生》。

颠倒。辄直接接祖父的君位，在礼制上说不过去。所以，当务之急是请蒯聩回来为君，辄退回太子之位。假如你是卫出公辄，你会采纳孔子这建议吗？后来的李隆基们一次次用实际行动做了回答。

孔子的学生说是多达3000个，只有72个可以查到名字，被任用为官的只有子夏、子贡和宰予3个。从"学而优则仕"的角度看，孔子也挺失败。但如果换个角度，从儒家事业看，孔子的教育是很成功的。孔子逝世后，学生不仅为他守墓，回忆整理《论语》，更重要的是继承他的未竟事业，一代接一代，如黄河长江之浪奔流到如今。

学生们冷静检讨老师失败的原因，认为时过境迁，再像孔老师那样对周礼"述而不作"显然不行，得加以适当改造。包括后来的孟子、董仲舒、朱熹等硕儒，都认为"孔子的笼子"必须加以改造，否则再千秋万代也推销不出去。

如果说儒家学说在孔子时代还多少能引起社会共鸣的话，那么到了孟子时代，儒家的政治理想几乎变成和者盖寡的阳春白雪。孟子继承发展了孔子的"仁政"思想，像孔子那样大做竞选广告说"如欲平治天下，当今之世，舍我其谁也"，并像孔子一样游历列国20多年，推销不出去便回家讲学著述，将理想托付千秋。后人不仅将他称为"亚圣"，还与孔子并称"孔孟"。但他们的思想实际上有好些不同，孔子仁政的出发点是君王，强调"君君臣臣"；孟子的着眼点是民众。

中国的"民本"思想发端很早，周人就将商人的"重天敬鬼"发展为"敬德保民"，孟子又从"重民轻天"发展为"民贵君轻"，明确提出："民为贵，社稷次之，君为轻。"[①] 显然是想将权力彻底关进"孔

---

① 《孟子》，尽心章句下。

子的笼子"。

遗憾的是孟子之后,中国民本思想不仅长期没有再发展,反而将皇位传承作为"国本",范仲淹、杨廷和等儒臣一代代为"国本"英勇而争,却罕见儒臣为"民本"英勇而争。孟子让许多帝王恨得咬牙切齿,朱元璋还忍无可忍将孟子"鞭尸",将他的牌位扔出孔庙。直到明末清初,民本思想才又有所发展,黄宗羲、顾炎武、王夫之等人对君主专制进行深刻揭露和批判,指责君主制是"天下之大害",提出"天下为主,君为客",要求君王"以天下万民为事"。① 从思想角度看,中国社会更是长期停滞。

孟子在传统政治上的地位要超过孔子。到汉代孔子地位飙升,但刘歆、王莽将周公的地位驾于孔子之上。唐代韩愈提出的统序为:尧、舜、禹、汤、文、武、周公、孔子、孟子。从此以后,人们常以周孔并称,在教育上则有"周孔之教"的说法。

---

① 黄宗羲:《明夷待访录》,原臣。

# 第一章
# 西汉初 60 年

> 提要

从西汉高后八年（公元前 180 年）汉文帝刘恒继位到景帝后元三年（前 141 年）汉景帝刘启去世，其间"无为而治"，税收为当时世界最低，刑制由野蛮转为较文明，被誉为"文景之治"。

董仲舒版"孔子的笼子"以"大一统"为中心，"天人感应"与"独尊儒术"为两翼。历史的真相是"外儒内法"，从无所谓"独尊"。

## 开国立朝："突然毁"鸿沟之约"

刘邦从秦王子婴手上接过了玉玺，却不敢随即称帝，因为他底气不足。你看《鸿门宴》中，刘邦在项羽面前多谦逊啊！是刘邦首先进入关中，给秦王朝致命一击。事先有约定，谁先入关谁称王。可是，与项羽相比，他还处于弱势，于是主动撤到城郊，把宫城拱手让给项羽。刘邦是很有野心的，又很有心计。他曾经是街头巷尾的流氓地痞小混混，混进秦氏干部队伍也只不过区区亭长，可一旦有志于天下，便"财物无所取，妇女无所幸"，知人善任，虚心纳谏，注重发挥部众的才能，又注重团结各地反项羽的力量。避过锋芒，积蓄好力量，才开始火拼。

汉高帝四年（前203年），刘邦多次派使臣说服项羽，订立"鸿沟之约"，规定中分天下，割鸿沟以西为汉，以东为楚。"鸿沟"在今河南荥阳黄河岸广武山，楚汉曾经在这一带"大战七十，小战四十"。这就是典故"楚河汉界"的由来。和约签字之后，项羽即东撤，并解散主力军。刘邦也应履约西撤，可是张良、陈平说：现在变我们强项羽弱了，应当独吞天下。刘邦采纳此议。于是，签约仅两个月，汉军悍然发动突然袭击，越过鸿沟，十面埋伏，合围项羽于垓下。项羽很快惨败，觉得无颜逃过江去见父老乡亲，自刎而亡。第二年，即前202年，刘邦登皇帝之位，国号"汉"。

从此，人们再也不相信盟书了，礼乐文明彻底崩坏。

两汉之际，班彪《王命论》说刘邦具有五大优势：一是出身神圣，是帝尧的后代；二有奇异的相貌，出类拔萃；三是常有"灵瑞符应"，天命所钟；四是有宽明仁信之德；五是知人善任，诚信好谋，总之是一个理想的好皇帝。这话显然是吹捧。不过，刘邦虽然头尾只做了差不多七年皇帝，政绩卓著倒是真的。

刘邦对汉民族的形成、中国的统一强大、汉文化的保护发扬有着决定性的贡献。我们今天所属"汉族"，说的"汉语"，写的"汉字"，都由此而来。俄罗斯学者维克多·V.瑞布里克认为汉朝"就其发展水平而言中国已经远远超过了罗马帝国"，"以人口数量而论，汉帝国是古代世界中最大的国家"。①

有一点千万不可忽略:"庶事草创"的汉王朝制度基本上承袭秦制,这一点是史家公认的。

刘邦死后,他儿子刘盈继位,即汉惠帝。刘盈有父亲那批能臣辅佐,继续推行与民休息的国策。刘邦后期,为对内平定叛乱,对外迎击匈奴,增加了一些赋税。现在内外已平定,刘盈便取消增加的赋税,恢复十五税一;鼓励农民耕作,对于出色的农民还免除其徭役;为增加人口,督促民间女子及早出嫁,如果到15岁还不出嫁,要征收5倍的算赋,即"人头税"。秦时除了官府民间一律禁止藏书,刘邦基本上继承了秦律,包括"挟书律"——秦始皇在焚书时令"敢有挟书者族",即对收藏违禁书籍的人灭族。刘盈废除这一法令,使长期受压抑的儒家及其他思想都开始活跃。可惜,刘盈在位仅7年便早逝。

刘盈死后,吕雉立刘盈的儿子刘恭为帝。吕雉是刘邦的原配夫人。她很有谋略,早年为刘邦造反夺权立下汗马功劳。刘邦驾崩,刘盈继位,尊吕后为皇太后。因刘盈仁弱,实际朝政由吕雉执掌。因生母被吕雉所杀,刘恭颇有怨言。吕雉便杀刘恭,立其同父异母之弟刘义即刘弘为帝,娶吕禄之女为皇后,但"号令一出太后"。

吕雉先后掌权达15年,认真贯彻执行刘邦的遗嘱,相继重用萧何、曹参、王陵、陈平、周勃等开国功臣,继续奉行"无为而治"国策,从民之欲,从不劳民,政治、经济和思想文化各方面均取得进一步发展。《汉书》为吕雉单列《高后纪》,与帝王平起平坐,并评价说:"高后女主制政,不出房闼,而天下晏然,刑罚罕用,民务稼穑,衣食

---

① [俄]维克多·V.瑞布里克著,师学良、刘军等译,张强校:《世界古代文明史》,上海人民出版社2010年版。

滋殖。"① 为"文景之治""汉武盛世"奠定了坚实的基础。

## 最大看点:"无为而治"

战国中期至秦汉,齐国与魏国有一种思想广为流传,就是尊崇黄帝和老子之学,以道家思想为主,采纳阴阳、儒、法、墨等学派的精华,既有丰富的理论性,又有强烈的现实感,称"黄老之学"。刘邦的大臣陆贾就崇尚"黄老之学",主张"行仁义、法先圣,礼法结合、无为而治"。他在汇报工作时,经常引用《诗经》《尚书》中的话。刘邦出身低微,没什么修养,当上皇帝难免得意忘形,听烦了就骂:"老子在马上打下的江山,跟诗书有什么屁关系!"陆贾的口才显然比孔子好,反驳道:"如果秦统一天下后华丽转身,多行仁义,陛下您怎么能够得天下?"刘邦一下怔住。接着,陆贾写一系列建言,在总结秦始皇"举措太众"即太"有为"之害的基础上,描绘"无为"的前景。遥想尧帝、舜帝,他们弹琴咏诗,好像没管什么大事的闲人,也没有口口声声为民解忧之类的自我标榜,却开创了盛世。刘邦有一个帝王难得的优点,就是虚心。陆贾这番描述说到刘邦心里去了,他随即接受黄老之学,奉"无为而治"为国策。当时主要大臣如萧何、曹参、陈平等,都好黄老之学,上下官吏基本做到顺民之情,与民休息,尽可能减少国家对社会民众的干预。

---

① 《汉书》卷三,高后纪,第4册。

### 约法省刑

贾谊主张"德主刑辅",即以教化为主,刑罚为辅;简化法律,减少刑罚,给罪犯以改过的机会;以仁德待民,天下就归附。这种思想,刘邦很容易采纳。想当初,刘邦好歹是个秦朝小吏。要不是因为秦法太严,他很可能不会私放刑徒而逃匿,也很可能不会跟随造反,更没有可能取代秦始皇。因此,他早在攻入咸阳之时,便宣布废除秦朝的苛法,与民约法三章,封存府库,对百姓秋毫无犯,深得民心。平定天下后,命萧何参照秦朝法律,"取其宜于时者",废除连坐法及夷三族。

"文景之治"期间,继续推行一系列约法省刑措施,如文帝前元元年(前179年)废除诽谤法。景帝前元元年(前156年)出台《减笞法》。将肉刑改为笞打,总体看更人道,可是有些犯人三五百板给打死了,等于反而加重。于是,刘启把打板的数量减少,原来罪当笞500板的减为300,原来300的减为200。景帝中元六年(前144年)下诏再减笞法,定箠令。此前笞刑虽有减轻,但被笞者难有完肤,于是再将罪当笞300板的减为200,原来200的减为100。同时明文规定笞用竹长5尺,其本大1寸,末半寸,竹节一律削平;笞打的部位改为臀部,不再笞背。一罪刑毕,才能更换行刑者。文帝前元十三年(前167年),临淄医生淳于意被告治错病,当地官府判他"肉刑"(在脸上刺字、割鼻、砍足等),要押到长安去受刑。淳于意有5个女儿,其中最小的叫缇萦。缇萦悲愤之余,要求陪父亲上长安。她托人写一份奏章,说:"我父亲犯了罪,被判肉刑。我不仅为父亲难过,还为天下所有受肉刑的人伤心。一个人砍去脚就成残疾,割去鼻子不能再接上,以后想改过自新也没办法。我情愿给官府没收为奴婢,替父亲赎罪,让他有个改过自新的机会。"刘恒觉得有理，从此把肉刑改为打板子。

对刘恒废除肉刑，后世大多认为在中国法制史上意义重大，是中国古代刑制由野蛮阶段进入较文明阶段的标志。但实际上，黥、劓与砍左足是改为鞭刑之类了，但是砍右足之刑却改为"弃市"，也即在闹市砍头（或说绞刑）。至于鞭刑，也往往置人于死地。[①]以致东汉时，"民皆思复肉刑"。[②]直到晚清还常见凌迟等酷刑。历史上诸多好事都是昙花一现，或者名不副实，而坏事则往往代代相承，断而又复，且"发扬光大"。

**发展经济**

长期战乱给社会经济造成严重破坏，百姓苦不堪言。秦时总人口2000万，汉初只剩650万，差不多减少2/3。秦时的曲逆城（今河北顺平县）原有3万户，汉初仅存5000户，即1/6。好年景时1石谷价5钱，汉初涨到5000～1000万钱，涨了一两千倍。赤地千里，哀鸿遍野，吃人的现象随处可见。

几乎是登基大典刚刚散会，刘邦就颁发一系列新政：允许贫困地区的百姓把儿女送到经济较好的四川等地去，官府不干涉；允许逃犯返回家乡，并归还原有田宅；允许因贫困被卖为奴婢的人恢复自由；让士兵复员归家，给他们土地及住宅，让他们从事生产劳作；减少税赋，秦时十收五，现在改为十五税一，也即税率从50%降到6.67%；鼓励生育，增加劳动力；鼓励发展农业，抑制和打击唯利是图的商人，等等。这样，上百万农民很快回到土地，社会经济迅速恢复。

---

[①]《汉书》卷二三，刑法志，第4册，"是后，外有轻刑之名，内实杀人。斩右止者又当死。斩左止者笞五百，当劓者笞三百，率多死。"
[②]《后汉书》卷五二，崔寔传，第8册，"虽有轻刑之名，其实杀也。当此之时，忆皆思复肉刑。"

刘邦之后，休养生息的国策继续贯彻。文帝二年（前178年）贾谊上呈《论积贮疏》，提出"夫积贮者，天下之大命也，苟粟多而财有余，何为而不成"，并有"驱民而归之农，皆著于本，使天下各食其力"的具体建议。刘恒采纳其言，诏开籍田，以劝百姓。

文帝十二年（前168年）晁错上《论贵粟疏》，指出珠玉金银不可以吃不可以穿，与粟米布帛不可比拟。因此，明君应当贵五谷而贱金玉。晁错主张重农抑商，揭露商人对农民的剥削，更重要的是商人对政权的腐蚀破坏作用。对此，刘恒采纳，并诏免收当年租一半。

文帝十三年（前167年）农业税全免，10年之后刘恒去世、刘启继位才恢复，但只是三十而税一，从此成为定制，直到西汉末年。两汉时税率总体维持在三十税一到十五税一之间，也即3.3%～6.7%，无论农业、商业还是手工业都按这税率。这税率是刚性的，税收分摊也比较公平透明。现代专家学者认为，汉时税收在当时世界数最低。这是非常了不起的！孟子等都主张"什一而税"，税率10%就可称之为好帝王，刘恒们大大超越。从此之后，直到2006年才废止农业税。

刘恒时期农业税占90%以上，放弃农业税国库就没什么进项了，皇室只能过着简朴的生活。刘恒在位23年，车骑服御之物没有增添，多次下诏禁止郡国贡献奇珍异宝，平时穿戴用粗糙黑丝绸做的衣服，为自己预修的陵墓要求从简，甚至穿草鞋上殿。他想新建一座宫殿，可一听预算要2000两黄金，立即说："这是10个中等人家的财产啊，不建了！"通过刘恒这话，我们可知当时中等人家财产约200两黄金，按目前金价折算，约合3000万元人民币。刘恒的妻妾们也不奢侈。慎夫人想穿街上流行的拖地裙，可一听需要多费布料就不做了。

刘恒及其夫人们生活简朴，所以国家能够一再减免税赋，实行世界最低的税率。李隆基说"吾貌虽瘦，天下必肥"，逆命题也成立：宫中虽肥，天下必瘦。

所以，当时天下普遍滋润。刘启后期，尽管人口成倍增加，有的地区增长四五倍，还是一片繁荣景象，钱多得穿钱的绳子烂断，粮食露天堆得发霉。①不仅经济富裕，社会也和睦，"五六十载之间，至于移风易俗，黎民醇厚。周云成康，汉言文景，美矣！"②直将"文景之治"媲美"成康之治"。

此外，这时期的汉匈关系不可忽略。

战国时期，匈奴统一了蒙古高原，由分散的氏族、部落联盟向统一的奴隶制政权过渡，秦汉时鼎盛，四边大致东至现在的大兴安岭，南至长城，西至阿尔泰山，北至贝加尔湖，人口约150万，有"百蛮大国"之称。但由于自然条件差，生活资源匮乏，他们常常南下劫掠。在那冷兵器时代，与游牧民族相比，农耕地区的战斗力处于天然劣势，只能被动地筑长城。能灭6个诸侯强国的秦始皇却不能灭匈奴。能战胜暴秦的刘邦咽不下这口气，亲自统兵30万迎敌。

初期节节胜利，产生麻痹轻敌的思想。到晋阳后，才派十余批人出使匈奴。这些使臣回来一个个说：匈奴老弱病残，可以乘胜追击。刘邦不放心，派刘敬（娄敬）再去。刘敬回来却汇报说："两国交战，一般炫耀兵力。可我看匈奴只有些老弱病残，很可能伏有奇兵。所以，我认

---

① 《后汉书》卷三〇，平准书，第2册，"汉兴七十余年之间，国家无事，非遇水旱之灾，民则人给家足，都鄙廪庾皆满，而府库余货财。京师之钱累巨万，贯朽而不可校。太仓之粟陈陈相因，充溢露积于外，至腐败不可食。"
② 《汉书》卷五，景帝纪，第4册。

为不能进攻。"刘邦听了大怒："你这个齐国小人,想阻止我大军?"马上将刘敬囚起来,准备凯旋后问斩。然而,不幸被刘敬言中,匈奴果然伏有奇兵,刘邦被包围。放眼望去,东面清一色的青马,西面一色白马,北面一色黑马,南面则一色红马,十分壮观,但刘邦无心欣赏,望而生畏。汉军被围7天,饥渴难耐,且不适应北方气候,手指头被冻坏者十之二三,弓都没法拉。陈平虽是"盗嫂受金"之辈,但计谋多端,为刘邦屡立奇功。在这绝境当中,他忽然想起百余年前,"三寸不烂之舌"张仪骗得楚怀王600里地没得反而又失二城,张仪却还敢入楚,被下狱后贿赂太监,煽动怀王的宠妃郑袖说"秦王今将以美人赠楚王……不如言而出之",死里逃生。现在,陈平如法炮制,画了美女图,暗中找到匈奴单于的爱妃说:"汉有美女如此。今皇帝困厄,欲献之……"匈奴单于不禁枕边风,让刘邦捡回一条老命。

  刘邦逃命回来,立即将进言匈奴可击的十几名使臣斩了,赦免刘敬,并封他为侯。此后匈奴屡屡违约南下侵扰,刘邦不仅没再重兵出击,反而采纳刘敬的建议,采取"和亲"政策,将敌人变亲戚,60年间嫁过去7位公主,还附带无数的粮食和丝帛等嫁妆。

  为断了匈奴的念想,刘恒"赫然发愤,遂躬戎服,亲御鞍马,从六郡良家材力之士,驰射上林,讲习战陈,聚天下精兵,军以广武,顾问冯唐,与论将帅",[①] 准备好与匈奴大战,彻底了结此烦。然而,刘恒到底是个谨慎而俭朴的人,觉得自己内部问题还多,不可硬拼,所以还是尽量忍让,忍无可忍之时也只是将匈奴赶出塞外即止。如文帝三年(前177年)匈奴入侵上郡,刘恒派丞相灌婴将敌击退。文帝六年(前

---

① 《汉书》卷九四下,匈奴传,第6册。

174年），匈奴单于冒顿致书汉帝，请求履行旧约，刘恒同意。不久冒顿死，老上单于继位，刘恒又遣宗室女入匈奴和亲。文帝十一年（前169年）匈奴又扰。文帝十四年（前166年）冬匈奴单于率14万骑入侵，杀虏汉官民，又进犯长安北200里左右的甘泉宫，在城墙便能望见他们的篝火。刘恒遣张相如大将军将敌逐出塞外。文帝十八年（前162年），与匈奴和解，刘恒与单于称兄道弟，派使者互访，签订条约明确长城以北为单于的"引弓之国"，长城以南为刘恒治下的"冠带之室"。随后又3次和亲。好景不长。景帝中元二年（前148年）匈奴入侵燕地，中元六年（前144年）又入侵雁门、上郡。匈奴是无信的、反复的。

## 千古之叹："孔子的笼子"第一次大改造

"孔子的笼子"及其前身，前文已述。如果用数字化表示，在西周为1.0版、东周为2.0版，那么西汉这次大改造为"孔子的笼子"3.0版。历史作家张向荣写道：

> 帝国是什么？皇帝是什么？孔子和孟子都没见过，也没有猜想过。也就是说，儒学从来就不是为"帝国时代"而设计的……若论本心，儒家与帝国和专制君主是格格不入的……①

可现在，历史跌跌撞撞已经误入帝国时代了，起家于为封建制服务的儒家要么继续像孔子一样"述而不作"，继续像葫芦瓢一样闲挂墙

---

① 张向荣：《祥瑞：王莽和他的时代》，上海人民出版社2021年版。

上，要么改变自己，转而为帝制服务。

这问题在步入汉朝没几天就摆到了儒家面前。刘邦跟诸多草根出身者一样，从骨子里看不起读书人，曾经边吐饭边怒骂"竖儒几败乃公事"，甚至拿儒生帽子尿尿，尊儒方面本来很可能还不如秦始皇。然而，天下初定，刘邦当上皇帝之后，眼见"群臣饮酒争功，醉，或妄呼，拔剑击柱，帝益厌之"。好比哥们儿喝酒狂欢，众人皆醉吾独醒，丑态百出，越看越生气。叔孙通是从秦皇始、秦二世时代过来的博士，觉得这是个好机会，便建言说："夫儒者难与进取，可与守成。臣愿征鲁诸生，与臣弟子共起朝仪。"用"朝仪"——"孔子的笼子"，就可以将那班帮我打天下的武夫管束起来吗？刘邦将信将疑："可试为之。"当时鲁地的30多名儒生，绝大多数跟从叔孙通，只有两位坚决拒绝。他们认为礼乐是要"积德百年"才可兴的，而今汉朝才立，"死者未葬，伤者未起"，你就迫不及待地"面谀以得亲贵"，去你的吧，"无污我"！叔孙通被骂了一通，无奈地叹道："若真鄙儒也，不知时变。"叔孙通"知时变"，"颇采古礼，与秦仪杂就之"。叔孙通像周公一样做出了一套"周秦杂之"的新的礼乐制度，信心不足，小心翼翼请示说："可试观矣！"这一试，刘邦见那班文官武将装模作样，亦步亦趋，叩首低眉，而自己鹤立鸡群，变得威风凛凛多了。再摆酒宴，同样是那帮文官武将，却变得"皆伏，抑首，以尊卑次起"，"无敢欢哗失礼者"。至此，刘邦才大发感慨："吾乃今日知为皇帝之贵也！"即提拔叔孙通主管礼仪，并赐黄金500斤。[1]

尽管司马光"惜乎，叔孙通之器小也"，[2] 叔孙通在后世儒家中的地

---

[1]《史记》卷九九，叔孙通传，第3册。
[2]《资治通鉴》卷一一，汉纪，第1册。

位不高，但他"与秦仪杂就"的这种"礼乐之治"获得了一代又一代皇帝的认可，孔子、孟子们在天之灵如有知，不知做何感想。

**董仲舒之贡献**

早在先秦就有"儒分为八"之说，后来门派更是众多。

《春秋》是鲁国史书，相传为孔子所作，是中国编年史也是世界编年史之祖。孔子在这部史书当中，一改"述而不作"的原则，发明了一种"春秋笔法"，即为了让今后那些"乱臣贼子惧"，便"微言大义"，也就是在叙述当中对历史人物予以含而不露的褒贬。当时书写仍然很不方便，一般不是铸在青铜器上，也没刻在竹简上，而是原始的以口相传。《春秋》最初也如此。口头传承很容易走样，《春秋》也就变得非常难"读"。后人看到的《春秋》，全文仅1.6万余字，每一条都是孤立的，有的事件只有一个字，最长也不过40余字，记载凌乱，语言晦涩，不着边际，不知所云，据说曾被大儒王安石讥为"断烂朝报"。

然而，一旦沾上孔子之名，再不堪卒读也得啃。对《春秋》进行解释和说明，称之为"传"，主要有5家，其中左丘明《春秋左氏传》、公羊高《春秋公羊传》与穀梁赤《春秋穀梁传》合称《春秋三传》，列入儒家经典。其中《公羊传》是孔子后期学生子夏一脉传下的，可信度也许较高。

让我们试读一二。《春秋》原文第一句："隐公元年春王正月。"就这么8个汉字，当中"微言"了什么大义？我们现代人如果不借助史籍，根本猜不透——想必2000年前的古人一般也读不透。例如《公羊传》第一段解曰：

> 春王正月，元年者何？君之始年也。春者何？岁之始也。王者孰谓？谓文王也。曷为先言王而后言正月？王正月也。何言乎王正月？大一统也。

这几句古文翻译成现代汉语，大意说：元年是什么意思？指君王登位的第一年。春是什么意思？是一年开始的季节。王指谁？指周文王。为什么先说王，再说正月？因为指的是周王确立的正月。为什么要说周王的正月？是为了表明"大一统"，天下都实行王的政令。紧接还有一大段文字，大意是：为什么不说隐公登位呢？因为要成全隐公的心愿。为什么要成全隐公的心愿呢？因为隐公想要把国家治好，然后把政权还给桓公。那么，隐公为什么要把政权还给桓公呢？因为桓公年幼而尊贵，隐公年长而卑贱。他们兄弟身份尊卑区别较小，国人不大了解。只因为隐公年长而贤明，诸大夫就拥戴他为国君。这时如果隐公辞让，桓公能否登位，并没有把握。即使桓公能登位，大夫们能否辅佐他，也是个问题。所以，隐公登位全是替桓公着想。那么，隐公年长又贤明，为什么不立为国君呢？因为立夫人所生的嫡子为国君，只凭年长，不凭贤明；立媵妾所生的儿子为国君，只凭尊贵，不凭年长。桓公为什么尊贵？因为他的母亲尊贵。母亲尊贵，儿子也就尊贵吗？是的。儿子因母亲而尊贵，母亲又因儿子而尊贵。瞧，简简单单 8 个字，隐含了这么一通史实与大道理，无异于天书吧？

现代符号学家安贝托·艾柯认为：人们"弄懂书的本意"的过程是"阐释"，而有些人总是解读出原书没有的意思，甚至以别人的书为幌子来发展自己的观点，叫"过度阐释"。可以说中国人是最热衷、最擅长此道的，美其名曰"我注六经，六经注我"。东汉经师秦延君注释

《尚书·尧典》,"尧典"这题解就写了10万字,其中"曰若稽古"一句注释3万字,那还是古文,你说注了多少水!

当代著名社会学家费孝通指出:"在长老权力下,传统的形式是不准反对的,但是只要表面上承认这种形式,内容却可以经注释而改变。结果不免是口是心非。"[1]这是中国传统文化的一大特点。古代许多著述都是借着圣人文字表达自己的思想,从孔子到朱熹一脉相承。且说《春秋》从子夏六传弟子以来几百年,到西汉终于迎来飞跃发展,一个弟子胡毋生将《公羊传》破天荒书上竹帛,再一个重要弟子非董仲舒莫属。

开国那班文官武将走得差不多了,亟待起用一批新的人才。为此,汉武帝刘彻上台第二年就轰轰烈烈开展"举贤良"运动。刘彻在诏书中宣告:朕继承了先帝极尊之位、至美之德,将来还要传之千秋万代,深感责任重大,寝食不安,不敢偷闲安乐,深思万事之头绪,生怕有失误。现在,请各郡国公开选拔推荐德才兼备之士,朕要听他们论说大道之要、高论之极。

董仲舒对刘彻的提问做出了明确的回答,直陈当时形势已经相当危急,开具的处方只有一个,那就是"更化",即改革。只有更化才可善治,不更化只有灭亡。[2]那么,具体如何改革呢?

董仲舒首先强调"大一统"观念,主张"唯天子受命于天,天下

---

[1] 费孝通:《乡土中国》,人民出版社2015年版。
[2] 《汉书》卷五六,董仲舒传,第5册,"今汉继秦之后,如朽木、粪墙矣,虽欲善治之,亡可奈何。法出而奸生,令下而诈起,如以汤止沸,抱薪救火,愈甚亡益也。窃譬之琴瑟不调,甚者必解而更张之,乃可鼓也;为政而不行,甚者必变而更化之,乃可理也。当更张而不更张,虽有良工不能善调也;当更化而不更化,虽有大贤不能善治也。故汉得天下以来,常欲善治而至今不可善治者,失之于当更化而不更化也。"

受命于天子,一国则受命于君",统一一个君王,绝对服从于一尊。董仲舒这套理论很合刘彻的心意,也很合那个时代的脉搏。"大一统"是历经春秋战国那个大动荡时代的社会思潮。《荀子》早就提出:"一天下,财万物,长养人民,兼利天下,通达之属,莫不从服。"只不过在统一的目标与手段方面,不同学派不同学者有所分歧。人们抱怨秦始皇的,并非他的理想,而是他的手段。这种理论强化了中央专制集权的权威,对帝制中国及东南亚社会的影响极深。

从此,中国哪怕分裂得再破碎,还是希冀一统。欧洲的一统观念较弱,但不是没有。雨果小说《巴黎圣母院》中,法王路易十一咬牙切齿说:"总有一天,人们眼睛看得到的地方,就只有一个绞刑架,一个国王!"

当然,一统带来的未必都是福音。历史学家葛剑雄强调说:"统一,这个被视为神圣的名词,一次次与战争联系在一起,而为维护自身的生存的战争却常常以失败而告终,其作用只是推迟了统一的实现。人类就是这样以同类的鲜血换来自身的进步,以残酷的杀戮创造新的文明。"不过,"产生弊病的不是统一本身,而在专制的集权制度。我们也不能否定以往分裂时期所取得的进步,但必须看到,进步的原因并不是分裂本身,而是专制的集权制度被削弱的结果"。①

董仲舒极力论证一尊的正当性,甚至说"古之造文者,三画而连其中,谓之王。三画者,天地与人也。而连其中者,通其道也",从古人造字来考证,"王"是通天地的。为此,"善皆归于君,恶皆归于臣","屈民而伸君,屈君而伸天,《春秋》之大义也"。② 这样的马

---

① 葛剑雄:《统一与分裂:中国历史的启示》,商务印书馆2017年版。
② 董仲舒:《春秋繁露》,玉杯。

屁话,影响很糟。从此,臣民屈逼"有理"了。武汉大学教授张星久指出:

> 事实上,正是借助儒家思想,专制国家才具备了稳定不变的精神结构和原则,君权和以"尊君"为核心的政治关系才具备了"普遍性"和"永恒性";也正是借助儒家而非其他的思想如法家,专制国家才具备了意识形态的、精神上的控制力,才真正实现了从暴力征服向"政治统治"的转型。可以说,没有儒家,就没有君主专制制度在中国历史上的长期存在与发展。①

不过,董仲舒没忘"孔子的笼子"原旨。"天人感应"说也不是董仲舒首创,而是两汉社会的普遍观念。董仲舒的相关主张"不仅在思想观点上与老子、庄子有相通之处,即使在语言风格上也明显具有模仿的痕迹"。然而,董仲舒要建立的是一套更严密的天人理论体系,"企图用一个虚构的超自然的物活实体来约束人世间处于至尊地位的君王"。只要"揭开它的宗教帷幕,我们就会发现董仲舒有真实用意在于人事而不是神事","天学即人学,天论即人论"。② 董仲舒甚至明白无误地说:

> 天子不能奉天之命,则废而称公,王者之后是也;公侯不能奉天子之命,则名绝而不得就位……③

---

① 张星久:《"圣王"的想象与实践》,上海人民出版社2018年版。
② 《帝国设计师董仲舒》。
③ 董仲舒:《春秋繁露》,顺命。

"天子不能奉天之命,则废",这话太忤逆了!千百年来,几人胆敢如此赤裸裸地威胁帝王?

董仲舒特别卖力地推销"天人感应"说,提出"天之所以大奉使之王者,必有非人力所能致而自至者,此受命之符也"。朝政有失,天会降灾谴责帝王;如不自省,会出怪异现象警告他;如果还不悔改,天会改变授命,让他丧邦失国。反之,如果"天下之人同心归之,若归父母,故天瑞应诚而至"。① 这套理论显然近乎巫术,刘彻本来没太在意。

董仲舒在江都大搞"祈雨""祈晴",把巫术搞得有板有眼,还有菜有汤地撰写了《求雨》《止雨》等文章,也许可视为相当于现代的科学实验活动。那年高祖庙发生火灾,不久高祖陵寝又发生火灾,刘彻为此素服5天,向老祖宗请罪。远在如今江苏扬州蛰伏多年的董仲舒认为时机到了,再也憋不住,带病起草一份奏章,进一步阐释"天人感应",认为这是上天警告陛下"非以太平至公,不能治也",并具体建议像烧祖庙与陵寝那样将亲戚、贵属及近臣当中品行不良者杀了,以"承天意之道"。② 真不敢相信一个大儒会如此杀气腾腾!这奏章没来得及呈上,刚巧有个官员到董仲舒家做客,看见奏章草稿便偷走,呈交刘彻。刘彻倒是冷静,让大臣们传阅讨论。董仲舒的弟子吕步舒不知这是他老师写的,当场斥责这种观点极其愚蠢。于是,汉武帝下令逮捕董仲舒并处以死罪。幸好吕步舒急忙斡旋,争取赦免,免职了事。南宋洪迈《容斋随笔》谈到这事,认为这与刘彻后来对亲人大开杀戒有关,因此

---

① 《汉书》卷五六,董仲舒传,第5册。
② 《汉书》卷二七,五行志,第5册,"视亲戚贵属在诸侯远正最甚者,忍而诛之,如吾燔辽高庙乃可;视近臣在国中处旁反及贵而不正者,忍而诛之,如吾高园殿乃可"。

当时如果斩了他"非不幸也",一点也不值得同情。

我倒有点替董仲舒抱不平,但又不能不怨他"傻"。他的"天人感应"说,其实就是周公"天命靡常"的翻版。前面已述其功能有二,一是用以对外解释权力来源合法,二是对内约束统治者,正如皮锡瑞所说:"汉儒借此以匡正其主。"① 只不过刘彻不需要前者,后者则约束到自己头上,他可不干。更重要的是,周人判别上帝有没有对统治者生气,通过问卜,全由掌卜者的嘴说了算,完全可以操纵。现在全由天"说"了算,洪、旱、火、蝗、地震之类天灾几乎年年难免,岂不是说皇帝年年都没做好工作?大禹时大洪,商汤时大旱,照董仲舒的说法,岂不是老天爷责怪禹、汤圣人?刘彻怎能上这种当?

好比想把老虎关进笼子,自己却差点被老虎吃掉。董仲舒吓坏了,从此再不敢说"天人感应",老老实实教书。刘彻恢复他封国相之职,他以病相辞。至此,我倒觉得董仲舒这个人物活了,可爱了。理论上,他顶天立地,睥睨千古,回到生活实际,简直变得猥琐。后来的圣人如朱熹等,也都活得很不如意。

"天人感应"在两汉非常流行,王莽、刘秀等人都充分利用。如果没有"五德始终""祥瑞"之类谶纬推波助澜,王莽、刘秀不大可能成功。后来2000多年,时不时有些不怕死的儒臣拿来"匡正其主",当然也没用。汉赵嘉平四年(314年)新年伊始有离奇天象,说是流星从牵牛星座入紫微星座,星光照亮地面,坠落到平阳却变成一大团肉,硕儒陈元达趁机进谏:"这是因为后宫宠女太多,亡国之兆啊!"汉赵皇帝刘聪怒斥:"这是阴阳变化的自然现象,跟人间有什么关系!"② 但如

---

① 皮锡瑞著,周予同译:《经学历史:经学极盛时代》,中华书局2004年版。
② 《资治通鉴》卷八九,晋纪,第5册,"此阴阳之理,何关人事!"

果用来追究别人，皇帝还是乐意的。公元前7年出现异常天象，负责观星的官员说是上天谴责，应该用人做牺牲，汉成帝刘骜就信了，真如董仲舒当年所建议，立即命丞相翟方进自尽，然后隆重举办葬礼，亲自吊唁。有人攻击王安石，说"旱由安石所致。去安石，天必雨"，宋神宗赵顼也信了。

那个时期还有其他众多儒生致力于将权力关进"笼子"的伟大事业，前仆后继。秦始皇曾经到会稽郡视察，在那里的石上留下文字，当地便刻了秦始皇的木像，与大禹一起庙祀。三国时王朗到那里任主官，说秦始皇是"无德之君"，将秦始皇的木像扔出，不许民众祭祀。如果说王朗是打死老虎，那么博士夏侯胜反对刘询为其爷爷刘彻作庙乐就不能说是打死老虎了。刘彻死后，刘询为了颂扬他的功绩，下诏立庙作乐。夏侯胜当即站出来，说刘彻虽有广土斥境之功，但代价是"竭民财力，奢泰亡度，天下虚耗，百姓流离，故物者半"，"亡德泽于民，不宜为立庙乐"。① 请注意夏侯胜区分明君与暴君的标准：是否"德泽于民"。此后，陆续还有些英勇的儒生，但难得如此"民本"的思想。

宋人指出："人留孟子皆非道。"② 卫国收留孔子那么久也不是为了推行王道，历代帝王推崇儒学都不是为了推行王道。为此，孟子之后的儒家不得不有所迁就。中国社会科学院近现代史所研究员马勇认为："由于政治形势急剧变化，孔子的学说并没有得到全面发展，而是被各国统治者片面利用，孔门后学也因利害关系而未能免俗，只是片面发展了孔子尊君独裁与扼杀自我的这种倾向。"③ 董仲舒则更是竭力片面发

---

① 《资治通鉴》卷七五，夏侯胜传，第6册。
② 王令：《寄介甫》。
③ 马勇：《中国儒学三千年》，孔学堂书局2021年版。

展这种倾向。董仲舒按照他"贵阳而贱阴"理论进一步提出"三纲"原理和"五常"之道。不过此类内涵也早有，最早还是法家的《韩非子》提出："臣事君，子事父，妻事夫，三者顺，天下治；三者逆，天下乱。"孔子提出君君臣臣、父父子子等伦理道德观念，孟子进而提出"父子有亲，君臣有义，夫妇有别，长幼有序，朋友有信"的"五伦"道德规范。关于一个人最基本的品格和德行，孔子最早提出"仁、义、礼"，孟子扩充为"仁、义、礼、智"，董仲舒又扩充为"仁、义、礼、智、信"即"五常"。所谓信，人言也，就是说人要对自己说过的话负责任，这当然是非常重要的品质。不过，孔孟之说具有平等互惠的性质，而董仲舒礼教强调的是人与人的支配权力。

董仲舒还提出"三统三道"，认为夏朝主忠道、商朝主敬道、周朝主文道。文道的缺点是不纯。三统循环，现在该轮到忠道了。董仲舒说："下事上如地事天也，可谓大忠矣。"[①] 所以，《孝经》强调："孝者所以事君也"，"事君不忠，非孝也"。原来，所孝之人表面看是父母，实则是君。如此，帝王能不奉为圭臬吗？

这时期的儒学与先秦相比，面目全非了！有人将此后的儒学称为"儒教"，不无道理。宗教与哲学的最大区别，在于宗教有洗脑功能并带有强迫性，强迫人们按照它的教义去生活，而哲学不是。

董仲舒实际上是儒教的创始人，中国帝制的设计师。然而，有如秦制与秦始皇，后儒无不承继"三纲""五常"等理论，却不承认董仲舒的教主地位，甚至多予负面评价。例如宋末元初马端临指责说：董仲舒"以圣经为缘饰淫刑之具，道人主以多杀"。[②] 这里"圣经"指儒家经典。

---

① 《春秋繁露》，五行对。
② 马端临：《文献通考》卷182。

## "霸王道杂之"

董仲舒版"孔子的笼子",以"大一统"为中心,"天人感应"与"独尊儒术"为两翼。

第三次面试的时候,董仲舒建议说:

> 《春秋》大一统者,天地之常经,古今之通谊也。今师异道,人异论,百家殊方,指意不同,是以上亡以持一统;法制数变,下不知所守。臣愚以为诸不在六艺之科孔子之术者,皆绝其道,勿使并进。邪辟之说灭息,然后统纪可一而法度可明,民知所从矣。①

董仲舒认为:凡是不在《礼记》《乐经》《诗经》《尚书》《易经》《春秋》六科范围之内,不属于孔子学说的各种理论和学派,都应当禁止。只有"邪说"不存在了,国家大政方针才可以统一固定,民众才知道怎样去做。对此,一般说刘彻赞赏并采纳了。这也是"罢黜百家,独尊儒术"的最初说法。其实,"罢黜百家"句出自东汉史家班固,而"独尊儒术"句更是后人的概括。

然而,刘彻我行我素,法家腥味还特别浓重,法律条文多得堆满书橱,法官读不过来。问题还在于搞"春秋决狱"。为了说明刑罚的必要性,董仲舒拿大自然比方:"霜者天之所以杀也,刑者君之所以罚也。"不过,他又反复强调"大德而小刑""厚其德而简其刑"。刘彻命张汤去向董仲舒学习以儒术审案,于是董仲舒编写《春秋决狱》,收录232个经典案例,用《春秋》经义注释刑罚。通俗地说,就是用孔子的思想

---

① 《汉书》卷五六,董仲舒传,第5册。

对犯罪进行分析、认定,也即用六经思想作为判案的主要依据,法律变成次要的。凡与儒家经义相悖的,要以儒家经义为准。再换言之,着重追究犯罪动机,动机好的一般从轻,甚至免罪;如果动机邪恶,即使有好的结果也要受到严厉惩罚,犯罪未遂也要按已遂处罚。有时一句语录可使无罪者祸及三族,也可使有罪者无罪释放。此外,刘彻还经常根据自己的意愿制定新法。现代法制是让全社会受惠,而商鞅、董仲舒、刘彻们的"法制"则是以严刑峻法控制社会,只让统治者受惠,甚至只是让帝王一人受惠。

结果,刘彻杀自己亲人也太多,到接班人都难找的地步。没人能够及时制止他对内对外的暴行,老天爷要"感应"显灵一次比铁树开花还难。所幸他晚年忽然良心发现,主动反思,彻底整改,重回休养生息的国策。司马光论曰:刘彻"晚而改过,顾托得人,此其所以有亡秦之失而免亡秦之祸乎"。[1]

当时便有大臣批评刘彻"内多欲而外饰仁义",批评刘询"圣道浸废,儒术不行,以刑余为周、召,以法律为《诗》《书》"。[2] 现代专家学者更是认为刘彻时期"儒学看上去很兴旺,但实际上儒学并未真正成为有效的社会意识形态","半个世纪后,到了西汉后期,孔子学说、儒家正统思想也还是受到那些实干的政治家的严重质疑"。[3] 甚至有人怀疑:董仲舒关于"罢黜百家,独尊儒术"的建议,刘彻到底采纳了没有?诏令何在?至今是一笔糊涂账。

刘彻的接班人也大致如此。太子刘奭给父皇刘询提意见:"陛下持

---

[1] 《汉书》卷二二,汉纪,第2册。
[2] 《汉书》卷七七,盖宽饶传,第6册。
[3] 李春青:《趣味的历史:从两周贵族到汉魏文人》,生活·读书·新知三联书店2014年版。

刑太甚，宜用儒生！"刘询一听立时变脸，斥责道：

> 汉家自有制度，本以霸王道杂之，奈何纯任德教，用周政乎！且俗儒不达时宜，好是古非今，使人眩于名实，不知所守，何足委任！①

历来是"霸道"与"王道"兼杂着用，礼法并重，怎么可以只用周政德教呢？这话可谓一语道破天机。

霸道指法家，强调军事法律；王道指儒家，强调道德伦理。先秦时曾有一度，儒、法是尖锐对立的，法家的《商君书》，毫不客气将礼乐、诗书、修善孝悌、诚信贞廉、仁义与非兵羞战称为"六虱"，即六种危害国家的事，但今天看来是人类文明最基本的要素。法家虽然成就统一六国的大业，但名声太臭，儒家虽一事无成但遭太臭的人迫害而被捧得太香，后来的统治者聪明了，两者兼顾。

"霸王道杂之"的学界说法是"外儒内法"，用民间说法就是"棍棒底下出孝子"。"俗儒"语出《孟子》，指浅陋而迂腐的儒士。刘询斥俗儒只不过徒有虚名罢了，不足任用。然而，我们看到从孔子、董仲舒到朱熹之辈大儒，生前都得不到重用。孔子弟子三千，其中贤者72人，仅3人被录用为公务员。刘询觉得会说出这番话的太子都不可用了，忧心忡忡长叹："乱我家者，太子也！"

实际上，从来就没有什么"纯任德教"，或是"纯任法家"。"成康之治"说是"四十余年刑措不用"（且不论是否含水分），并不等于

---

① 《汉书》卷九，元帝纪，第4册。

没有刑法。《左传》说:"夏有乱政而作《禹刑》,商有乱政而作《汤刑》,周有乱政而作《九刑》。"《九刑》应该是周成王时期制定的,[①] 其内容是"正刑五加之流宥鞭扑赎刑",五刑即墨(脸上刺字)、劓(割鼻)、荆(断足)、宫(阉割)、大辟(死刑);流宥指流放,鞭是鞭刑,扑指以荆革捶挞,赎指以金钱赎刑。当礼教无效之时,还是要补以刑法。1975年,陕西岐山出土一件西周时期的礼器,底部内壁有157个字,专家解读其大意:随从周王的法官审理一个官员牧牛状告他上司的案件,判词说:牧牛,你太过分了!你竟敢告你的官,违背了你的誓言。我本应依法鞭打你1000下,施以墨刑;现在我大赦你,免去500鞭,另外500鞭改罚金300孚。

孔子非常强调"仁",但也相当重视刑。子贡走马上任的时候,孔子教导说:"知为吏者,奉法以利民;不知为吏者,枉法以侵民。"[②] 另一位学生仲弓请问法令该禁哪些行为,孔子具体指导说:一是曲解法律、擅改政纪的,二是制作淫声浪调、奇装异服的,三是行为诡诈、学问虽多但不正统的,四是利用鬼神之类惑乱民众的,犯这4类罪都要杀,连审理都不需要![③] 如此杀气腾腾,即使出自《孔子家语》,我还不敢相信出自孔子之口。在内政严酷的同时,让邻居"齐人闻而惧",感到"孔子为政必霸,霸则吾地近焉,我之为先并矣",[④] 于是才用反间计,让鲁公逐孔子。美国联邦最高法院东庭的三角门楣上,列着全世界16

---

① 白钢:《中国政治制度史》上册,天津人民出版社2016年版。
② 《孔子家语·辩政》。
③ 《孔子家语·刑政》,"巧言破律,遁名改作,执左道与乱政者,杀。作淫声,造异服,设伎奇器以荡上心者,杀。行伪而坚,言诈而辩,学非而博,顺非而泽,以惑众者,杀。假于鬼神,时日卜筮,以疑众者,杀。此四诛者不以听。"
④ 《汉书》卷四七,孔子世家。

个伟大的立法者，其中赫然孔子等3人为中心，而根本没有商鞅之流的位子。对于"法"的理解，东西方是不同的。许倬云说："秦以法家治国，其实法家不过是儒家的变种。"①

王莽全面实践儒家理想，想象过去该是"以德治国"吧？其实，王莽也"霸王道杂之"。建国当年秋，便创建了两支特别队伍：一是五威将帅，72名成员分12队，分赴全国各地及"四夷"去传播新朝符命，堪称"王莽思想宣传队"，组织当地臣民听讲，统一"洗脑"；二是五威将军，主要责任是监督高官们不用命者、大奸猾者、铸伪金钱者、骄奢逾制者、漏泄省中及尚书事者、拜爵王庭谢恩私门者，"凡此六条，国之纲纪"，②实属影响皇帝个人权力的高官大臣，可视为明朝特务机关的前身。他还根据儒家经典《周易》创新刑名，例如"离"卦爻辞"突如其来如，焚如，死如，弃如"，便以"焚如"之名行火刑，以"弃如"之名行"弃市"之刑——在闹市执行死刑。处死之后，还要剥皮解剖，以示儆猴。时任掌乐大夫桓谭说："王翁（王莽）之残死人，无损于生人。生人恶之者，以残酷示之也。"③可见，王莽与此前的商鞅、秦始皇及后来的朱元璋、雍正一脉相承。大儒司马光也坦然承认：霸、王道二者只不过说法上有区别而已，好比深浅、大小、广狭之异，而不是黑白、甜苦那般截然相反。④

中国历史上从来不曾缺过治民之法，奇缺的仅仅只是约束权力之法以及保护庶民利益之法。只因为儒家被过度美化而法家被过度丑化，人们常将儒家与法家截然分开，标签化，泾渭分明，但不符实际，实属误

---

① 许倬云：《万古江河》，湖南人民出版社2018年版。
② 《汉书》卷九九，王莽传中，第6册。
③ 转引自《祥瑞：王莽和他的时代》。
④ 《汉书》卷二九，汉纪19，第2册。

导。许倬云认为:"法家的理论本来只及于治理的方法,未尝及于为政的目的;儒家的理论有为政的目的,而未尝及于方法。两者结合,遂成为帝国政治体制的理论基础。"① 换言之,"霸王道杂之"如果能兼采儒、法之长,而避各弊,才是理想的治理之道。问题是如何"杂之",畸轻畸重,那就复杂了,另当别论。

儒家也是一个统称。粗略地分,如先秦儒、汉儒、宋儒等。先秦儒主要指孔孟等,汉儒主要指董仲舒等。关于汉儒,有专家学者认为:一是从思想内涵来看,汉儒将阴阳家、黄老之学、法家的思想纳入自己的理论体系,发展与改造了先秦儒学。二是从与当政者的关系而言,先秦儒学批判暴政而致力于建立理想化的社会政治秩序。汉儒则退而求其次,承认现实社会政治秩序的合理性(如皇权专制),即从批判时政转为维护现实统治。有人指责汉儒背离了先秦儒学的民本思想,转而向专制统治妥协。但也有专家学者认为这种妥协是必要的,因为只有这样才可能给帝王一些约束。好比将老虎关进笼子,汉儒认为不能强行,只能用些鲜活的肉诱使它进去,并把笼子尽可能做得金碧辉煌以便让它尽可能威严庄重而舒适地温柔地待在笼子里。浙江大学社会学系教授赵鼎新比较汉武帝与秦始皇的体制:

> 两者之间唯一的关键性差异在于,秦帝国将其统治权力建立在纯粹的强制力量的基础之上,而汉武帝统治之下的汉帝国则将其统治的合法性奠定于儒家学说以及国家政权与儒士之间的政治联盟之上。②

---

① 许倬云:《历史大脉络》,广西师范大学出版2009年版。
② 《东周战争与儒法国家的诞生》。

因此，赵鼎新将汉武帝至清末的体制称为"儒法国家"。

不管怎么说，"孔子的笼子"终于或多或少有些作用了！面对天灾人祸，有些帝王往往会下"罪己诏"，主动检讨自己不够尽责的地方，加以改正，百姓获益。不久，出现"异端"，即唯物主义哲学家王充，猛烈抨击"天人感应"理论的虚妄性与欺骗性，但他对董仲舒求雨之类做法却赞不绝口，重申如果久旱不雨，君王必须举行雩祭，以示"惠愍恻隐之恩"。惠愍即仁慈爱怜，恻隐即同情。显然，王充也是想发挥"孔子的笼子"的作用。

最实惠的还是儒家本身。好比篾匠花工制作的鸟笼鸡笼卖出去了，多少能赚些碎银。不过，著名作家刀尔登叹道："从汉朝开始，读书人自然是混得不错了，食在其中，禄在其中，而创造的能力，则不知到哪里去了。"[①]我想，从此被囚到"孔子的笼子"当中去了呗！

这版"笼子"常常囚了不该囚的人与事。唐开元二年（715年），春夏，山东蝗灾严重，宰相姚崇请求派御史到各州县去组织捕杀蝗虫，有些大臣认为没用，李隆基也犹豫。姚崇生气说："如今山东、河南、河北百姓都快逃光，怎么还坐视不救！即使除之不尽，也比看着不救好！"李隆基这才准奏。可是，以廉洁而敢言著称的另一位宰相卢怀慎仍然表示担忧："杀蝗太多，恐伤天和。"姚崇急得跺脚："你怎怜悯蝗虫，而不怜悯百姓饿死？如果杀蝗有祸，请让我一身担当！"结果，杀了好多蝗，救了一些庄稼，饥荒不太严重。没想到，第二年春夏蝗灾又在山东大起。汴州刺史振振有词说："蝗乃天灾，非人力所及，应该努力提高人们的思想道德素养，才能消除。大家忘了吗？刘

---

① 刀尔登：《中国好人》，山西人民出版社，2017年版。

聪治蝗埋杀，结果出一大堆乱象。"刘聪是十六国时汉昭武帝，遇蝗灾时命人埋覆，结果传说哭声闻十余里，蝗虫钻土飞出，不仅蝗食黍豆，还出现犬与豕交于相国府门之类怪事。因此，这位刺史斗胆拒绝朝廷派出的御史，坐等人们提高道德水平，坐等上天悲悯。姚崇连忙给那位刺史写信，严正驳斥说："刘聪伪主，德不胜妖；今日圣朝，妖不胜德。说什么自古有好官的地方蝗不入境，如果修德可使蝗不入境，那些地方官难道都是缺德之人？"照此逻辑，汴州闹蝗灾，汴州的刺史就不是好官，而当今皇上不也……那位刺史这才怕了，遵从钦差大臣督促杀蝗工作，才使得"连年蝗灾，不至大饥"。"卫道士"之害，此见一斑。

我们早已习惯将秦至清称为"封建社会"。近些年出现争议，较多认为这不符合中国历史实际，秦朝以后的社会形态恰恰相反，不是"分封建国"而是集权专制，甚至极权。所谓"集权"（权威主义）是要求民众盲目服从，"极权"则是将社会全方位控制死。但我又想：从意识形态角度看，秦至清的专制制度是披着儒家"分封建国"那套外衣的，继续称之为封建社会并非完全没有道理。

汉儒真正"独尊"的开了一种很坏的头：借一种名目，然后随心所欲篡改，创造性地干了什么坏事也可以从中找出好的说法来糊弄民众。

第二章

# 东汉初 30 年

> **·提要·**
>
> 汉光武帝刘秀恢复汉室后（建武元年至建武中元二年，即公元25—57年），集中精力于内部，努力解决奴婢与土地兼并等历史遗留问题，农业劳动生产率居历史最高水平，人口创历史高峰，其统治期被誉为"光武中兴"。
>
> 偶有帝王不能生育，或儿孙智力不正常，都不是他们的错，而一再选择那样的娃娃统领国家，则充分暴露了君主世袭制的荒谬绝伦。

## 开国立朝：中兴与定鼎

新朝建立后，王莽甩开膀子大干。他像孔子一样决心拯救"礼崩乐坏"的现实，且比孔子更幸运，因为他谋到了帝王之位。他盲目搬用周朝制度推行一系列所谓"新政"，史称"王莽改制"。他认为只要古制一恢复就能进入太平盛世,绞尽脑汁地谋划每一个细节如何符合儒家古籍的描述。结果适得其反,很快引起上下左右强烈反抗,王莽身败名裂,详见本系列"冬之卷"《救亡与更替》第三章。

在王莽之后乱纷纷的混战当中,刘秀胜出,恢复汉室,史称"东汉"。有学者认为:"在中国的历代帝王中,汉光武帝刘秀是唯一一个同时拥有'中兴之君'与'定鼎帝王'两项头衔的皇帝。刘秀的'中兴',是重建了一个新的王朝,只不过这个新的王朝仍然沿用了'汉'的称谓罢了。"① 这评价对于刘秀固然不错,不过说"唯一"就值得商榷了——后来的赵构不也应该戴上中兴与定鼎两冠吗?

刘秀虽是刘邦九世孙,但他祖上已从王降为列侯(县侯),父亲只是个区区县令又早逝。兄长刘縯好侠,刘秀则好读书。在那个天下大乱的时代,他们兄弟跟着凑热闹,不想发展很快,不断与其他民军联合,改编为绿林军。更始元年(公元23年),绿林兵又与平林兵合并,共同"反新复汉",推举刘玄为更始帝,刘縯为大司徒,刘秀为太常偏将军。偏将军是将军的辅佐,地位较低。同年刘秀的民军在昆阳消灭王莽的主力,即历史上著名的以少胜多"昆阳之战"。这时,绿林兵内部分裂,刘玄杀刘縯。刘秀意识到某种危机,立即赶去向刘玄谢罪,既不为刘縯举行葬礼,也不与他旧属往来,只说自己过错而不表功,深得刘玄信任。随后,刘秀到河北,迅速发展自己的势力。绿林军攻陷长安,王莽被杀,刘玄入长安。

建武元年,刘秀"跨州据土,带甲百万",便在鄗(今河北柏乡)称帝,不久迁都洛阳。与周武王、秦始皇、汉高帝相比,刘秀称帝似乎

---

① 黄留珠:《刘秀传》,人民出版社2014年版。

早了些，因为这时候还对手如林。刘秀称帝之后，仍然有些人想争，如建武二年铜马军、青犊军和尤来军共立孙登为天子，次年李宪在淮南称帝，等等。刘秀统一天下大业，至建武十二年（公元36年）也即称帝后第十二年方告完成，内战结束，政权才稳定下来。

## 最大看点："柔道政治"

刘邦马上得天下，马下治天下。刘秀类似，但他是主动选择的结果。刘秀当皇帝后，忙里偷闲将老家的老人请到宫中来喝杯酒。老头老太太们一高兴，话没遮拦，居然说起刘秀小时候的丑话。一位大发感慨："文叔（刘秀的字）小时候小姑娘样的不爱说话，又老实又柔顺，谁能想到这么老实巴交的人竟然做了皇上！"好像说老实人不可能当皇帝，能当皇帝的不可能老实，这话真让人生气。刘秀却笑道："柔顺点好啊！我治天下也用柔道！"①

刘秀所说的"柔道"不是现代体育拳术，而是一种屈伸得宜、以柔克刚的韬略，与他老祖宗"无为而治"如出一辙。刘秀不是开玩笑，而是实打实践行。即使你死我活的战争，也不忘"天地之性人为贵"。建武二年冯异征赤眉军的时候，刘秀特地交代："今之征伐，非必略地屠城，要在平定安集之耳。"②破铜马军后，刘秀非但没杀已降的一兵一卒，反倒封他们的首领为列侯。降兵不放心，刘秀便命他们的将领各自回本营，而自己轻车简从巡行各部阵地。降军从此心悦诚服，所以关西

---

① 《资治通鉴》卷四三，汉纪，第3册，"帝闻之，大笑曰：'吾治天下，亦欲以柔道行之。'"
② 《后汉书》卷一八，冯异传，第7册。

一带还称刘秀为"铜马帝"。建武十二年,刘秀下诏明示:"边吏力不足战则守,追虏料敌不拘以逗留法。"① 他反对那种冒死硬拼的战法,不鼓励边疆官兵当无谓的烈士。

建武二十四年(公元48年),匈奴分裂为北匈奴和南匈奴,南匈奴王入汉称臣。北匈奴继续与汉为敌,时值连年旱蝗,赤地千里,人畜饥疫,死耗过半。雄心勃勃的老臣——朗陵侯臧宫、杨虚侯马武要求再次上阵,趁机剿灭北匈奴,彻底安定北边。刘秀却不同意,说内政忙不过来,何况情报不一定可靠,北匈奴虽然遭灾,但实力尚强,不如止战息民。② 事过不久,北匈奴也来贡裘马求和亲,刘秀则赐以缯帛和弓矢,似乎永结和平了。

战争还没结束,刘秀迫不及待精兵简政,让大批战士解甲归田,恢复生产,否则内战也许不用拖那么久。全国大约1000个县,一口气裁掉400多个,县级以下官吏减少90%。同时将诸王降为公、侯。刘秀得天下跟刘邦一样,靠手下一批得力干将拼死拼活卖命,一样不能坐视功高盖主,但他没像刘邦那样"狡兔死,走狗烹"。人们所熟知赵匡胤"杯酒释兵权",实际上是刘秀首创。建武十三年(公元37年),平完最后对手公孙述的大将回京,刘秀举行盛大庆功宴,封功臣3605人,表彰他们的功绩,赏给大量封地,让他们回去享受荣华富贵,而不再参与朝政。事后,还常派官员上门慰问。

与此同时,刘秀大力收罗天下各种人才,补充新鲜血液。原来,"汉室中微,王莽篡位,士之蕴藉义愤甚矣。是时裂冠毁冕,相携持而

---

① 《后汉书》卷一,光武帝纪。
② 《后汉书》卷一八,臧宫传,"北狄尚强,而屯田警备传闻之事,恒多失实。诚能举天下之半以灭大寇,岂非至愿;苟非其时,不如息人。"

去之者，盖不可胜数"。① 现在，刘秀将那些隐居山林的人士请出来，高官厚爵相待，表彰他们忠于汉室、不仕二姓的高风亮节，培养重名的社会风气。通过退功臣而进文官，朝中更换新鲜血液，既避免有人功高盖主，又保证皇帝"总揽权纲"。

儒学虽然被刘彻"独尊"，但只是说说而已，直到西汉末才上升到主导地位。好景不长，王莽全盘照搬古书改革却最终失败，人们对儒学失望极了。但刘秀依然满怀信心，开始努力将儒学抬举为真正的官学。建武五年（公元29年）建太学，置博士，传授诸经，不过实际上仍然没有从中取什么官。刘秀巡视鲁地时，遣大司空祭祀孔子；建武十四年（公元38年），封孔子第十六世孙孔志为褒成侯。建武三十二年（公元56年）兴建明堂、灵台与辟雍。明堂类似于宗教庙宇；灵台则相当于天文台；辟雍本来是周天子所设大学，东汉以后历代作为尊儒学、行典礼的场所。

刘秀对儒家今文学派制造的谶纬推崇备至。谶是秦汉时期巫师、方士编造预示吉凶的隐语，纬是汉代神学迷信附会儒家经义之类的书。刘秀仿王莽、公孙述等人利用谶书作为承受天命的依据，指使老同学强华伪造"赤伏符"曰："刘秀发兵捕不道，四夷云集龙斗野，四七之际火为主。"四七之际指高祖刘邦至刘秀光武初，共228年（也有人认为指刘秀的28员大将），继承西汉的火德。建武二十八年（公元52年）封禅泰山、梁父山（映佛山）。建武三十二年（公元56年）宣布图谶即预言书于天下，把谶纬迷信尊为"内学"。可是，后来东汉灭亡人们也不忘谶纬，奉劝魏王曹丕说："魏当代汉，见于图纬，其事众甚。"②

---

① 《后汉书》卷八三，逸民列传，第9册。
② 《资治通鉴》卷六九，魏纪1，第5册。

过度尊儒很快出现副作用。早在战国时代，孟子就抱怨当时人们将儒术作为"敲门砖"，一旦升官就抛弃。荀子指责更严厉，说太多儒生只是贵族的食客和走狗，骗吃骗喝。"独尊儒术"之后，这种情况更严重，时谚曰："举秀才，不知书。察孝廉，父别居。寒素清白浊如泥，高第良将怯如鸡。"儒生中沽名钓誉者多，真才实学者少。经学的谶纬化后果更糟，实际将儒学引入了歧路，学风败坏，妖风炽盛。马勇指出："光武帝对谶纬的极端崇拜，已使许多学者失去了信心，他们不愿意背弃学术良心曲意迎合，遂采取政治上的不合作态度，或继续隐居于大泽之中聚徒讲学，或公开宣布未习图谶。"为此，马勇还总结一大历史教训："任何追逐时髦的企图只能使学问变质，而且不可能获得真学术。"[①]

刑律方面总体从轻。建武二十八年、建武三十一年两次下诏，将死罪改为"下蚕室"，即宫刑。宫刑后创口极易感染，必须留在像蚕室一样的密室中居百日，所以常用"下蚕室"代指宫刑。宫刑自然极不人道，但正如俗话说"好死不如赖活"。建武二十九年派使者到各地查冤狱，并在此基础上诏令天下所有囚徒各减本罪一等。

治官则从严。太仓亭长奚涉，招降山贼数百，遣归农耕，自食其力，辖内安定。但此举未上报，属自作主张，有违汉律，被郡守逮捕下狱，上书洛阳量刑。刘秀非但不降罪，反而将他提拔为太仓令。没想到奚涉高升后忘乎所以，不过三年占田霸地千余顷，为躲赋税瞒报近一半，并高租于民，重苛盘剥，百姓怨声载道。在全国性检核田亩并考察官员的时候，奚涉怕了。戴进的兄长戴涉是当朝大司徒，在本县有良田千亩，房屋千余间，牟取暴利比奚涉有过之而无不及。于是，奚涉与戴

---

① 《中国儒学三千年》。

进结盟，找戴涉说情。戴涉为戴进、奚涉造假册，瞒天过海，建武二十年遭人举报。刘秀震怒，下令戴涉自缢，判奚涉、戴进及当时负责核查的官吏十余人斩刑，受牵连而遭下狱、罢官、没收财产的多达几十人；随后又诏告天下，以此为戒，大力整顿官场。此案让朝野大为震惊，大快人心，但也有人认为惩罚过重，许多人罪不至死。又如建武二十八年因诸王宾客荡乱法纪，刘秀诏令郡县大搜捕，坐死达数千人，显然也有点过了。

此外，刘秀重视历史遗留问题，也值得一说。

每一个人创造历史，都是在直接碰到的、既定的、从过去承继的条件下创造。这条件有正面的，也必定有负面的。对负面的历史遗留问题是否装鸵鸟，视而不见，或击鼓传花，坐令小事化大，大事化炸，是考验其品德、能力及历史地位的关键。刘秀面临的主要历史遗留问题：一是奴婢问题，二是土地兼并问题。

### 奴婢

奴婢怎么会成为一大社会问题？我们现代人看来，会感到不可思议。秦汉时代难免留有一些奴隶制的残余，这主要体现在奴婢问题上。当时奴婢没有独立的身份，依附于主人。那些权贵之人，贪婪无度，蓄养奴婢越来越多，造成"世禄之邑，几无王民"的困境，直接影响国家财政、军队、徭役的来源。

西汉末年，刘欣刚上台时也有雄心壮志，曾推出一系列改革，限定诸侯王奴婢200人，列侯、公主100人，关内侯、吏民30人，期限3年，违者没收入官。这改革产生一定效果，但因外戚等强烈反对，刘欣又下诏"且须后"，变成一纸空文。后来王莽对此也做了努力，但更失败，奴婢问题继续恶化。

刘秀称帝后，尽管战争如火如荼，但他早就关注到奴婢问题。建武十一年（公元35年）诏令："天地之性人为贵。其杀奴婢，不得减罪。"请注意：刘秀看奴婢问题的角度与众不同，出发点是人。天地之间万物生灵，得天地之气成形，禀天地之道成性，以人最为尊贵。"天地之性人为贵"这话不是刘秀第一个说的，出自《孝经》。《孝经》据传为孔子所作，一般认为成书于秦汉之际，但秦始皇、刘彻们绝不会宣扬这样的话，刘邦、刘询们也忽略，刘秀则拿出来加以强调。有了这话，才能理解刘秀的一系列仁政。

现在，刘秀要求尊重奴婢的"人权"。他当政期间，先后十来次专门下诏，一再强调恢复他们的平民身份。如建武二年诏"民有嫁妻卖子欲归父母者，恣听之。敢拘执，论如律"；建武六年诏"王莽时吏人没入为奴婢不应旧法者，皆免为庶人"；建武十一年诏杀奴婢者不得减罪，随后又废除奴婢射伤人要处死示众的法律；次年诏陇、蜀民被掠为奴婢者，一律免为庶人；建武十四年诏免益州、凉州被掠为奴婢者，一概免为庶人，买者不退款。

董宣做洛阳县令时，湖阳公主的家奴杀了人，躲在公主家里不出门。董宣无权闯入公主门，便布置暗中监视。有一天，报告说公主带那家奴出门，董宣立即赶往，在城门拦住公主的车，拉下那家奴，当场正法。公主认为当面杀她仆人是欺负她，向刘秀告状。刘秀一见姐姐哭啼不免生气，把董宣叫来，要杖打他。董宣说："如果放纵杀人，怎么治理国家？不用你打，我自己死吧！"说着要用头撞柱子。刘秀连忙叫人拦住，改而要他给公主磕头道歉。董宣说杀那恶奴没错，偏不肯磕头。刘秀命人按住他的头往下磕，可他双手撑地，挺起脖子，死不肯磕。公主在一旁火上浇油："小弟当年也曾匿藏案犯，让官吏不敢进门。如今贵为天子，怎么反倒没威风了？"刘秀一边喝令董宣快走，一边笑笑安慰老姐："天子与白衣不同啊！天子怎么还能像白衣那样蛮干呢！"事后，刘秀反而奖励董宣 30 万钱。这案例从另一个侧面说明家奴问题，即主子对有的家奴过宠，纵容其为非作歹，让社会深受其害。

**土地兼并**

纵观中国历史，很容易注意到土地问题，特别是一个朝代之末，往往要不厌其烦地重复土地兼并的操作，然后是造反分地，形成收—放—收—放这样一种循环反复的现象。究竟怎么回事？我们很容易理解"井田制"即使真实有过也不可能久长，而单家独户小块耕作制约生产力的提高。在历史上，单一的农业经济这个两难问题几乎无解。所以我们看到若干年官府允许土地买卖，过若干年又禁止土地买卖，反复循环，不可能一劳永逸。

但不管怎么说，能暂时缓解一下总比持续恶化好。

早就有董仲舒指出"除井田，民得买卖，富者田连阡陌，贫者亡立锥之地"，倡导抑制兼并。刘彻忙于征战，没将这问题摆上议事日程，相关改革声势很大，但没真正推行。王莽高度重视，他的措施是以"王田"恢复远古的井田制，刻舟求剑，辅以严刑峻法也执行不下去，3 年后不得不撤销。

刘秀及时把工作重点转移到社会经济方面，发现垦田亩数与人口对不上号；建武十五年在全国轰轰烈烈开展"度田"运动，一是丈量土地，二是清查户口。丈量土地是了解豪强地主私有土地到底多少，检核户口既在于清查隐匿户口，也为了限制豪强地主控制依附农民的数量，进而加强对土地与劳力的控制,增加官府租税与赋役。

州郡官吏多为豪强地主,往往不愿如实丈量土地与呈报户口。特别是河南、南阳地区那些近臣和"帝亲",抵触情绪更大。大司徒欧阳歙在汝南郡任内,测量田亩作弊,贪污千余万钱,刘秀要求予以严惩。欧阳歙的学生礼震才17岁,绑了自己进京,上书说:"欧阳歙老师为儒宗,没想会遭牢狱之灾。歙门独子幼小,未能传学,老师死后家里就彻底衰绝了。因此,乞求皇上让我代替老师去死!"奏书还没到,欧阳歙已死在狱中。

传统观点认为刘秀度田运动失败,近来有专家学者提出不同看法,认为光凭严厉打击度田不实的官员,平息由此引起的叛乱,度田就取得了成功。具体有以下两大成果:

一是户口增加。汉平帝元始二年(公元2年),全国民户223.36万,人口5959.49万,为西汉时之最。社会动乱后,人口大为减少。经刘秀统治30余年,户数和口数均增长近一倍,其中一部分就是度田的直接效果。

二是豪强地主有所收敛,官吏不敢继续扩大私有土地。如邓禹,算是开国功臣,但他"常欲远名势",还严格教育子孙"不修产业"。又如樊宏是刘秀的舅舅,屡立战功,被封为寿张侯,但他为人谦柔,常要求子女说:"富贵盈溢,未有能终者。吾非不喜荣势也,天道恶满而好谦,前世贵戚皆明戒也。保身全已,岂不乐哉!"①

宏观来看,"光武中兴"的意义更非一般。不过,吕思勉的看法没那么高调,他认为"其运祚略与前汉相等,然其国力的充实,则远不如

---

① 袁延胜:《东汉光武帝"度田"再论——兼论东汉户口统计的真实性问题》,《史学月刊》2010年第8期。

前汉","实际上，后汉已渐露中衰之机"。①

建武中元二年（公元57年），刘秀去世，太子刘庄继位，开创一个盛世"明章之治"，详见本系列"夏之卷"《盛世与治世》第二章。这是一个非常了不起的结果。"昭宣中兴"后百来年才有个"光武中兴"。现在，紧接又一个盛世，不能不说刘秀传得好，刘庄接得妙。

太子本来是皇后郭氏所生的刘彊。刘彊多次辞让后，刘秀改立早年所爱的妻子阴丽华所生的刘阳为太子，并改刘阳名为刘庄。这一改影响深远。从此以后，每当有皇帝想无过废后的时候，就会有朝臣以刘秀废黜郭后为反面教材劝谏。他们忘了刘秀诏书中的关键词"托以幼孤"。不能"托以幼孤"，刘氏江山无以为继，不是"过"吗？还有什么"过"比这更大？而历史已经证明，阴丽华堪"托以幼孤"。她儿子刘庄（阳）不但传承汉室，而且开创一个新的盛世，功莫大焉！阴丽华在位24年，谥号为"光烈皇后"，成为中国历史上第一个拥有谥号的皇后，实至名归。

如果没有废后，由刘彊顺利接班，接下来虽然不一定乱世，但也不一定盛世。当然，我只是说也许。

## 千古之叹：三岁当皇帝可笑还是可悲

所谓"亲戚"，族内之人为亲，族外之人为戚。帝王无法无天，往往在挥霍臣民生命财产的同时，也挥霍自己的生命，所以许多帝王短命，且死时儿子幼小，甚至没有儿子——需要交权给兄弟或侄儿等族

---

① 吕思勉：《中国通史》。

人。据统计，宋代皇帝共生育子女171人，其中男84人，女87人，夭亡达74人，约占总数的43%。三五岁甚至更小的婴孩，屎尿都拉不清楚，却要肩负统领全国的重任，在现代来说绝对是笑话，可是在中国历史上却时不时真实发生。

最早西周初，年少的成王需要周公辅佐；最迟1912年，宣统皇帝退位时还是个需要大人抱着的娃娃。这样的皇帝，往往需要母亲抱着他坐在金銮殿上，更需要母亲代理"最高指示"。而那样的母亲，或曰前任的皇后现任的皇太后，也是突然从深宫被推到风口浪尖，她能依靠谁呢？只能依靠她的兄弟等亲人，也就是外戚，这就形成另一种皇族势力。

外戚是政治暴发户，很容易招致朝野的不满，引起权力斗争。这种现象，早在刘邦死后就发生过。他夫人吕雉以皇太后之尊独揽大权。不仅如此，刘邦生前立下的非刘姓不能封王的条律形同虚设，吕后大封吕氏兄弟侄儿。等到她终于死了，刘姓皇族反扑，吕姓戚族全部被杀。刘彻吸取血的教训，在太子7岁时，意识到自己将死，便先把太子生母钩弋夫人杀掉。他解释说："我不能让吕雉的悲剧重演！"然而，这种悲剧还是一再重演，到东汉更甚，外戚与士大夫、宦官相互争权夺利。

东汉初期对外戚限制很严。汉明帝刘庄明令后妃之家不得封侯参政，对外戚功臣也多加防范。如以挂画的方式隆重表彰28位功臣，却把自己的岳父排除在外。刘庄在位时，舅舅们位不过九卿。馆陶公主想替儿子求个郎官，刘庄宁可送1000万钱也不送官。大臣阎章才学出众，政绩显著，只因为有两个妹妹是后宫嫔妃，刘庄硬不给提拔。他母亲阴丽华弟弟阴就的儿子、驸马阴丰杀了公主，刘庄不徇私情，将阴丰处死，逼阴就夫妇自杀。东汉13帝只有刘庄对外戚的限制最严，外戚没有弄权的机会。

汉章帝刘炟前期也严格抑制外戚。窦宪是刘炟大舅子，仗势欺人，嚣张到连公主也敢欺负。他用低价强买沁水公主的园田，而公主畏惧其势焰不敢相争。后来刘炟了解到真相，怒火中烧，招来窦宪，狠批一通："你连公主都敢枉夺，何况百姓！"窦皇后出面求情，并降低服式等级以示自责谢罪，刘炟才饶他一条命，但不予重用。可惜，刘炟晚年对外戚过于宽容。他宠爱皇后窦氏，重用窦宪，又优待宦官，使外戚和宦官这两股恶势力同时登台。东汉的开明政治从此结束，转入腐败和黑暗，汉家天下也开始由盛世走向衰退。

然而，外戚政治并没有随窦氏入葬，而似乎才开头。汉和帝刘肇薄命，接位的刘隆还没断奶，更少不了太后垂帘听政。东汉13帝当中有7个不是前任的儿子，除刘秀、刘庄和刘炟等前三任皇帝之外全都有外戚势力。柏杨生动地剖析：皇帝既然小，当母亲的皇太后自然成为权力中心。在儒家学派意识形态和多妻的宫廷制度下，皇后很少跟别的男人接触，仓促间掌握全国最高的权力，一时间必须对十分陌生的政治行动做最终决策，她的能力和心理状态难免无法适应。犹如赤身裸体忽然被抛到街上一样，她恐慌而孤单，唯一可靠的人物不是朝中的大臣，因为她根本不认识他们，而是她平日可以常常见到的家属，她没有选择，她相信只有这些人能够帮助她解决问题。问题在于，"外戚们大多数不知道珍惜权力，而只知道滥用权力，只知道贪污暴虐，一味追求物质上的享受"。[①]

其实，外戚滥用权力而追求享受是小事，皇族内亲们也如此，更可

---

① 《中国人史纲》中册。

恶的是他们为此故意制造娃娃皇帝。刘肇即使有能力治世，也没能力交好班。邓太后还干得不错，政治上以"柔道"治天下，经济上也改革了一些弊端，注重节俭与劝农。清河孝王刘庆的儿子刘祜继位，刚满13岁。刘祜在位19年又死了，这时太子刘保已10岁。然而，皇后阎姬为了掌控皇帝，废刘保，而改立刘祜一个尚在襁褓的堂弟刘懿，结果血溅宫中，政治日益黑暗，大步走向没落。令人感慨的是：外戚之祸早在西汉初已现，刘秀们也采取了一系列防范措施，却没有一种制度去约束，眼看着越来越严重，直至王朝覆亡。

人们谴责东汉的外戚，可是宋朝呢？杜太后回光返照之时，赵匡胤与大臣赵普等听遗嘱，杜太后问："知道你为什么能得天下吗？"赵匡胤悲泣得不能言语。杜氏追问，赵匡胤这才说："我能得天下，完全靠父母和祖上积德！"杜氏说："不，你靠的是周氏皇帝幼小。如果周氏皇帝是个成年人，你可能得天下吗？"[①]这就是"金匮之盟"的主要内容。对此本身及其内容，学者们大有争议。我在乎的是，这表明至少是在宋初，他们就明白娃娃皇帝的天下很容易被篡了，可是直到宋亡他们还没吸取教训。

南宋诸帝几乎都嗣君乏人。孝宗被认为是南宋唯一欲有作为的皇帝，可是他儿子光宗却是个精神病患者，孙子宁宗则是个智能庸弱者，虞云国说这"充分暴露了君主世袭制荒谬绝伦、缺乏理性的那一侧面"。[②]蒙古人大举入侵，南宋面临灭顶之灾，本当拥立一个更优秀的皇帝，"荒谬绝伦、缺乏理性的那一侧面"却延续无改。用时人的话说

---

① 《宋史》卷二四二，杜太后传，第48册，"不然。正由周世宗使幼儿主天下耳。使周氏有长君，天下岂为汝有乎？"
② 虞云国：《南宋行暮：宋光宗宋宁宗时代》，上海人民出版社2018年版。

是"只要赵家一块肉便可以做皇帝"[1],否则纵然尧舜再生也没资格。一而再再而三地选择娃娃皇帝,直至让大臣背着跳入大海。人们不厌其烦地歌颂那些跟着跳海的臣子多忠,为什么不反思一再选娃娃皇帝那"正统"之误?同样,清末面临三千年未有之大变局,更应该选择年富力强者当政,却重蹈覆辙,偏偏选择黄齿小儿,同治、光绪、溥仪一连3个娃娃皇帝,能不大权旁落,能不覆灭吗?

周公的"嫡长制"僵化如此,正是诸多王朝之灭的重要原因!

---

[1] 《南宋行暮:宋光宗宋宁宗时代》。

#### 第三章

# 东晋初30年

> **提要**
>
> 永和三年（347年）是东晋开国立朝30周年，晋穆帝司马聃时年5岁，褚太后摄政，小心翼翼地维护着那个风雨飘摇的流亡政权。这年统一西南，并将"丝绸之路"西延到拜占庭帝国。
>
> "名士"是魏晋南北朝那个乱世的文化遗产。古人向往"野无遗贤"，然而隐士少往往比多更令人悲哀。

## 开国立朝：流而不亡

东汉之末，有如从西周步入东周，又开始一个长期混乱的时代。所不同，这时期争的不再是"雄""霸"，而是"皇""帝"。虽然土霸王少一些，但他们厮杀之惨烈及带给百姓的苦难丝毫不亚于春秋战国。据统计，从220年到420年，即三国、两晋、十六国时期，被史家认可的称帝者多达90人，平均两年多一些出一个皇帝（不少是同时在任），其中被杀、被废、被俘61人，占2/3还多。347年不仅是晋永和三年，还是成汉嘉宁二年、前凉建兴三十五年（一说永乐二年）、前燕十一年、代建国十年、后赵建武十三年，换言之，被历史所认可的皇帝同时多达6个！其中两个年号迄今还不能确认，说明那个时代只顾战争而顾不上"档案事业"。

尽管那个时代的帝王没几个为现代读者熟知，但当时的文人却让一代又一代人艳羡得不得了。"永和三年"4个字，很容易让人想到"永和九年"。是的，没错！"永和"年号历史上使用过两次，先是东汉顺帝刘保的第三个年号，但那总共才6年；再就是这个。联想到"永和九年"，眼前很自然幻现那年的三月三，"书圣"王羲之与41位军政高官在山阴（今浙江绍兴）兰亭"修禊"，曲水中漂着酒杯，流到谁面前谁就端起一饮而尽，并乘兴吟诗一首。然后，将这些诗汇编成册，由王羲之作序并亲笔书写《兰亭集序》，千百年来不知让多少人如痴如醉，心驰神往。只不过，永和九年在本章所论之年（347年）后的6年。

西晋末年，与成汉、汉赵三国鼎立，但比当年三国更乱，晋怀帝司马炽心有余而力不足，司马越独揽大权却搞内耗。司马炽被俘继而被杀。晋愍帝司马邺即位，可是前赵皇帝刘聪的部将刘曜又围长安，断了内外联系，城中人饥饿难忍，出现人吃人现象，司马邺不得不降。

第二年即317年，司马睿在建康建东晋。柏杨评述："南迁的晋政府实质上是一个流亡政府，由一些在北方幸而没有被杀，又幸而逃到江南的士大夫组成，统治一个他们根本不了解的世界……一个没有民众基础，而又不停内斗的流亡政府，像用火柴搭起来的亭台楼阁，能维持现状,已是老天爷保佑了。"① 就是这样一个"流亡政府",能够"长命百岁",其实不容易,说明司马氏实际上也是够能干的。

一般认为,司马睿"恭俭有余而明断不足"②,虽然算是个好人,但没有能力治天下。他之所以侥幸为皇,完全靠地方权臣拥护,他只是司马家族的代表而已。代表名门望族的王导,具有真知灼见,很早就开始扶助他。他没忘恩,曾主动挪出半个御床说:"王爱卿,请过来,朕要与你同坐。"吓得王导慌忙推辞,但大政要事还是要请王导等人帮忙拿捏。

司马睿长子司马绍继位不久,询问本朝开国往事。王导如实述说,从晋宣帝司马懿创业时如何诛杀有名望的家族,说到晋文帝司马昭晚年杀高贵乡公曹髦,血淋淋一桩桩一件件。司马绍听了,掩面伏在坐床上,说:"若如公言,祚安得长!"话虽这么说,司马绍还是成功地制衡了权臣世家,并平息"王敦之乱",推动南方社会安定发展,稳定了局势。好比盘山险路,司机特别小心,一路平安。而在平坦大路,司机忘乎所以,倒是更容易车毁人亡。

永和三年前8年即建康五年(339年),王导等人去世,实权落入庾翼手中,晋室实际上仍然与大臣"共天下"。所幸庾翼也颇能干,皇后之弟,还是个书法家,但没几年就病逝。庾翼临终时请求重用其子,辅政大臣却举荐了晋明帝的驸马桓温。这更是一个传奇人物,据说未满周岁便得到名士温峤的赞赏,因此取"温"为名。15岁那年,其父被叛军与县令江播等人所杀,桓温枕戈泣血,誓报父仇。几年后江播去世,其三个儿子守丧,特地在丧庐内备兵器,以防桓温。桓温却假扮吊

---

① 《中国人史纲》中册。
② 《资治通鉴》卷九二,晋纪,第6册。

客，杀了其中两兄弟。能臣名将辈出，尽管君王差些，这个流亡政府还是想亡都难。

司马聃于此前3年即东晋建元二年（344年）继位，时年1岁，现年4岁，由褚太后摄政，此后14年即361年去世。褚太后即褚蒜子，晋康帝司马岳的皇后。司马岳去世时，司马聃太小，朝臣一致推荐她临朝辅政。司马聃14岁时，她还政。但司马聃没几年又病逝，她不得不再出面……短短几年出入多次。她出身于官宦世家，从小才识过人，心胸开阔。她与父亲深明大义，没有外戚专权，只是共同小心翼翼地维护着那个风雨飘摇的流亡政权。

## 最大看点：侥幸灭蜀

西晋末年，益州蜀郡的巴氏族反抗，李雄称帝，国号成，史称"成汉"。李雄善于纳谏，唯才是举，刑政宽简，尊师重教。成年男子每人每年仅交3斛谷，成年女子减半，有病的再减半。每户赋税仅几丈绢几两绵，劳役少，新归附的人免徭役，多数百姓殷富，在那个乱世十分不易。

成汉玉衡二十四年（334年），李雄病死，其兄之子李班继位，数月后李雄之子李期杀李班自立，没几年李雄的堂弟李寿又杀李期自立。李寿刚称帝时也不错，继承李雄宽和俭朴之风，但没多久变了，一方面滥用刑罚，部下稍有过失便杀；另一方面追求奢侈，大兴土木，百姓疲于奔命，被逼得纷纷造反，国势日衰。然而，衰不等于亡，死里还可以逃生，危难之时改革中兴的例子不少。东晋能灭蜀，关键在于一系列侥幸：

一是蜀室自伤元气。李寿在位仅5年，成汉汉兴六年即343年死，其子李势继位，没想到更糟。李势身高7.9尺，腰粗14围，心胸却很小。成汉太和二年即345年，李势之弟李广，因李势没儿子，请求让他当皇太弟，李势不仅不同意，反而将李广及其支持者捕杀，夷灭三族。其中一位大臣解思明临刑叹道："国家之所以不灭，是因为有我们这几个人在。往后，危险啊！"解思明谈笑自若赴死，士民无不悲哀。上年太保李奕起兵，直围成都，只因不意亡于流矢，余众溃散。直到这时，李势才警醒起来，改而大赦，谋求内部和解。但已经迟了，外部虎视眈眈已久的真正敌人——东晋抓住这时机，由桓温率军伐蜀。

二是高参及时纠正错误。永和三年晋军至彭模（今四川彭山），桓温想兵分两路，谋士袁乔则建议："应当合势齐力，以取一战之捷。如果分两路，众心不一，万一有些偏差就误大事了。不如全军而进，抛弃灶具，只留三日粮，破釜沉舟，必定可胜！"桓温听从，留下弱兵守辎重，亲率主力直指成都。

三是鼓手歪打正着。决战时，晋军前锋失利，众兵都想退。在这千钧一发时刻，鼓手犯了一个美丽的错误，误擂进军鼓，袁乔乘势指挥冲锋，大破敌军。桓温烧其城门，守军再无斗志。

李势连夜逃至葭萌（今四川广元），觉得大势已去，便给桓温送降文，说有劳您大驾，将士愚鲁，犯了天威，现在我甘受刀斧祭战鼓，并令州郡放下武器。然后，像当年西晋皇帝一样，李势将自己捆起来，用车拉着棺木，到桓温军营受刑。桓温倒是宽宏大量，给李势松绑，焚烧棺材，封为归义侯，带到晋都，让他寿终正寝，但成汉就此灭亡。

桓温凯旋时，心情极好。他建议在四川盆地中部新设一个郡，命名"遂宁"（现为四川地级市），寓意"平息战乱，实现安宁"。没几天，又在东部新立一个县,命名"乐安"——乐于安定。直到几百年后,宋真宗认为那里"洞天名山,屏蔽周卫,而多神仙之宅",诏改为"仙居"(今属浙江)。

不过,桓温乐观过头了些。大军一撤,成汉残兵败将拥立新帝;同年底,又有晋兵哗变,陷涪城,自称是益州牧。但没多久都失败,没能改变平蜀的大局。直至永和八年(352年),桓温收复失地,平息叛乱,蜀地渐安。

东晋运气之好,无可比拟。他们不仅侥幸灭了蜀,更重要的是35年后侥幸赢了前秦,否则后果不堪设想,在此暂不议。


此外还有一点值得一说。

西晋亡后,都督凉州诸军事、凉州刺史、西平公张寔继续沿用晋愍帝的年号,向东晋称臣。不过,他私下也向汉赵、后赵称臣,实际上至少是半独立的割据政权,史称"前凉"。其境内分置凉、沙、河三州,统辖范围包括今甘肃、宁夏西部以及新疆大部。那一带5个由汉人与异族混合组成的小国(前凉、后凉、南凉、西凉、北凉),"由于地理上的隔绝,享受着实实在在的稳定。与之相对照,那些处于中心地区的国家则不比武装团伙强多少"。[①]凉州即今甘肃武威,古称雍州、姑臧、休屠,地处中原通往西方的陆路交通要道河西走廊,商业繁荣,农业和畜牧业较发达。

前凉在张骏时期,与晋关系仍然较亲密。为了呈送表章到江南京

---

[①] [美]陆威仪著,李磊译,周媛校:《分裂的帝国:南北朝》,中信出版社2016年版。

城，特地向成汉借路。李雄不同意，张骏便派大臣张淳先向成汉称臣，然后明说："琅邪王（司马睿）在江东振兴基业，所以我想不远万里辅佐奉拥。"李雄听了面有愧色，说："我祖、我父也是晋臣，昔日与其他六郡避难到此，得到同盟推举，才有今天。琅邪王如果真能复兴大晋基业，我理当支持！"张淳借路成功，招募士卒护送表章，顺利送达京城，受到嘉赏。

张骏去世后，其子张重华继位，仍然奉晋愍帝年号，但也想自称"凉王"。东晋永和三年，司马聃委派御史俞归出使，册封张重华为凉州刺史等职。张重华不肯受诏，让亲信沈猛对俞归诉说："我家主公世代忠于晋室，待遇却不如鲜卑。朝廷早封慕容皝为燕王，可我们才授大将军，何等厚此薄彼！您应当同劝我们州主做凉王。"经俞归耐心劝说，张重华决定继续忠于晋室，并积极中介沟通，东晋与拜占庭正式建交，互派使者，让"丝绸之路"通达拜占庭。从此，中西贸易空前大发展。据当时西方史学家记载，丝绸在他们那里以前只有贵族才穿得起，现在平民百姓也普遍能穿了，[①]中国则大量进口琉璃等日用品。

拜占庭即东罗马帝国是世界著名帝国，领土横跨亚欧大陆和非洲大陆，有一条至关重要的"黄金水道"，将亚洲和欧洲大陆分割开来，其中间部分为马尔马拉海，在商业、军事等方面都具有十分重要的意义。早在西汉，中国就同古罗马帝国有往来。他们称汉为"赛里斯国"，意即"丝国"。三国曹魏增辟了与罗马交往的新通道。这时期，拜占庭委派使者到晋王朝来访问。东晋兴宁元年（363年），晋哀帝司马丕也向拜占庭派出使者。斯坦福大学历史学和古典文学教授伊恩·莫里斯

---

① 转引自孙玉琴：《中国对外贸易通史》卷1，对外经济贸易大学出版社2018年版，"昔吾国仅贵族始得衣之，今各级人民，无有等差，虽贱至走夫卒皂，莫不衣之矣。"

描述：

> 在中国北方和罗马帝国西部，有许多旧式的富有贵族家族携带财产逃往建康和君士坦丁堡，但他们中更多人选择留在旧帝国的废墟之中，也许像西多尼乌斯一样维持着贵族的骄傲姿态，但又与新统治者达成某种协议。他们适应了新的社会现实，用羊毛裤子换下丝绸袍子，消遣活动也从古典诗歌转向狩猎。①

西多尼乌斯是罗马帝国的主教。一东一西，不约而同遭遇着共同的命运，令人感慨。

东晋虽然偏安江南，但历代帝王及老一辈文官武将都希望能收复北方。只要北国没有"遂宁"，他们就不可能真"乐安"。有一次，若干流亡人士在风和日丽中喝着美酒，饱享江南美景，但一想到北方，天地失色，不免潸然泪下。②从此，汉语多了一条成语"风景不殊"，悲叹国土破碎或沦亡。可是，真要北伐时又会遭自己内部所阻。这是因为，一方面国力有限，另一方面第二、第三代已经适应南方的气候和习俗，北国倒成了陌生的异乡。

## 千古之叹：野无遗贤好还是野有遗贤好

魏晋南北朝那个乱世，给历史留下的主要文化遗产是"名士"。所

---

① ［美］伊恩·莫里斯著，钱峰译：《西方将主宰多久》，中信出版社2014年版。
② 《世说新语》，新亭对泣，"过江诸人，每至美日，辄相邀新亭，藉卉饮宴。周侯中坐而叹曰：'风景不殊，正自有山河之异！'皆相视流泪。唯王丞相。愀然变色曰：'当共勠力王室，克复神州，何至作楚囚相对？'"

谓"名士",指有名望而不愿做官的人。书圣王羲之的儿子王献之,突然想念友人戴逵,便冒雪连夜乘船前往。天亮到戴家门前,却连门都没敲,转身就走。王献之说:"吾乘兴而来,兴尽而去,何必见戴?"有网友发帖写道:"这就是名士风度,以心照不宣为特征。在人际关系复杂化的今天,我有理由怀念这个时代。"原来如此。

比王献之、戴逵给我印象更深的,是诗人兼音乐家嵇康。嵇康是"竹林七贤"领袖人物,也是玄学代表人物之一。然而,天妒英才。他娶曹操曾孙女为妻,并在曹氏政权当过官。司马昭想拉拢,他不给面子。司马昭的心腹钟会想结交,也是热脸贴冷屁股。友人被诬不孝,他却出面辩护。于是,司马昭顺手将他扯到那友人的案子当中,并处斩。刑场上,三千太学生请求赦免,当局拒绝。他本人泰然若素,唯索一架琴,在高高的刑台上,面对成千上万前来为他送行的人,最后弹奏一曲《广陵散》。弹毕,从容引颈就戮,年仅39岁。仅从嵇康临刑弹《广陵散》这个细节看,我觉得司马氏们不算最黑暗。

孔子是不赞赏隐逸的。在狼狈的流浪途中,他遇过几个隐士。有的隐士嘲讽他,有的边敲盘子边高歌:隐士逍遥自在,发誓永远不走出山窝,也不透露山里有多快乐。孔子明确说:有些人躲在山里跟鸟兽往来,我孔丘做不到。那些隐士,国泰民安的时候,我可以跟他们做朋友,但现在不能。我不能像他们那样。正因为天下太乱,需要匡济,我不能躲。我知道这天命太重了,可我还要硬着头皮去担当,这就是我跟他们的区别。①

后世儒家却为什么千百年歌颂隐士,引以为荣呢?比如"先天下

---

① 《论语》,微子,"夫子怃然曰:'鸟兽不可与同群,吾非斯人之徒与而谁与?天下有道,丘不与易也。'"

之忧而忧，后天下之乐而乐"的范仲淹，他对严子陵非常崇拜。严子陵即严光，年轻时就有名望，与刘秀、侯霸等人是同学。严子陵睡觉时曾经"加足于帝腹"，传为美谈。王莽称帝后，多次邀严子陵为官。他不为所动，隐名换姓避居乡间。刘秀败王莽后，为了培养重名的社会风气，对于王莽时期隐居不仕的官僚、名士加以礼聘，表彰他们忠于汉室、不仕二姓的高风亮节。刘秀派人到处寻找严子陵。得知他披着羊皮隐居江边钓鱼，即派员带着厚礼去邀请。一连三次，严子陵实在推托不过才到京城。然而，当他看到侯霸那样无德之辈居然也当上丞相，便不肯同流合污，不辞而别，悄然隐居于桐庐。范仲淹因废后之争受贬到睦州，路经相传严子陵钓鱼处严陵滩，感慨不已，当即写一首绝句："光为功名隐，我为功名来。羞见先生面，黄昏过钓台。"范仲淹虽然觉得无颜见严先生，但还是组织在此建祠，并撰写碑文《严先生祠堂记》，最后一句："云山苍苍，江水泱泱。先生之风，山高水长！"

讴歌隐士，说透了是为自己鸣哀。北宋寇準平步青云，官至宰相，春风得意时不太可能在意隐逸。后来一贬再贬，途中写一首《题驿亭》："沙堤筑处迎丞相，驿吏催时送逐臣。到底输他林下客，无荣无辱自由身。"至此，寇準才惊讶于自己不如那些隐士。最后，他病死于贬所雷州，其妻宋氏奏乞归葬故里，仁宗虽然准奏，但所拨经费有限，灵柩运至中途就用完，只得寄埋巩县（今河南巩义）。从这一点来看，最终还是不如那些隐士。

古人称颂圣明之世，常说"野无遗贤"。如《尚书·大禹谟》："野无遗贤，万邦咸宁。"戏曲史家蒋星煜认为隐士"是中国社会的特产"，特征是"清高孤介，洁身自爱，知命达理，视富贵如浮云"，其风格和意境"决非欧美人所能了解"。但他并不赞赏隐逸，旗帜鲜明地号召:"勇敢地生活,不做隐士。"①蒋星煜从正史统计分布于嵩山、武夷山、天台山等地著名隐士218名,其中先秦6人、汉6人、三国2人、晋22人、南北朝15人、隋6人、唐52人、五代14人、宋56人、金6人、元15人、明13人、清5人。②令我瞠目结舌的是:唐、宋都多达50余人,而清朝仅5人,不足十分之一!按理说,随着宋朝之后总人口及其读书人大增,隐士也相应增多。如果再考量一下人口猛增的因素,以百分比计算,清朝的隐士更显得微不足道。如果仅以"野无遗贤"的标准衡量,岂不是说清朝比唐宋更开明?

唐朝那么灿烂辉煌,首先取决于她博大的胸怀。到中期,她还能容忍李白。你知道李白多不"自量"吗?他胆敢到处放肆地喝酒。"天子呼来不上船,自称臣是酒中仙",胆敢自居于天子之上。大臣更不在他话下,像高力士那样的实权人物,李白胆敢假装酒醉要高公公帮他脱鞋。"安史之乱"时他真是醉糊涂了,胆敢站队到造反的永王李璘那里去,结果只是流放夜郎西继续追仙,途中就被赦还。只有到末世,大唐才变得鸡肠小肚。朱全忠变成"全不忠"灭唐前一年的一天,西北方出现彗星,占卜的说:"君臣有难,当诛杀祭天。"当然要杀臣保君,而不是相反。朝中大臣、豪门贵胄、文人学子和名节人士30余人被押到黄河边,一夜杀尽。朱全忠的谋臣李振曾经多次名落孙山,对科举出身的人嫉恨得要死,将那些人的尸体扔进黄河,咬牙切齿说:"这些人自诩'清流',现在让他们变浊流!"

不能说有做隐士自由的时代都是好时代,但是连做隐士的自由都没有的时代肯定不是好时代。朱元璋夺取政权后,征召读书人出来做官做

---

① 蒋星煜:《中国隐士与中国文化》,上海三联书店1988年版。
② 《中国隐士与中国文化》。

花瓶，不去的绑着、抬着也得去。江西贵溪的夏伯启被征，但他实在不愿意，就把自己左手的大拇指砍掉。因为当时规定残疾人不能做官，他想钻个空子，可惜逃不过。朱元璋大怒，将他五花大绑到京城，亲自审讯。朱元璋怒斥："想想你当年到处逃命，命若悬丝。如今恬然安逸，过上幸福生活，靠什么？靠的是朕！朕就是你的再生父母。对再生父母，你却把手指砍掉，不想为他所用，留你这样的人干什么？朕要砍了你的头！"①

后来，朱元璋还撰写过一篇《严光论》，说严光即严子陵们从不想一下，如果没有君王的恩典，怎么可能享受安宁！假使刘秀没有平定赤眉、王郎、刘盆子那些人，天下大乱，严光之流能上哪里去垂钓！朱元璋怒斥说："朕观当时之罪人，罪人大者，莫过严光之徒！可不恨欤。"②

朱元璋为自己的暴行辩护说："率土之滨，莫非王臣。寰中士大夫不为君用，是自外其教者，诛其身而没其家，不为之过。"③他的逻辑：你不忠效于我，我杀你理所当然。难怪明朝的隐士比魏晋还少。汉人在蒙古人面前站起来了，却在本族朱氏脚边重新倒下，而且是跪下，彻底趴下！

那么，明朝的隐士为什么会比清朝多些呢？我家乡福建泰宁旧县志《隐逸》传明朝8人，其中5人是因为改朝换代。比如举人邱嘉彩，清军入闽后携家眷隐居于现金湖边的肖岩，题联曰"尺地可安，幸妻孥能偕隐；高天堪问，与日月以争光"，长达20余年。附近还隐有他的师

---

① 《大诰三编》，"人之生，父母但能生其身体而已，其保命在君……尔所以不忧凌暴，家财不患人将，所以有所怙恃者，君也。今去指不为朕用，是异其教而非朕所化之民。尔宜枭令，籍没其家，以绝狂夫愚夫仿效之风。"
② 《明太祖文集》，严光论。
③ 《大诰三编》。

友萧士骏、李向奎，非着明时衣冠不往来。但明末清初的隐士有一点关键不同，正如拜伦《哀希腊》所吟："前代之王，虽属专制君主，还是我国人，不像今日变做多尔哥蛮族的奴隶。"①他们怀恋的不是朱氏，而是中华。而清亡后，连辜鸿铭那样的"遗老"也没隐。

　　清廷在全盘继承朱元璋知识分子政策基础上，更进一步，三管齐下——

　　一是强迫你做花瓶，不许隐居山林。如受聘于三立书院的傅山，明亡后出家为道。为泯灭亡明遗老的反清意识，也为了体现"野无遗贤"之盛世，康熙诏令三品以上官员推荐"学行兼优、文词卓越之人"。当地举荐傅山，他推辞。地方官将他强行推上轿子抬到北京，他割静脉自杀未遂继续称病，拒绝入宫。康熙则特免他入场考试，直接授官"内阁中书"。

　　二是诱惑你做鹰犬，鼓励读书做官。越来越多读书人唯求早日入官，甚至不惜铤而走险，由提着脑袋反清复明转为削尖脑袋投清廷怀抱，考场舞弊成风。读书人作弊是很耻辱的事，真难以想象清朝怎么会有那么多科场弊案。例如浙江乡试中，考生徐鼎事先写好歌颂乾隆战功的《平缅表》偷偷带入考场，入场才发现考题与"表"无关，马上又出一招：用一根细绳把自己勒得奄奄一息，果然惊动考官，将《平缅表》转呈皇上，挖空心思到何等地步！清朝的知识分子都想入官了，都皓首穷经去研究字形结构一撇一捺怎么写，忙着从统治者那里分点残羹冷炙荣宗耀祖，而不再清心寡欲，不再追求独立的人格，不再穷究真理，也不再为民请命。

---

① 转引自梁启超：《新中国未来记》，中国长安出版社《新中国盛世预言》，2010年10月版。

三是严禁你不同调，否则身败名裂。隐士与山民有着质的不同，一肚子诗书，可以自绝于富贵，难以不吟风咏月，清时却连风花雪月也可能惹杀身之祸。钱名世只因为曾经在群臣唱酬中收受同学年羹尧8首诗，后来年羹尧被赐死，钱名世受株连。雍正免他死罪，革职逐返，却诏曰"虽觍颜而生，更甚于正法死"，创造性发明一招：御笔亲书"名教罪人"匾额悬挂在他家大门上，要求常州知府、武进知县每月初一十五去他家检查该牌匾是否悬挂，又组织全国各地385位文臣前往参观，要求写诗著文声讨他的"劣迹罪行"。现行中学语文课本有篇古文《狱中杂记》，作者方苞，他也奉命参加了这次"采风"活动，痛骂钱名世"名教贻羞世共嗤，此生空负圣明时"，万万没料想仅5个月后他自己也因《南山集》案下狱，第二年死于狱中。且说那些批判钱名世的诗文，经雍正亲自审核通过后，汇编成《名教罪人诗》一书，然后要求钱名世自己出钱用上好的宣纸刻印，让全国"刺恶之"。此为"心刑"，让人生不如死，让全国的读书人接受更深刻的教训。

专制极权之下的知识分子最痛苦，心没黑得说昧心话，不是哑巴得装哑巴，睁了两眼得装着没看见，想躲也躲不开，死了还可能遭鞭尸……

如此，能剩几个隐士？

原来，隐士少比隐士多更悲哀！

孟子倡导读书人的理想是："达则兼济天下，穷则独善其身。"其实，在那几千年当中，除帝王之外任何人都不可能"兼济天下"，但往往有可能"独善其身"。而到明清时代，连"独善其身"也不大可能了。范仲淹一生奉行"宁鸣而死，不默而生"的理念，清时最受宠的汉儒张廷玉人生信条变成"万言万当，不如一默"，呜呼！

俗话说:"惹不过,躲得过。"躲也躲不过,那只有绝望。

不过,隐士之多少实际还得考虑用人制度的因素。宋之前以推荐为主,隋唐虽开始科举但推荐色彩还较浓,有些人就以种种手段制造美名,所谓"终南捷径"就指唐时通过隐逸炒作引起官场注目。北宋开始科举制日益完善,以考试为主,"朝为田舍郎,暮登天子堂"的理想成为现实,而这些读书人大都如朱由检所批"居官有同贸易",或如阮大铖所自白"宁愿终生无子,不可一日无官",非常讲求现实,一般不再迁就于理想。古人说"大隐隐在市,小隐隐在山"。白居易又发现最好是"中隐",就是做个地方官,或者在朝中做个清闲的散官,边官边隐,似出似处,若即若离,既有世俗的享乐,又有隐逸的妙趣。官场"大隐""中隐"多了,山里"小隐"自然少。显然,这也是令人悲哀的。

## 第四章

# 北魏初 60 年

> **提要**
>
> 太平真君七年（446年）是北魏开国立朝60周年，太武帝拓跋焘统一北方后，主要精力转移到内部，镇压此起彼伏的民变，全国性灭佛。中国历史上"三武一宗"4次灭佛，此为第一次。
>
> 汉化其实就是"封建化"，或者说那个时代的"现代化"。这是中国历史上一个长期的重要课题，历经艰难曲折的探索。

## 开国立朝：堪与法兰克帝国相比

北魏是鲜卑族拓跋氏建立的政权，统治华北地区达一个半世纪之久。日本学者川本芳昭认为"它可与欧洲历史上的法兰克帝国相比拟，亦是后来北朝各代以及隋唐帝国的母胎"。①

---

① ［日］川本芳昭著，余晓潮译：《中华的崩溃与扩大：魏晋南北朝》，广西师范大学出版社2014年版。

鲜卑族先民是商代东胡族的一支。秦汉时，被匈奴打败，一部分逃入乌桓山，被称为乌桓人；另一部分逃入大兴安岭，被称为鲜卑人。东汉永元三年（公元91年），东汉和南匈奴联合对北匈奴予以致命打击，北匈奴西迁。鲜卑趁势占据漠北地区，留在那里的十余万匈奴并入鲜卑族，鲜卑从此强盛起来。他们主要在长城以外，从东到西的整个蒙古草原活动。《敕勒歌》歌词"敕勒川，阴山下，天似穹庐，笼盖四野。天苍苍，野茫茫，风吹草低见牛羊"是他们生活环境的真实写照。这个王朝留给人印象最深是一个字：游。这是一个"游"的民族，也是一个"游"的政权。他们认为："吾自先世以来，以迁徙为业；今国家多难，若城郭而居，一旦寇来，无所避之。"[1] 所以，迟迟没有定都。

拓跋族到盛乐（今内蒙古和林格尔）后，西晋建兴元年（313年）拓跋猗卢在此定都（北都）。北魏登国元年（386年），曾被前秦灭国的拓跋族拓跋珪在盛乐重建代国，不久改国号魏，史称北魏。

北魏天赐六年（409年），拓跋珪被次子拓跋绍杀死，拓跋珪的长子拓跋嗣很快又把拓跋绍杀了，之后继位。拓跋嗣去世之后，其子拓跋焘继位，即著名的太武帝。

拓跋焘有着非凡的信念，永不言败。有一年南征时不巧逢大疫，人马牛多死，连大将也死过半，幸存的都想北还，拓跋焘说："天下之人皆可为吾之民，何愁没战士？"[2] 又一次征战时，太史迷信图谶，说："甲子日不吉利啊，商纣王就是在甲子日亡的，历代兵家都忌讳得很！"

---

[1] 《资治通鉴》卷九六，晋纪，第6册。
[2] 《魏书》卷二，太祖纪，第19册，"斯固天命，将若之何！四海之人，皆可与为国，在吾所以抚之耳，何恤乎无民！"

拓跋焘不信那一套，反诘说："纣以甲子亡，周武不以甲子胜乎？"就是凭着这样一种坚定的信念，拓跋焘不断取得胜利，先后灭胡夏、北燕、北凉，征山胡，降鄯善等西域诸国，西逐吐谷浑，并改取刘宋的河南重镇，统一中国北方；伐柔然，柔然仓皇逃窜；反攻刘宋，实现饮马长江之志。史称拓跋焘"英图武略，事驾前古"。

太平真君七年（446年）是北魏建国60周年。拓跋焘于此前23年即泰常八年（423年）继位，年38岁，此后6年即正平二年（452年）去世。

## 最大看点：中国史上第一次禁佛

佛教传入中国之后，与中国原有的道教和儒家文化相结合，大大丰富和促进了中国思想和文化内涵，影响持续至今。

佛教传入中国不太早，但发展很快。中国人有自己的道教，幻想长生不老，羽化为仙，秦始皇就乐此不疲。然而，道士所说的那一套历经千百年还只是传说，人们对成仙绝望了，便降格以求死后有另一个世界。佛教跟道教有一个重大区别：不能实证。再说，中国改朝换代太多，不时战乱，苦难不已。佛教给人精神慰藉，一说今世受苦是前世作孽，无奈，且莫怨东风，东风正怨侬；二说今世为善，来世可以享福，也罢，今世且忍，寄希望于来世。因此，佛教受欢迎的程度很快超过道教。后赵时期，帝王石虎比野兽还残暴，他在都城开设一个猎场，不许人向野兽掷石头，违者要处死，官员则以"犯兽罪"勒索百姓。可他也信佛，下令把佛教纳入国家保护，到没人敢向佛的方向吐口水的地步，明令汉人可以出家。这在中国佛教史上是第一次，佛教在权力的庇护下得到前所未有的发展。后赵短短数十年间，建佛寺893所。但由于信佛的人太多，石虎曾想禁止百姓信佛，而只准帝王和贵族信仰。

石虎想做而没做的事，北魏做了。北魏本来也是崇佛的，仅洛阳就有寺院1400所，僧尼数万。近2000年后的今天，到洛阳龙门石窟看看，从那山头雕满大大小小、神态各异的佛像，就可以想象当年的人对佛教虔诚到何种地步。然而，到北魏建国60周年的时候，异常情况出现。

此起彼伏的造反成了拓跋焘最头疼的事。偏偏在长安佛寺发现藏有兵器，又查出酿酒用具及当地贪官匿藏的财物，甚至密藏女人淫乱。于是，拓跋焘下诏诛杀长安佛门，并令全国废除佛教。

邺城毁五层佛图，没想到在泥像当中发现两个玉玺，其文皆曰"受命于天，既寿永昌"，其中一个边上还有一行小字为："魏所受汉传国玺"。

拓跋焘死后，佛教才得以恢复。不过，北周建德三年（574年），周武帝宇文邕又禁佛；会昌元年（841年），唐武宗李炎也禁佛；后周显德二年（955年），周世宗柴荣禁佛；加上北魏太武帝拓跋焘，史称"三武一宗"4次禁佛。这是其中第一次。

各次禁佛的具体原因不一。446年这次也有人认为主要原因是拓跋焘要改信道教，还有专家学者认为，中国这4次禁佛事件很典型地表现出中国传统对于宗教的理性态度，使得中国历史上很少出现大规模的宗教狂热。当然，没有宗教的约束，而有更多造反的狂热，未必是好事。

这年有一点非常煞风景：叛乱此起彼伏。

北魏初期只顾对外作战，内部管理制度简陋，甚至不给官员发工资，任凭他们在当地掠取，贪官污吏比比皆是。残暴的统治，必然引起暴力反抗。其反抗之激烈，在我所考察几个朝代的同时期是没有过的。他们建国60周年之际，北方的统一基本完成，内部反抗却达到高潮。

拓跋族是一路杀出来的。尽管入主中原，披上儒教的外衣，依然难掩其残暴的本性；在与宋作战时，怕河北边境上的流民为宋军做向导，居然把他们都给杀了。对于反抗者，更是杀无余。隰城（今山西汾阳）的白龙率众起事，拓跋焘亲自前往镇压。但他轻敌，不把毛贼放在眼里，仅带数十骑登山观战。不想白龙多谋，在十余处设下埋伏，奋勇抵抗，连拓跋焘也被掠下战马，差点被擒，部下拼死相救才逃出一条老命。拓跋焘再率大军清剿，不仅斩了白龙，还杀其余数千人。

此前一年，胡人盖吴在杏城（今陕西黄陵西南）起事，自称天台王，置百官，并与刘宋取得联系，被授以官职，向长安进逼。同年盖吴民军击败前来镇压的北魏官军，军威大振。人们传言"灭魏者吴"，纷纷响应，队伍迅速增至十余万。河东（今山西永济）的薛永宗也迅速拉起一支3000余人的武装，移军汾曲（今山西新绛一带），接受盖吴的领导。

拓跋焘就近调秦州刺史周观率军去镇压薛永宗，居然被击败。拓跋焘重新组织，一方面派精骑2万攻打薛永宗，另一面派3万攻打盖吴，并亲自随军督战。同年盖吴在杏城自号秦地王，声势大振。拓跋焘增调兵力督长安以北各军进攻盖吴。发兵2万驻长安南山，以防盖吴逃跑；又发兵10万修筑京畿外围的要塞，广纵千里。官兵击败部分民军，俘虏盖吴的两个叔叔，将他收买。不久，盖吴被他两个叔叔所杀（一说在作战时中流矢而亡）。

此外，还有魏金城的边固和天水的梁会率万众起事，占东城，然后直攻西城，被官军击退。这时，又有氐、羌等族民众3万余人起事，响应边固和梁会。不久，边固被杀，但余众推举梁会为王，继续与官军作战。同年另有安定（今甘肃泾川北）卢水胡人刘超聚众万余人起事。拓跋焘调长安镇将陆俟领兵镇压。

拓跋焘是威武强悍的，结局却令人大跌眼镜：被他的太监宗爱所杀，宗爱拥立其子拓跋余，可是当年又将拓跋余杀了，然后立拓跋焘之孙拓跋濬。

拓跋濬吸取教训，即位后马上杀宗爱个措手不及。拓跋濬在位13年，其间恢复佛教，和平外交，与刘宋及北方各国互通商贾，息兵养民，民心逐渐安定，可是内部斗争仍然激烈。和平六年（465年），不足25岁的拓跋濬病死，继位的拓跋弘年仅11岁。拓跋弘尊奉嫡母皇后冯氏为皇太后。大将军乙浑欺拓跋弘年少，矫令排斥异己，步步夺权，伺机发动宫廷政变。第二年，冯太后果断镇压乙浑，然后临朝听政，处理所有军政事务。皇兴五年（471年），拓跋弘禅位于皇太子拓跋宏，即孝文帝，自此开创"孝文中兴"，详见《变革与复兴》第二章。

## 千古之叹：一个民族向外学习有多难

"改革开放"是一个现代词。其实，历史上的汉化与"胡化"之类，换言之就是改革开放。各民族都有所长有所短，少数民族向汉族学习，汉族也向少数民族学习。这在历史上是常见的事。

儒家热衷于"华夷之辨"，以天朝自居，要放下面子虚心向外学点东西十分不易。汉服峨冠博带，可以显得高贵，骑马就成问题了，一上马就露膝盖，就要受冻，到北方根本吃不消，不适应与北方游牧族作战。所以，战国时赵武灵王引进胡服，摒弃笨拙的"战车"，改而跟敌人一样骑在马上灵活地作战，不想遭大臣们强烈反对。大臣吹了一大通牛，扣了一堆大帽子，没一点实质性东西。赵武灵王耐心开导诸臣："循法之功，不足以高世；法古之学，不足以制今。"①他坚定实行胡服骑射改革，提高军队战斗力，成功抵御北方威胁。可是直到南宋，朱熹还批评"今上领衫与靴皆胡服"，主张衣着"得复古，且要辨得华夷"。②

汉文化在东亚曾经长期遥遥领先，这是显而易见的。所谓汉化，换言之就是"封建化"或者"帝制化"，甚至可以说是那个时代的"现代化"。少数民族要向汉族学习，也是阻力重重。鲜卑拓跋部与曹操友好，送太子沙漠汗到洛阳为人质。后来，晋武帝司马炎好心让沙漠汗回去，酋长们高高兴兴入塞迎接。没想物是人非，沙漠汗不知不觉已有些汉化，引起酋长们担忧："太子好像得了晋人异法怪术，这可是乱国害民之兆啊！"③结果，把沙漠汗就地杀了，鲜卑族第一次汉化就此夭折。拓跋焘统一北方后，重用汉族谋臣崔浩，明确宣布："日后凡属军国大计，你们不能决定的，都应先征询崔浩的意见。"崔浩智谋过人，也挺开明。拓跋焘灭夏，俘虏著作郎，并见到他吹捧夏主的"官样文章"，怒火中烧，要杀他。崔浩连忙劝导说："文人喜欢夸张，多半言不由衷，

---

① 《战国策》，赵策二，"臣闻中国者，盖聪明睿智之所居也，万物财用之所聚也，贤圣之所教也，仁义之所施也，诗、书、礼、乐之所用也，异敏技能之所试也，远方之所观赴也，蛮夷之所义行也。今王舍此而袭远方之服，变古之数，易古之道，逆人之心，而怫学者，离中国，故臣愿王图之也。"
② 《朱子语类》卷九一，中华书局2020年版，第5册。
③ 《魏书》卷一，序纪，第19册，"太子才艺非常，引空弓而落飞鸟，是似得晋人异法怪术，乱国害民之兆，惟愿察之。"

没必要杀。"① 拓跋焘听从。万万没想到，崔浩自己却会惹文祸而丧生。拓跋焘命崔浩主持修撰《国记》，并明确要求"务从实录"②，可是，北魏贵族读了，却认为这是"暴扬国恶"。拓跋焘大怒，不仅族诛崔浩，还顺手杀了他的姻亲范阳卢氏、太原郭氏和河东柳氏等北方大族，北魏的汉化努力又一次失败。

"孝文中兴"取决于一个特殊因素：冯太后本身是汉族，她"性聪达，自入宫掖，粗学书计。及登尊极，省决万机"，"事无巨细，一禀于太后。太后多智略，猜忍，能行大事，生杀赏罚，决之俄顷"。③ 冯太后与拓跋宏之间还可能有难言之隐。讲谈社《中国的历史》用了相当多篇幅分析他们可能是母子，也就是说拓跋弘可能按本族风俗续娶了父亲之妻，这在儒家看来是不文明的，因此拓跋宏全面汉化的个人动因，是"希望将自己从过去的愚昧黑暗中解放出来"，并奢望能当"中华皇帝"。④

这就难怪冯太后去世之后，拓跋宏仍然不遗余力地深化改革，扩大开放。开国之初将都城南迁到平城，已经很接近中原了，可他觉得不够，亲政后第一件事就是再南迁到洛阳，与汉族"零距离"。光有"硬件"不够，还得有"软件"，紧接着全面摒弃鲜卑旧俗，而照搬照套汉族的生活方式和典章制度，如禁止鲜卑贵族、官员及家属着胡服，改穿汉服；禁止鲜卑贵族讲鲜卑语，改说汉语；将鲜卑族姓氏改为汉族姓氏；采用汉族官制、律令；学习汉族的礼法，尊崇孔子，以孝治国，

---

① 《资治通鉴》卷一二〇，宋纪，第 8 册，"文士褒贬，多过其实，盖非得已，不足罪也。"
② 《资治通鉴》卷一二五，宋纪，第 8 册。
③ 《魏书》卷一三，皇后列传，第 19 册。
④ 《中华的崩溃与扩大：魏晋南北朝》。

等等。

同治十一年（1872年），李鸿章在《复议制造轮船未可裁撤折》中惊呼："欧洲诸国，百十年来，由印度而南洋，由南洋而中国，闯入边界腹地，凡前史所未载，亘古所未通，无不款关而求互市……此三千余年一大变局也！"同治十四年（1875年），李鸿章再次发出这一惊叹。李鸿章所谓千古未有之大变局，指中华文明遭遇史无前例的外来文明——西方文明的侵袭。从汉族来说，早就遭到过千古之变——那外来文明指北方游牧民族。

游牧民族也在不断发展。早在西周末就有人预言：中原必将衰弱，游牧族必将昌盛。[①]两汉之后，一些游牧民族开始不游牧了，并且突破部落联盟形式，开始创建自己的国家。所谓"五胡乱华"，游牧民族趁西晋"八王之乱"，不仅入塞，还占地建立他们自己的政权。这些割据政权大小不同，共同点是与汉人政权对峙，甚至要争"中国"（中原）之正统。汉赵开国皇帝匈奴人刘渊就公然说："帝位难道有永恒不变的吗？大禹出自西戎，周文王生于东夷，上天看谁有德就将帝位授给谁罢了！"[②]换言之，朕虽然是"夷狄"，可朕有德，上天将中原皇位改授给朕了。他们居然也会"文斗"了，会利用"天命靡常"儒家理论，跟他们的前辈判若两人。拓跋宏明确北魏继承的是晋，并问大臣："你们希望朕远追商、周呢，还是想让朕连汉、晋都不如？"他们不认为自己只代表某一族，而直接以中华正统自居，比流亡的东晋更能代表中国。这是一种新兴的趋势，方兴未艾，千余年后至清至高潮。

---

[①]《国语》，郑语，"王室将卑，戎、狄必昌。"
[②]《晋书》卷一〇一，刘元海载记，第13册，"夫帝王岂有常哉？大禹出自西戎，文王生于东夷，顾惟德所授耳。"

"五胡乱华"还有一个突出特点：得到部分汉人的认可并参与，甚至可以说是在汉人手把手指导下建政。事实上，北魏、契丹等与南方政权之争很难说仍然是"华夷之辨"了，而是中华正统之争。吕思勉认为："这时候的异族，除血统之外，几乎已经说不出其和汉族的异点了。"①

拓跋焘向蠕蠕族即柔然进攻的时候，部从提醒注意南方的汉人，他则哈哈大笑着回答说：

> 中国人都是步兵而我们是骑士。一队小马和初生的犊，如何能够抵御虎或者成群的狼呢？至于游牧的蠕蠕人，他们夏令在北方游牧，事后向南方转移，至冬季则向我们的边境抢劫。只要在夏天去攻击他们的牧场，在这个时候，他们的马匹已经不中用了，传种的马要追寻雌马，雌马要照顾小马。只要在那时攻击他们，断绝他们的水草，几天之内，他们就要被俘或者被歼了。②

对此，法国历史学家雷纳·格鲁塞概括为"双重优越性"：以中原方法对付野蛮人和以野蛮方法对付中原人。此后，不少游牧民族都发挥了这种"双重优越性"，发挥越充分收益越大，契丹、女真、蒙古人和满族几乎可以给满分。

氐族建立的前秦是第一个统一北方的非汉政权。他们知道中原"民心思晋"，便努力汉化，要求官吏"学通一经，才成一艺"，恢复

---

① 吕思勉：《中国通史》。
② ［法］雷纳·格鲁塞著，龚铖译：《蒙古帝国史：活着就为征服世界》，商务印书馆2016年版。

太学，等等。不过，他们汉化没多久，在"淝水之战"中意外遭遇失败，原先归附前秦的其他民族纷纷反叛，北方重陷分裂，影响深远。雷海宗甚至说："淝水之战是一个决定历史命运的战争。当时胡人如果胜利，此后有否中国实为问题。"他将中国历史一分为二：从最初至"淝水之战"，"大致是纯粹的华夏民族创造文化的时期，外来的血统与文化没有重要的地位"，可称为"古典的中国"；之后，为"北方各种胡族屡次入侵，印度的佛教深刻地影响中国文化的时期"，"是胡汉混合、梵华同化的新中国，一个综合的中国"。①

正是吸取了前秦的经验教训，北魏全面汉化，力争汉与鲜卑民族一体化。然而，他们连儒家的糟粕也生吞活剥！冯太后临终时，特地吩咐下葬后儿孙即脱去丧服，不必拘泥古礼。拓跋宏却抗嘱，说："中古时未实行守孝三年制度，是因为君主更换太频繁。皇太后那样说，是担心我们误了国家大事。如今朕不敢荒废朝政，只打算继续穿着丧服上朝。"拓跋宏还将正在被历史抛弃的汉族士大夫门第制度强行搬到鲜卑社会，生硬地制造出新的门第：第一等膏粱门第，三世中出过三个"三公"……第六等丁姓门第，三世中出过侍郎。汉人都不得不弃之如敝屣的东西，他也要捡去当宝贝。

拓跋宏驾崩，太子元恪继位后发现民众强烈不满。北部六镇聚集了大批军功赫赫的人才，但由于用人只讲门第，他们升迁无望，又不适应汉族语言与习俗，纷纷反叛。奉命平叛的大将元颢是拓跋弘之孙、拓跋宏之侄，根正苗红，他自己却叛逃，并在南梁支持下称帝，反戈一击，敲响北魏的丧钟，"孝文中兴"变成回光返照的代名词。

---

① 《中国文化与中国的兵》。

后人以北魏为鉴，但没能鉴好。金朝也是一个突然崛起的北方少数民族政权，本着"拨乱反正，务在革非"的原则，大力实行汉化改革，曾开创"大定之治""明昌之治"两个盛世，被誉为有"汉文景风"，金世宗完颜雍还被誉为"小尧舜"。然而，金朝之亡，也被认为是由于全盘汉化，过度推崇儒学，沉迷于繁文缛节，而失了他们本民族的生气。

西夏初期，富有革新和务实精神，勇于"更祖宗之成规"。但针对有人主张照搬唐宋制度，谋臣野利仁荣反驳，主张要根据本民族的实际情况进行改革，而不能靠礼义之类的虚功御敌。① 因此，西夏初期几十年一系列汉化改革，没有丢失本民族"以兵马为务"的传统，使王朝迅速强大起来。当时，相邻的金朝君臣称道："以西夏小邦，崇尚旧俗，犹能保国数百年。"然而，话音未落，西夏开始全盘汉化。如夏军特长是流动作战，这时却扬短避长学宋军在沿边修筑防御性的城砦。不少宋臣感到惊恐，建议出兵干扰，生怕他们学走宋军战术变得更强大，唯有秦州（今甘肃天水）知府何常头脑清醒。他说："羌人生长射猎，今困于版筑，违所长，用所短，可以拱手持其弊，无烦有为也。"同时，他们还开始学宋人重文轻武，粉饰太平，务虚不务实，也就离亡不远了。历史学者漆侠认为：

> 这是一个深刻的历史教训，也是一个不幸的悲喜剧。在中国历史上与党项族的汉化式改革命运相似的何止一个二个……这种大

---

① 《西夏纪》卷九，"一王之兴，必有一代之制。议者咸谓化民成俗，道在用夏变夷，说殆非也。昔商鞅法变而国霸，赵武胡服而兵强。国家表里山河，蕃汉杂处，好勇喜猎；日以兵马为务，非有礼乐《诗》《书》之气也，惟顺其性而教之以功利，因其俗而严以刑赏，则民乐征战，习尚刚劲，可以制中国、驭戎夷，岂斤斤所言礼义可敌哉！"

起大落的汉化式改革值得深思，它告诉我们一个简单而又明了的道理，即任何事物都没有绝对的正确。①

是啊，汉文化（儒学）如果真那么完美，怎么会时常遭少数民族欺凌？少数民族文化如果真那么一无是处的话，怎么可能一次又一次战胜甚至取代汉人政权？

但吕思勉有不同说法。他认为："骄奢淫佚的意志，却是他们所自有；而这种意志，又是与其侵略事业，同时并存的，因为他们的侵略，就是他们的生产事业。如此，所以像金世宗等，要禁止他的本族人华化，根本是不可能的。因为不华化，就是要一切生活都照旧，那等于只生产而不消费，经济学上最后的目的安在呢？所以骄奢淫佚而灭亡，殆为野蛮的侵略民族必然的命运。"对于其他何任民族来说也如此。如果不改革，"就是要一切生活都照旧，那等于只生产而不消费"。②

清代皇帝（尤其是乾隆）误读了北魏汉化而亡，想尽量拒绝汉化，结果满汉矛盾复发进而成为清亡的一个重要原因。这就有如前秦了。既要统治汉人，又不能搞好民族和睦，怎么可能长治久安？

前秦、大清因汉化不足而亡，北魏、金朝汉化过头也亡，那么究竟如何才好？这个问题值得后人深长思之。

---

① 漆侠：《中国改革通史·辽夏金元卷》，河北教育出版社1997年版。
② 吕思勉：《中国通史》。

第五章

# 唐初 30 年

> **提要**
>
> 唐太宗李世民武德九年（626年）政变上台至贞观二十三年（649年）去世，在位期间以人为本，裁减官吏，参政议政蔚然成风，经济繁荣，犯罪率低，文化多元，具有世界主义色彩，被誉为"贞观之治"。
>
> 武则天那无字碑是大音稀声，大象无形，大功无字，更是无声的抗议。如果要补上文字，建议刻陈子昂那诗"念天地之悠悠，独怆然而涕下"。

## 开国立朝：猫儿掀桌为谁作

从东汉经三国两晋南北朝至隋唐的历史演变，令眼花缭乱，可记一条大致的主线：东汉→曹魏→晋→刘宋→南齐→南梁（陈朝）→北周→隋→唐。

说起大唐，不由令人激情荡漾。我曾困惑：英国历史学家汤因比为什么说愿意活在中国的宋朝，而不选择唐朝？唐朝像个活泼的少女，在明媚的阳光下翩翩起舞，到处开满鲜花，芬芳四溢，充满欢快的旋律。唐朝的男人女人都敢爱，且爱在阳光下，比如武则天做了李世民的才人又做他儿子的妻子，李隆基则将儿媳杨玉环宠为自己的贵妃，皇家的婚姻观念显得那样特别。而宋朝则晓风残月，多半凄凄惨惨戚戚，宋徽宗赵佶迷恋名妓李师师只能偷偷摸摸，晏殊等大腕写了"艳词"不敢认账。大唐近300年先后有7个盛世，总计达155年，有无数美丽的诗篇流芳我们今天。

史书写隋唐之交，常用一句话"隋失其鹿，天下共逐之"，这让我常想起家乡一句俚语："猫儿掀桌为狗作"，意思说猫将饭桌掀翻，翻下的美味佳肴却让狗抢吃了，猫争不过狗，白辛苦一番。这样的事，历史上屡见不鲜。项羽将大秦的桌掀了，那桌上的酒肉却让刘邦抢吃；绿林、赤眉等民军将王莽的桌掀了，那桌上的酒肉让刘秀抢吃……那么，宇文化及将隋的桌掀了，那桌上的酒肉谁吃？

义宁二年（618年）三月，宇文化及掀了隋桌，当然想自己吃那桌上的酒肉。杨广尸骨未寒，宇文化及紧接着杀几十位大臣和外戚，立秦孝王杨浩为帝，自任大丞相，然后从水路西归都城，"据有六宫，自奉养一如炀帝"。然而，抢食的狗太多了！除了早就在桌下虎视眈眈、争先恐后的大大小小一群群，又新闻进来一群群——

三月：吴兴（今浙江湖州所辖区）太守沈法兴起兵讨宇文化及，至乌程（今浙江湖州）得精兵6万，连克余杭等10余郡，自称江南大总管，置百官。

四月：梁王萧铣称帝，攻克南郡（荆州），岭南多地的隋将、刺史、太守纷纷归附，很快拥地东起九江，西达三峡，北自汉水，南至交趾，兵力40多万。

五月：东都留守官们拥越王杨侗为帝……

在那200多支民军乱纷纷的争夺中，有一支越来越引人注目，就是李渊的唐军。李渊于上年在太原起兵，一边进击官兵，一边与其他民军相互厮杀，不断壮大自己，那些狗咬狗、猫咬猫的杂事就不细说了。李渊的形势也不容乐观，太原之北有突厥及军阀刘武周，南部洛阳有势力最大的反叛者李密。于是李渊向突厥称臣求援，条件是占得地盘后让他们洗劫当地的财物。刘武周也投靠了突厥，李渊一举两得。李密那边，李渊也暂时与之结盟，先解决后顾之忧。这样，李渊一举攻占隋都长安，立杨广之孙杨侑为帝，而尊远在江都的杨广为太上皇，自己为大丞相，李世民为秦王，然后继续征战招降。这年见别人纷纷称帝，李渊忍不住了，逼杨侑禅位，改国号为"唐"，定都长安。

见此情形，本来胸无大志的宇文化及才开窍，忽然想："人生故当死，岂不一日为帝乎？"于是他毒杀杨浩，自立为帝，国号"许"。

好酒好肉被别人抢光了，残羹冷炙总得争一口吧？有这样想法的人不少。此后，还有朱粲在冠军（今河南邓州市西北）称帝，国号"楚"；王世充废杨侗，自立称帝，国号"郑"……

从乱世你才会惊讶地发现，原来想当皇帝的人这么多！一山不能容二虎，一国不能容二主，土皇帝们相互拼杀，看谁笑到最后。

这场桌下抢食的竞争，最终李渊赢。因为，虽然李渊胆小怕事，没什么野心，但他不仅有个智勇双全的好妻子，还有才智过人的好儿子。

李渊妻窦氏。在中古那个时代窦氏吃香，李家窦氏是否漂亮没依据，但有记载称她很能干，特别有政治才能。她很早就有政治野心，见杨坚取代北周，她就曾经愤愤不平说："我恨自己不是男子，无法为舅舅扫除祸患！"吓得父亲赶紧捂住她的嘴："不要胡说！这可是灭门之罪啊！"但父亲还是想找个能适应她野心的男人，于是出了个招：在门屏上画两只孔雀，谁能两箭各射中一只孔雀眼睛就招谁为婿。结果几十人只有李渊两箭射中，窦父如约把女儿嫁给他。窦氏聪明善言。杨广见李渊脸上皱纹多，戏称他为"阿婆"。他回家还窝气，窦氏却贺喜："这是吉兆啊！你继承的是唐国公，'唐'便是'堂'，'阿婆面'便是'堂主'！"这话暗指李渊将来要取代杨广做皇帝。窦氏的书法竟能跟李渊相似，一般人难辨真假。李渊有好马，窦氏劝他献给杨广，李渊舍不得。后来，杨广向他索要，被动得很。窦氏早逝，李渊不时琢磨亡妻的话，越想越觉得有道理。于是主动给杨广送骏马，杨广一高兴很快升他为将军。李渊流着泪对儿子们说："我如果早点听你们老妈的话，早当这官了！"李渊这时能悟出亡妻话的道理，为时不算晚。

　　李渊儿子四个，长子李建成，次子就是大名鼎鼎的李世民，四子齐王李元吉，三子早逝。儿子个个生龙活虎，齐心协力帮父亲征战，很快在决战中取胜，基本平定北方与南方，让人感慨"上阵父子兵"之说不谬。比较而言，论能力，论战功，李世民显然高一筹。李渊当年起兵就是李世民的主意。建立唐朝后，为统一全国，先后打了6次大仗，其中4次李世民指挥，另外两次也不是李建成或李元吉。早在建国之前，李渊曾许诺将来立李世民为太子。可是成功后，李渊犹豫了：毕竟李建成是长子啊！李渊优柔寡断，迟迟拿不定主意，而随着外敌一天比一天减少，内部分配的矛盾一日比一日凸显出来。活着的三个儿子都在暗暗积蓄力量，谋划着，如同冰河下的激流……

　　拖到武德九年来，摊牌时刻终于到！说是突厥犯边，李建成向李渊建议以李元吉为统帅出征，目的是借此掌握李世民的兵马，并在昆明池设伏杀他。不想李建成手下人却向李世民告密。于是，李世民先发制人，在玄武门（宫城北门）伏杀李建成和李元吉，史称"玄武门之变"。3天后李渊只好立李世民为太子，并下诏："自今军国庶事，无大小悉委太子处决，然后闻奏。"两个月后李渊退位，让李世民登基，正式登上历史舞台。从李世民的角度说，他是自己掀桌自己独吞！

李世民登台跟其他宫廷政变一样充满血污，让人越来越惊喜的是这样一个血污当中诞生的帝王异常美丽可爱……

## 最大看点：多元的文化

### 一、开明之政

李世民登台伊始，跟其他所有新政权一样，当务之急是稳定政权。"玄武门之变"后没几天，有人告发东宫有个名叫魏徵的家伙，曾经在李密和窦建德军中干过，后在李建成手下，并劝李建成趁早干掉李世民。听到这样的事，恐怕没几个人不愤怒。李世民也不例外，马上把魏徵召来，怒斥："你为何离间我们兄弟？"是啊，如果没有你魏徵之流离间，他们兄弟也许不会反目，就很可能不会发生历史性悲剧，魏徵可谓罪魁祸首，十恶不赦，死有余辜。没想到魏徵神态自若，不慌不忙回答："可惜太子没听我的。要不然，不会轮到你现在杀我！"是啊，确也如此。这说明魏徵很有远见，很忠于主人。李世民想了想，觉得魏徵非同寻常，不但不追究，反而安慰说："都是过去的事啦，不提了！"即尊魏徵为谏议大夫，正五品大官。

李世民在处理大大小小"太子党"问题上没滥杀,而尽量感化。看到魏徵都没事,反而被重用,其他太子党人更感到没问题,于是放下心来,努力将功补过。当然,负隅顽抗者也有,但成不了气候。幽州大都督李瑗是李建成的死党,见李建成失败,怕受牵连,索性反叛。可是,不等李世民出手,就被他自己部下杀了。第二年燕郡王罗艺在泾州造反,占幽州,李世民命吏部尚书长孙无忌讨伐。唐军主力还没到,罗艺就被幽州部将杨岌击败,被杨岌部下所杀。李世民第五子齐王李祐,在齐州声色犬马,整日跟狐朋狗友鬼混,李世民派权万纪为老师去管教。贞观十七年(643年),李世民命李祐随老师进京,这不肖之子竟然勾结地痞流氓在半路将老师劫杀。凶手身份暴露,李祐怕了,索性拥兵反叛。李世民派官兵去镇压,还是大军未到,李祐就被他的部下抓捕。

"玄武门之变"后第二个月,李世民派魏徵为钦差大臣,到山东宣扬政令,安抚百姓。一路上,魏徵见州县押解李建成、李元吉的同党,当即指令将他们释放。李世民在京中闻知,赞赏魏徵做得对。李世民如此"仁政",并与魏徵如此默契,史上少有。

这个盛世也有多次民众起事,不过相对于其他时期规模都小,次数也少得多,不展开说。且说武德九年李世民登基后没多久,与大臣公开讨论如何维稳的问题。李世民不是边怒骂"刁民""暴徒"边派兵镇压,而首先检讨自己工作是否失误。[①] 更重要的是,李世民这样说也这样做,切实努力行"仁政"。于是很快出现"海内升平,路不拾遗,外

---

① 《资治通鉴》卷一九二,唐纪,第11册,"民之所以为盗者,由赋繁役重,官吏贪求,饥寒切身,故不暇顾廉耻耳。朕当去奢省费,轻徭薄赋,选用廉吏,使民衣食有余,则自不为盗,安用重法邪?"

户不闭，商旅野宿焉"的盛世景象。① 这几句文字显然夸张，我总觉得"路不拾遗，外户不闭"这种事只可能发生在天堂，但不让犯罪猖獗应该不太难。

说起历史上用人，人们很容易想到刘邦与李世民。其实，他们两人有很大区别。刘邦用人，那可谓"利用"。刘邦跟勾践一样，建国后仅一年多一点时间就让大名鼎鼎的功臣韩信落得身首异处的下场。临刑前，韩信不由感慨"飞鸟尽，良弓藏；敌国破，谋臣亡"。李世民则完全不一样。登帝第二个月，李世民所用第一批高官都是老部下：秦叔宝（即秦琼，贞观十二年病逝）、程知节（即程咬金，麟德二年病逝）、尉迟敬德（显庆三年病逝）、高士廉（贞观二十一年病逝）、房玄龄（贞观二十二年病逝）、萧瑀（贞观二十二年病逝）、长孙无忌（显庆因反武则天被贬自缢）、杜如晦（贞观十七年病逝）、封德彝（贞观元年病逝）。显庆是唐高宗李治的年号。这9位开国元勋，没一位死在李世民手上，除一位后来不幸，其他人都寿终正寝。李世民跟他们始终情同手足。高士廉死的时候，李世民自己也重病在身，可他闻讯随即起身亲临高士廉家祭奠，只因高士廉的外甥跪伏于半路再三谢绝，加之药性发作，才将他劝回。杜如晦死时，李世民哭之甚恸，废朝三日。后来一次吃香瓜忽然想起，还不禁怆然泪下，马上派人将所剩半片瓜祭于杜如晦坟前。李世民可能没说过"苟富贵，无相忘"的话，但他做到了！

李世民曾经感慨说："为官择人，不可造次。用一君子，则君子皆至；用一小人，则小人竞进矣。"② 魏徵说："是啊，天下未定，则专取其才，不考其行；丧乱既平，则非才行兼备不可！"魏徵这话也非常在

---

① 《资治通鉴》卷一九二，唐纪8，第11册。
② 《资治通鉴》卷一九四，唐纪10，第12册。

理。战争岁月，当然只要他是拼命三郎，流氓地痞无所谓，但在和平时期就不一样了。这道理说得很透彻。

然而，李世民绝不是无原则地讲哥们儿义气。长孙无忌是李世民的大舅子，功绩显赫，早在李渊起兵时就有他的功劳，"玄武门之变"更是首功。李世民几次要任命长孙无忌为宰相，长孙皇后却反对，坦率说："妾备位椒房，家之贵宠极矣，诚不愿兄弟复执国政。"椒房指后妃所居之宫。她主动提醒要吸取汉朝吕氏、霍氏外戚专权教训。贞观七年（633年），李世民要提拔长孙无忌为司空。司空是"三公"之一，只是一种崇高的虚职，长孙无忌也再三辞谢，不肯接受。李世民解释说："吾为官择人，惟才是与。苟或不才，虽亲不用……如其有才，虽雠不弃……今日所举，非私亲也。"[①]

关于"举贤不避仇"，除了魏徵，再如裴矩。裴矩原是杨广的大臣，并为杨广出过不少馊点子。如杨广出访西域，带着豪华的宫殿式"活动房"炫富，劳民伤财，所以当时裴矩就被称为奸佞，可李世民照样用他。不过，裴矩现在朝堂上经常公开提的却是反对意见。李世民登帝之初，据说官场也是贿赂公行。为了解是否属实，李世民暗中派人给一些官员送金帛，果然有个门吏收一匹绢。李世民将这门吏抓了，要处以死罪，杀一儆百。裴矩坚决反对，指责这样做用现在的话来说是诱惑取证。李世民接受这建议，换一种方式，反过来给受贿官员公开送礼，羞辱他们，同样取得廉政效果。由此可见，人都有两重性，遇昏君是奸臣，遇明君则变为贤臣。

李世民一登帝就要求宰相封德彝举荐人才，久久没动静，等追问

---

[①]《资治通鉴》卷一九四，唐纪10。

了才回答:"不是我不尽心,实在是当今天下没什么像样的人才。"李世民听了很生气,斥责说:"每一个帝王治国都是取当世之才,难道是到别的朝代取才?你只能说自己不识才,怎么能说天下没人才呢?"李世民用人不拘一格,所以各类人才不断涌现。马周从小父母双亡,孤苦伶仃,但十分好学。他来到长安,因为太穷,住低档客店时常被冷落讥笑,后来寄身中郎将常何门下。贞观五年(631年),李世民要求在朝官吏每人写一篇关于时政的文章。常何是个武将,让马周代写。李世民觉得这文章写得太好了,马上追问,常何如实说。李世民请马周进宫,不想马周清高不识抬举,连请4次才动身。李世民与马周高谈阔论,觉得他确实有才,随即让他到掌管机要的门下省任职。

李世民非常注重地方官员的选拔任用。李世民认为都督、刺史之好坏关系整个国家的安危,因此常常把都督、刺史的名字写在屏风上,随时在名字上加注他们的善恶,以备升贬之时参考。贞观十一年(637年),马周上疏"自古以来,国之兴亡,不以畜积多少,在于百姓苦乐",① 而百姓所以安居乐业,唯在刺史与县令。为此,李世民下诏:从现在开始,刺史、县令朕要亲自选拔,请在京五品以上官员各推荐一名。

帝王能否纳谏,可以说是能否有为的一大标志。李世民几乎是纳谏的代名词,而魏徵则是进谏的化身。据统计,李世民在位20多年,进谏的官员不下30人,其中魏徵一人所谏200余事数十万言,大都切中时弊。

当然,帝王都特别要面子,李世民很难例外。有时候他对谏言也如坐针毡,难以忍受。贞观六年(632年),一天罢朝回内宫,李世民

---

① 《贞观政要》,奢纵。

像普通男人在单位受窝囊气后回家一样，对皇后发牢骚："总有一天我要杀了那个乡巴佬！"①皇后大吃一惊："怎么啦？"李世民说："魏徵那个乡巴佬，经常在上朝的时候当着百官的面侮辱我！"皇后听了，转身回房换朝服出来，对李世民礼拜说："古人说主明才会有直臣。今天听说魏徵这样直，看来陛下您真是个明主啊，我能不祝贺吗？"李世民听了这话才消气。贞观十七年（643年）魏徵死，李世民亲自撰写碑文，又亲自书写到石碑上，并对众臣说了那段著名的话：

> 夫以铜为镜，可以正衣冠；以古为镜，可以知兴替；以人为镜，可以明得失。朕常保此三镜，以防己过。今魏徵殂逝，遂亡一镜矣！②

君臣关系如此和谐，在中国历史上是非常罕见的。

李世民有一定"作秀"的成分。资深历史编辑谌旭彬指出："李世民与他的臣僚变得越来越形式主义……几乎逢谏必纳，对进谏者几乎无不大加赏赐，行动上却又几乎没有什么改观"，不过，"贞观之治的士大夫仍然是幸运的，至少，李世民愿意陪他们玩这样的形式主义游戏"。③

## 二、人本主义

其实在封建王朝的历史上不乏尊重生命的个案，只不过梧桐秋雨

---

① 《资治通鉴》卷一九四，唐纪10，第12册，"上尝罢朝，怒曰：'会须杀此田舍翁。'"
② 《旧唐书》卷七一，魏徵传，第30册。
③ 谌旭彬：《秦制两千年：封建帝王的权力规则》，浙江人民出版社2021年版。

般点点滴滴，不成气候。例如贞观五年（631年）李世民"遣使诣高丽，收隋氏战亡骸骨，葬而祭之"。① 可惜司马光只记得这么简单。

更可惜的是，中国历史上诸类"天地之性人为贵"的事不仅没能延续，连记载也往往被湮没。当然，也有有意无意的误读。645年，高句丽战场上，大将军李思摩（突厥人）中箭，李世民居然亲口为他吮血。这并不是孤例。另一位大将李勣有次"暴疾"，听说有个胡须和药的偏方，李世民就剪了自己的胡须。部将一条生命，胜于他作为帝王的尊严，这是一种怎样的观念！

李世民倾心铸造国家辉煌，但他不会因此忽略百姓的生命。明了这一点，就不难理解李世民那种种反常之举，比如不杀曾经想杀他的魏徵，比如对突厥可以赐宝刀、宝鞭但不肯送美女，一切都源于他切实践行"天地之性人为贵"的理念。

李世民对罪犯也不失生命的尊重。贞观六年（632年）冬，李世民"亲录系囚"，并接见死刑犯，心起怜悯，便将他们放回家，要求第二年秋回来受刑，简直像开玩笑！同样令人惊奇的是，第二年秋——

> 去岁所纵天下死囚凡三百九十人，无人督帅，皆如期自诣朝堂，无一人亡匿者，上皆赦之。②

## 三、弘扬儒学

李世民武德九年（626年）成为太子，便在弘文殿侧边建弘文馆，收藏图书20多万卷，并选弘文馆学士职掌校正图籍，教授门生，遇有

---

① 《资治通鉴》卷一九三，唐纪9，第12册。
② 《资治通鉴》卷一九四，唐纪10。

制度沿革、礼仪轻重等问题随时参议。这里既是国家图书馆，又是国家文学殿堂。

李世民的曾祖和外曾祖都是关陇贵族集团成员。至唐初，以李氏为代表的关陇士族最强，江左和代北士族已没落，以崔、卢、郑、李、王为首的山东士族虽经战争打击但根深蒂固，仍有一定势力。士族势力太强，对皇权不利。于是，李世民命高士廉等修撰《氏族志》。高士廉等人太书生气，没领悟李世民的真实意图，如实列山东士族为第一等。李世民不满意，要求重新刊定，并明确指示"不须论数世以前，止取今日官爵高下作等级"。贞观八年（638年）修改后的《氏族志》编成，共收录293姓，以皇族李氏为首，外戚次之，山东崔姓等被降为第三等。李世民看了满意，正式颁行。

李世民时代，长安不仅成为世界政治中心，还是文化中心。李世民征天下名儒为官，四方专家学者云集，高句丽、百济、新罗、高昌、吐蕃等送贵族子弟前来求学，国子监学生达8000多人。鉴于这样的新形势，李世民命国子祭酒、东宫侍讲孔颖达等人新编《五经正义》，被认为"其辞富而备，其义弘而雅，故复而不厌，久而愈亮"。李世民感到满意，准予讲习。

### 四、道先僧后

李世民认为老子李聃是他李氏先宗，拜道教为祖师。李世民奉《道德经》为圭臬，并将僧道排序改为道先僧后。京城的僧尼接受不了这一改革，愤然上表极谏，让一些官员不敢受理。智实法师率宿德高僧们上访，说如果让道士女冠在僧尼之上，诚恐"有损国化"。李世民为他们卫教热情所感动，派宰相去安慰，送他们回寺。智实法师却很固执，不肯离去，坚持要李世民立即纠正。李世民发怒，将智实法师杖打，然后着民服发配潮州。

李世民其实也是虔诚向佛的，他曾在疏文中自称"菩萨戒弟子"。名僧玄奘就活跃在李世民时期。玄奘出家后遍访佛教名师，觉得各派学说分歧太多，难有定论，便决定到佛教发源地天竺去学习。贞观元年，玄奘从长安出发，经凉州出玉门关西行，历经艰难抵天竺。他游学天竺各地，与专家学者交流。玄奘回来，李世民亲自接见。玄奘将他17年所见所闻详陈出来，李世民大开眼界，龙心大悦，便请他将那100多个小国的见闻写出来。这就是《大唐西域记》，如今已被译成多国文字，成为世界上最有价值的地理历史文献，玄奘则成为《西游记》的生活原型。后来，李世民还邀请玄奘一同去征高句丽，并动员他还俗，被谢绝。李世民没强求，相反为他提供优厚的条件，让他组织译经。玄奘共译出经、论75部1335卷，充分反映了5世纪以后印度佛学的全貌，被称为中国佛教三大翻译家之一及唯识宗创始者之一。

## 五、李世民与诗

李世民酷爱诗，常与大臣论诗，并以诗赠大臣与家人，以诗"劝诫"。如贞观九年（635年）回顾当年夺权，他赞扬萧瑀是不可威逼利诱的"真社稷臣"，即席赋诗相赠："疾风知劲草，板荡识诚臣。"板荡指政局混乱或社会动荡。这诗至今常被引用。他的诗收存于《全唐诗》，有1卷98首（其中6首有争议）。他的诗较其他帝王题材多样，有讴歌城乡山川得天独厚的，有描述各地巡幸畋猎的，更多是写景抒情、记事咏怀。《帝京篇》是他的代表作，《全唐诗》置于卷首。这是组诗，前有300字自序，对历代帝王加以评论，踌躇满志地阐述自己的创作动机，描绘京城长安的形势、建筑、景物和宫廷生活，反映唐初那种宏伟恢廓、乐观奋扬的气象，给读者以生机蓬勃的感受，与那些"靡靡之音""亡国之声"形成鲜明对照。

《全唐诗》小传认为："有唐三百年风雅之盛，帝（李世民）实有以启之焉。"大唐以诗照亮中华文化，李世民可谓燃火之人。李世民证明：诗与帝王本身并不矛盾，柏拉图在《理想国》中要将诗人逐出实属偏见。


此外，不能不说说当时的周边民族的关系。

**突厥**：武德九年（626年）李世民忙于"玄武门之变"的时候，突厥还添乱，扰陇、渭二州。随后突厥虽然遣使入唐请和，没几天又扰泾州，唐将尉迟敬德将他们击退。他们进军渭水便桥，派密探入长安。李世民抓了密探，亲自策马到渭水边，隔河斥责他们负约，如果不立即停止侵扰，唐大军马上到来，那就拼个分晓吧！对方怕了，当场请和，双方在桥上盟誓，对方退兵。突厥来献马3000匹、羊1万只，李世民不要，只要送还温彦博等人。原来，上年突厥大举进犯太原，李渊命温彦博率军出击，结果温彦博兵败被俘，流放到阴山苦寒之地。现在，李世民要人不要牲畜，他们只好放回温彦博。贞观二年，突厥内部大乱，相互攻击，但又遣使入唐求婚。李世民不同意，不肯将美女送入狼窝。其中一部请求归附，李世民为了分化他们，同意册封。第二年突厥又一部遣使入贡，李世民赐宝刀、宝鞭。另一部也遣使称臣并求婚，李世民仍不同意嫁美女。因为他们与隋叛将、至今不肯归附的梁师都暗中勾结，李世民分兵进击。在重兵打击下，突厥陆续有人来降。这种局面延续了十来年。贞观十四年（640年），突厥内部进一步分裂，西突厥分建南庭、北庭，此后十来年继续经常来降、入贡。

薛延陀：薛延陀最初在漠北土拉河流域，驻金山（今阿尔泰山）一带，归附突厥。李世民败突厥后，他们转而附唐，并在郁督军山（今蒙古杭爱山）建薛延陀汗国。贞观三年，唐册封薛延陀首领，随后将公主嫁薛给他，薛延陀则经常以马、牛、羊、驼、貂皮等进贡唐，动辄千万。贞观十四年，唐将东突厥部众安置在以白道川（敕勒川）为中心的漠南地区，薛延陀对此不满，从此时常南侵。贞观十五年，薛延陀发兵20万侵突厥，突厥向唐求救。李世民派新上任的兵部尚书李世勣等兵分5路出击，大败薛延陀，斩3000余级，俘5万余人。薛延陀溃至漠北，遇大雪，人畜冻死十之八九。贞观十六年，薛延陀转而向唐献马3000匹、貂皮3.8万张，并求婚。凉州部分人投奔薛延陀，将军何力被执一同前往。何力不屈，拔刀割耳以誓。李世民听了很感动，便同意薛延陀的求婚，换回何力。第二年薛延陀遣使来纳币下聘，献马5万匹，牛和驼万头，羊10万只。李世民要求薛延陀可汗（以前称"单于"）亲自到灵州相迎，单于没如约而来，牛羊一路死了很多。李世民很生气，借口婚礼没准备好，断绝这门亲事，双方关系转坏。贞观十九年，薛延陀多次扰河南，被唐军击退。第二年薛延陀扰夏州大败，被俘2000多人。同年回纥等也击败薛延陀。这时，李世民派大军分路重击薛延陀。薛延陀一部分向唐投降，还有一部分在观望，李世民纵兵追击，斩5000余级，俘3万余人。至此，薛延陀汗国被灭。

吐蕃：6世纪时，今西藏山南市一带的藏族先民雅隆部逐渐扩展到拉萨河流域。7世纪初，松赞干布以武力降服羌人苏毗（今西藏北部及青海西南部）、羊同（今西藏北部）诸部，将首邑迁至逻些（今西藏拉萨），建立吐蕃王朝。贞观八年，吐蕃向唐廷遣使入贡求婚，李世民遣使回访慰抚。贞观十二年（638年），李世民再次遣使慰抚，吐蕃随唐使者回访，以重礼求婚，但李世民未允。吐蕃以为是吐谷浑从中作梗，出兵吐谷浑。李世民发兵5万击吐蕃，吐蕃败退，遣使谢罪。再次求婚，李世民终于同意。贞观十四年，吐蕃遣使献黄金5000两及珍宝数百件做聘礼，再求婚，李世民许以宗女文成公主。贞观十五年，文成公主出嫁，李世民遣礼部尚书李道宗送行到吐蕃。吐蕃赞普（最高统治者）以女婿的礼节见李道宗，为公主筑唐式宫室，自己也穿唐服见公主，并下令禁止以赤色涂面的旧俗，派子弟到长安学唐文化。文成公主的陪嫁有锦帛珠宝、生活用品、医疗器械、生产工具、蔬菜种子，还有经史、诗文、工艺、医药、历法等方面的书籍。后来，吐蕃又从唐引进蚕种，唐派酿酒、制碾碓、造纸墨等工匠到吐蕃传授技艺。

**高句丽**：最让李世民头疼。如果没有征高句丽，隋朝也许没那么快灭亡。从前车之鉴角度说，李世民不能再征高句丽。本来也相安无事，贞观十四年，高句丽还遣子弟入长安求学。贞观十六年，高句丽一个大臣叛乱，杀旧王立新王，自己主持军政大权。因为原国王由李渊册封，也就是说唐有保护原国王的义务，因此有人建议出兵。李世民以"山东凋弊"为由不允，并于第二年册封其新王。然而，高句丽新王不听李世民劝告，继续攻新罗，占据辽东地区。李世民忍无可忍，对大臣们说："将来高句丽更强大了必然会对我们后人造成威胁，朕还是先担当起来吧！"[①]自此拉开李世民三征高句丽的序幕，直至李世民崩逝，双方才偃旗息鼓，长时间无力再战。

除此之外，贞观年间大唐还与龟兹、吐谷浑、党项、敕勒、高昌、

---

[①]《新唐书》卷一二〇，东夷列传，第37册，"今天下大定，唯辽东未宾，后嗣因士马盛强，谋臣导以征讨，丧乱方始，朕故自取之，不遗后世忧也。"

新罗等地有交往，不详述。贞观三年，各国来朝的使者身着风情各异、五彩缤纷的服饰，美丽壮观。隋唐时期著名经学家颜师古感慨说："遥想周武王时候，天下太平，远国归顺，周史专门写《王会篇》。今日四方宾服，万国来朝，千古难有，堪当描画，流芳百世啊！"李世民听了很高兴，即命画工作《王会图》，可惜早已失传。我们无法目睹那民族盛会、国际盛会的详情，只能想象。唐德宗贞元三年（787年）普查，仅在长安娶妻生子并有田宅的外国人就有4000之多。《剑桥中国史》主编崔瑞德认为，隋唐帝国带有"世界主义"（cosmopolitanism）的色彩。"在整个唐代，整个东亚世界实际上是沐浴在同一个文明之中，虽然样式稍有不同，但是精神非常相类。"[1]在东亚文化圈中，居于核心地位的无疑是中国。唐朝是东亚文化圈形成的重要时期，也是与印度文化圈、伊斯兰文化圈产生密切联系的时期。

最后，还得略说当时的民生经济。

李世民对百姓不仅关爱，更有一种难得的敬畏之情。他生动而深刻地说：

> 君依于国，国依于民。刻民以奉君，犹割肉以充腹，腹饱而身毙，君富而国亡。故人君之患，不自外来，常由身出。夫欲盛则费广，费广则赋重，赋重则民愁，民愁则国危，国危则君丧矣。朕常以此思之，故不敢纵欲也。[2]

---

[1] 孙英刚：《隋唐五代史》（"细讲中国历史"丛书），上海人民出版社2015年版。
[2] 《资治通鉴》卷一九二。

正是基于这样的认识，李世民在生活上总是严加自我约束。另一方面大力发展经济。民以食为天，百姓在生产上并不需要官府指手画脚，只要官府少限制少强求就行。李世民奉行"无为而治"，萧规曹随，继续执行李渊大政，特别是"均田制"和"租庸调制"，尽量轻徭薄赋。

李世民在经济上没什么"大动作"，却很快迎来繁荣。李世民登帝第二年关中饥荒，米一斗值绢一匹，第三年大水灾，第四年即630年，史书描述：

> 天下大稔，流散者咸归乡里，斗米不过三四钱，终岁断死刑才二十九人。东至于海，南极五岭，皆外户不闭，行旅不赍粮，取给于道路焉。[1]

这短短几行字，包括农业丰收、物价低平、百姓安居乐业、社会治安状况良好、社会经济得以恢复、百姓富足等内容。

"贞观之治"奠定了李唐政权的基本格局，李世民则成为帝王"行业"的明星。在无数的好评当中，我最满意此说：

> 唐太宗天纵英姿，是不世出的伟大帝王典型。其所以异于历史上所有雄才大略君主之处，系如秦始皇、汉武帝的对外事业发展大成功，另一方面却都须以牺牲国民安居乐业的生活为条件，惟唐太宗则未。[2]

---

[1]《资治通鉴》卷一九四。
[2]《姚著中国史》卷四。

李世民的民富国强，并没有以牺牲百姓为代价。这一点至关重要，应当作为所有明君评价的主要标准。

## 千古之叹：武则天该骂还是该赞

中国历史上不允许女人染政，可是中国政治常常得靠女人挽救。那么多娃娃皇帝，如果皇太后们再不干政，更不知多少动乱。李零说："古书常以女祸贬低妇女，但各朝的开国之君往往都得益于妻族和母姓。"① 孔子列举治世能臣十人，第一位便是"文母"，即周文王之妃。

还值得一说是南子。孔子去见卫灵公夫人南子，南子因为"作风问题"名声欠佳，子路有意见，孔子跺着脚发誓清白。孔子曾骂卫灵公"无道"②，可是鲁哀公问晚年孔子："当今天下，你看哪位国君最贤？"孔子回答："最贤的我没见过，比较贤的应该算卫灵公吧！"哀公大吃一惊："听说灵公夫妇淫乱不堪，还比较好？"孔子耍了个花招，侧面回答说："我只论他的政绩，不管他的私生活。"③ 这就是说不以私生活否定其政绩。由此可见，孔子有挺开明的一面，并没有将女人视为"祸水"。

后来，仍然时不时出现女中豪杰。如刘邦夫人吕后，在刘邦发迹之前及死后，都发挥了重要作用。还有窦太后、冯太后及萧太后等，武则天则登峰造极。

气贺泽保规认为："以辉煌的大唐帝国之名而闻名于世的这个漫长

---

① 李零：《丧家狗：我读〈论语〉》，太原：山西人民出版社2007年版。
② 《论语》，宪问，"子言卫灵公之无道也"。
③ 《孔子家语》，贤君第十三，"臣语其朝廷行事，不论其私家之际也"。

的时代，实际上绝非一马平川的坦途。在这种曲折蔓延的起伏当中，其前半段值得大书特书的乃是武后这位女性的出现。"①大唐近300年，武则天实际执政近50年。武则天辅政与称帝期间，敢想敢干，掀起了一场"武周革命"——

**生活方面**：唐开国3个皇帝中有2个成为她的丈夫，其后17个皇帝都是她的子孙。此外，她还敢几乎公开地享有"面首"即男宠。

**政治方面**：敢于"革唐命"而开创一个"周朝"（她说武姓源于周文王），并模仿周朝的官职称号、建筑、典礼和历法。她直接称皇帝达15年之久，却没有两汉后期那种可怖的外戚之患。"武则天发挥了平衡作用，她利用反对派力量来抵制武氏家族的政治野心。"②她的政见与王莽有些相似，但比王莽成功多了！

**用人方面**：首创"殿试"，即将举子召到御座前，由她亲自策问。有个叫员半千的中进士后迟迟没等到官位，便越级上访，以责备口吻说："陛下何惜阶前方寸地，请召天下才子三五千，只要一人在臣先，陛下斩臣头，粉臣骨，悬于都市，以谢天下才子。"这家伙想当官想疯了，胆敢请武则天选几千才子来挑战，无异于骂她不识才。如果在其他朝代，砍他3个脑袋也不解恨。武则天却召他入宫做奉阁舍人，专门起草中央文件呢，一个女人的胸怀豁达如此！

**经济方面**：劝农薄赋，人丁兴旺。钱穆说："盛唐时代之富足太平，自唐太宗贞观到唐玄宗开元年间，历时100余年，有一番蓬勃光昌的气运。"③大唐开国不久的622年，全国仅200余万户，贞观初还不及

---

① 《绚烂的世界帝国：隋唐时代》。
② 《统治史》卷二。
③ 钱穆：《中国经济史》，北京联合出版公司2014年版。

300万，李治时期的652年增至380万，到武则天退位的705年又增至615万户。

军事方面：隋朝征3次、李世民征3次的高句丽，终于在她手上被灭。这样，唐代版图增至最大，东起朝鲜半岛，西临咸海（一说里海），北包贝加尔湖，南至越南横山，大约1240万平方公里，并维持了32年。

之前有"贞观之治""永徽之治"，之后有"开元盛世"，武则天承上启下，其统治期被誉为"武周之治"。黄仁宇认为："武后的革命不能与我们今日所谓的革命相比拟……迄至武则天御驾归西之日，她的帝国没有面临到任何真实的危机。"[①]

历史上，如当时文豪李白、明朝思想家李贽、清朝史学家赵翼等，都对武则天予以高度评价。

当然，抨击她的人肯定更多。历史上攻击女强人最常用的一个词"牝鸡司晨"，语出《尚书》，够悠久。从此，哪个皇后涉足政事，都要被骂"牝鸡司晨"。明代著名学者胡应麟甚至连那个时代都骂成"牝朝"。最大问题，无非是认为女人不该当政。至于武则天的具体"罪状"，无非两条：

**一是乱臣贼子**：北宋名臣鲁宗道说她："唐之罪人也，几危社稷。"在那几千年当中，有哪一个开国帝王来源干净"合法"？为什么苛求她呢？实际上，"她的帝国没有面临到任何真实的危机"，表明当时朝野并不太在乎谁当皇帝。这一点很可能出自现代人的想象，但是无可辩驳的事实。王莽改制成功也充分说明这一点，以后失败另当别论。其实，

---

① 黄仁宇：《中国大历史》，生活·读书·新知三联书店1997年版。

宋之前的中国人并不太保守。

二是专制残忍：武则天曾任用酷吏，鼓励告密，等等，在当时看也过了些，但并没有超越"霸王道杂之"的范畴，后人对她的批评，至多五十步笑百步而已。

美国著名中国古代史专家陆威仪认为"关于武后的活动我们只掌握了很少的可靠且有用的资料"，原因在于"这一时期的记录都是男人编著的，他们不仅是其政敌，且将其政治生涯视为对自然的扭曲"。[1] 陆威仪还具体说：

> 中国传统史学家称684—705年为"武韦之祸"，是"欠公道的"。因为首先，它忽略了武后篡位前所取得的成就的意义。其次，没有确凿证据能说明在她执政最后几年以前，政府受其统治作风的危害。第三（原文如此），武后时期农民生活比史学家经常断言的更为良好。在人民中间，她可能是得人心的。只有很少的中国统治者，其生日能像武后那样在农村节日中被人纪念至今。[2]

这里所说武则天被人纪念，指"女儿节"。中国"女儿节"不少，最著名的在武则天出生地——今四川广元，唐代晚期形成一种民俗，女性在武则天生日那天华服出游。1988年，广元市人民政府恢复这一民间节日，定名"女儿节"，日期为公历9月1日。此外，还传说武则天九月初八出生于今西安未央区感业寺一带，自古有九月初八女儿节活动，

---

[1] ［美］陆威仪著，张晓东、冯世明译，方宇校：《世界性的帝国：唐朝》，中信出版社2016年版。
[2] ［英］崔瑞德编：《剑桥中国隋唐史》，中国社会科学出版社1990年版。

人们带着女儿来祈福。至少说明：该两地的百姓千百年来以武则天为荣。吴晗曾为之辩护：

> 不说别的，单就她在位时期，文献上还没有发现大规模农民起义的记载这一点来看，和历史上任何王朝，任何封建统治者统治时期是有所区别的。这一点说明当时的人民是支持她、爱戴她的。宋朝人修的《新唐书》骂她骂得很厉害，但是，宋祁在大骂之后，也还是不能不说一句公道话，"僭于上而治于下"。从今天来说，僭不僭不干我们的事，"治于下"三个字却是武则天的定评。[①]

所谓"僭于上而治于下"，就是说尽管武则天朝中血泪飞溅，但朝外即广大社会还是太平安宁。这种现象并非偶然，史上常见娃娃皇帝或是昏君、暴君治下出盛世。

武则天死之时，肯定就有争议。虽然被安排与其夫李治合葬于乾陵，墓前两块碑，一块是李治的，上有武则天的题词（她的书法挺好哦）；另一块是武则天的，碑上却无一字。为什么要给她立一块无字碑呢？历来争论不休。我觉得这处理相当高明，立碑本身就是标功，大音稀声，大象无形，大功则无字。

不过，这碑更是无声的抗议。因为"儒家反对女性统治这一禁令的严厉性意味着她的地位永远不能被人接受"。[②]

最后还得说说陈子昂。他比武则天迟40来年出生，却比她早死3年，看似擦肩而过，其实有缘。陈子昂生性耿直，曾因其文"历抵群

---

① 吴晗：《历史的镜子》，天津人民出版社2015年版。
② 《剑桥中国隋唐史》。

公"被排挤，但不改其志。李治病逝于洛阳，议迁梓宫归葬乾陵，陈子昂谏阻。武则天看了，叹其有才，授"麟台正字"之职。可他听说武则天发出征讨生羌、吐蕃的战争令，马上又上一份谏，说"无罪戮之，其怨必甚""自古国亡家败，未尝不由黩兵"。武则天看了，不得不中止这场战争。但她仍然没有为难陈子昂，随后还提拔为"右拾遗"。这是一种议政官职，意思是捡起皇帝的遗漏（政策失误）。从陈子昂等人的际遇看，武则天对知识分子还是挺有肚量的，远胜过众多男帝王。如果要给武则天那无字碑补上文字，该写什么呢？

我想还是刻上陈子昂那首《登幽州台歌》吧：

前不见古人，后不见来者。
念天地之悠悠，独怆然而涕下。

# 第六章

# 辽初 30 年

> **提要**
>
> 会同九年（946 年）是辽开国立朝 30 周年，辽太宗耶律德光调整战术，终于实现策马南下的宏愿，用中原皇帝的仪式进入汴梁，接受百官朝贺，正式做起了中华的皇帝。
>
> 早在晚清"三千年未有之变局"之前，中原帝国已遭遇一拨比一拨强的游牧族征服者。他们南下不再像匈奴那样劫掠财物，而追求中原事务的参与权，探索草原与中华相结合的新形式。

## 开国立朝：东亚仅此像大国

389 年，柔然被鲜卑拓跋氏的北魏大败，其中北柔然退到外兴安岭一带，成为蒙古人的祖先；南柔然避居今内蒙古的西喇木伦河以南、老哈河以北地区，后来形成契丹族。契丹曾经臣服于突厥，贞观二年

（628年）附唐。唐天祐四年（907年），契丹人开始建政，很快成为北方统一的政权，全盛时期疆域东到日本海，西至阿尔泰山，北到额尔古纳河、大兴安岭一带，南到河北南部的白沟河，比北宋疆域大得多。当时，"在亚洲的东方，只有契丹像个领土广袤的国家"。①

因此，当时日本就慕名派出"遣辽使"，欧洲人认为契丹就是中国。据说哥伦布出海就是为了寻找他所仰慕的契丹帝国，直到今天世界上仍有近十个国家称中国为"震旦"（契丹），就跟把中国称为China一样。②

直到唐末，契丹仍然实行部落联盟选举制。八个大部落的酋长称"大人"，由八位大人推选一位首领称"可汗"，任期三年。天祐四年即唐正式终结那年，契丹"换届选举"，耶律阿保机当选新可汗。耶律阿保机了解汉文化，向往汉制，并有诸多汉官，如韩知古通晓典章礼仪，王郁则"工于辞，又精于地理"。在这样的专家团队辅佐下，耶律阿保机不难知道，儒家在这方面其实比他们"开明"。

但要真做出历史性改变，耶律阿保机还是犹豫再三。他曾与中原的李克用结为兄弟。耶律阿保机忧心忡忡说："我只不过是个被你们看不起的酋长，三年到期就要下台，以后你我还能以礼相见吗？"李克用笑了。唐制规定各地镇将有任期，到时要调换到朝中为官。然而"安史之乱"后，镇将成为军阀，根本不理睬中央的调令，成为事实上的独立王国。现在李克用怂恿耶律阿保机也这么干，没什么好顾虑的。

---

① ［日］杉山正明著，乌兰、乌日娜译：《疾驰的草原征服者：辽西夏金元》，广西师范大学出版社2014年版。
② ［德］傅海波、［英］崔瑞德编，史卫民等译，《剑桥中国辽西夏金元史：907—1368年》，中国社会科学出版社1998年版，"北亚游牧民族新兴力量的最好说明，是辽朝建立者的族名契丹，以Kitaia、Cathaia或Cathay等形式，在整个欧亚大陆成为中国的代称。"

就这样，耶律阿保机豁出去了。三年期满，他不交权不改选。又三年，也不。再三年，仍然不。其他人有意见，并有人闹事，他镇压。神册元年（916年）即他上台第九年，耶律阿保机将其他七部落的贵族们请到家里喝酒，设下伏兵，全给杀了，然后将八大部落合一，自己改称皇帝，"号令法度，皆遵汉制"。耶律阿保机在巩固对契丹各部的统治后，开始扩张。他相继征服奚族、乌古、黑车子室韦、鞑靼、回鹘和渤海国，基本统一塞北。

在阿保机之前，契丹对唐朝没有领土野心。他们要的是中原的财富及劳力，特别是各种人才。现在不一样了。耶律阿保机立国之初，心里很虚，特地遣使请求朱温册封。朱温提出苛刻条件，要求帮助消灭他的死敌李克用，还要定性阿保机与他为甥舅关系，耶律阿保机不干。后唐同光四年（926年），李克用之子、后唐庄宗李存勖意外死了，李嗣源继位后委派大臣姚坤去契丹通报。耶律阿保机闻讯失声痛哭，但很快控制情绪，冷静地对姚坤说："你们先帝虽与我世交，却也没少与我争战。现在你们先帝已经作古，我也没有什么好怀恨，完全可以和睦相处。如果你们把黄河以北让给我，我保证不派兵南下。"姚坤回答："这可不是我这个使臣有权答复的。"耶律阿保机听了很恼火，将姚坤囚起来。过了十几天，耶律阿保机改口说："如果你们出让黄河以北有难处，那就让镇州、定州、幽州三州也行。"说着拿出纸笔，要姚坤书状立据。姚坤不接纸笔。耶律阿保机怒不可遏，要把姚坤杀了，经大臣苦苦劝解才暂搁，继续关押。直到耶律阿保机死，耶律德光继位，皇太后述律平出面说情，才将姚坤放回后唐。

耶律阿保机有三个儿子，长子耶律倍，自幼聪明好学，并多有战功，开国之时就被立为太子。耶律阿保机自尊"天皇帝"，妻子述律平为"地皇后",耶律倍则为"人皇王",并赐予天子的冠冕,皇位几乎到手。不想,耶律阿保机在征战返国的途中突然病逝,对于后事没来得及交代清楚,只好先"尊后为应天太后,国事皆决焉"。史称述律平"简重果断,有雄略",而且还有属她指挥的"蕃汉精锐"两万骑兵,其族"大如古柏树,不可移也"。按理,太子自然接班就是,无须再考虑。问题是次子耶律德光也优秀,人们还说他最像父亲,20岁就任天下兵马大元帅,随父参加了一系列战争,战功更卓著。更深层的问题是:耶律倍汉化程度很深,集藏书家、阴阳学家、医学家、音乐家、文学家、翻译家、汉学家和画家等于一身,他的传世名作迄今有收藏于美国纽约大都会博物馆的《射鹿图》、波士顿美术博物馆的《番骑图》、台北"故宫博物院"的《骑射图》等。耶律倍尊孔尚儒,主张"全盘汉化",以儒家思想为治国之术,述律平则奉行草原本位主义,她愿意利用汉文化,但不愿让汉文化过多影响本民族。何况耶律倍也有明显缺陷,性格"刻急好杀",经常在姬妾臂上刺洞吸血。奴婢侍妾稍犯小错,他就用火烫她们,甚至挖她们的眼睛。耶律德光则端庄厚重,秉性仁慈。于是,述律平对文武百官说:"我两个儿子都很优秀,都适合做皇帝。我实在拿不定主意,现在请你们定夺。你们认为谁更适合,就执谁的鞍辔。"司马昭之心路人皆知,文武百官争先恐后抢执耶律德光的鞍辔。耶律倍当然也知母亲的心思,只好顺水推舟,率群臣向述律平表示:弟弟"功德及人神""宜主社稷"。

表面礼乐融融的"选举",实际上刀光剑影。耶律倍叹道:"我以天下让主上,今反见疑,不如适他国……"便带着妻妾投奔后唐。他还带有书籍数千卷,"其异书、医书,皆中国所无"。上船之际,他悲愤地在海边立一块小木牌,上刻《海上诗》:"小山压大山,大山全无力。羞见故乡人，从此投外国。"其心其迹，昭然若揭。后唐明宗李嗣源以天子仪卫迎接耶律倍，并赐姓东丹，名慕华，后改为李赞华。但耶律倍仍然心系故国。李嗣源死后，后唐争位内乱，耶律倍派人密报耶律德光。李从珂自焚前杀了耶律倍，耶律德光给耶律倍谥号"文武元皇王"。

会同九年（946年）是辽建国30周年。此时，辽太宗耶律德光44岁，已继位19年。会同十年，耶律德光去世。

会同九年也是南唐保大四年、吴越开运三年、于阗同庆三十五年、南汉乾和四年、荆南开运三年、马楚开运三年、后蜀广政九年、大理至治元年，加上后晋，也就是说这一年同时存在着公认的十国，可想而知那是一个什么样的时代。

## 最大看点：策马渡黄河

天显六年（931年），耶律倍南逃，耶律德光统一原渤海国疆域，然后将目光转向南方。渤海国的范围大致占今中国东北、朝鲜半岛及俄罗斯远东地区各一部分。

在明宗李嗣源治下，后唐国势很强，这一时期被誉为"长兴之治"，没有耶律德光下手的机会。李嗣源去世后，天显十一年（936年），机会来了：后唐皇帝李从珂调他姐夫河东节度使石敬瑭到郓州任节度使，石敬瑭不仅像李从珂当年一样趁机起兵叛乱，且向耶律德光求援，承诺割让燕云十六州为报酬。燕云十六州，即幽州（燕京，今北京）、蓟州（今天津蓟州区）、瀛州（今河北河间）、鄚州（今河北任县）、涿州、檀州（今北京密云）、顺州（今北京顺义）、新州（今河北涿鹿）、妫州（今河北怀来）、儒州（今北京延庆）、武州（今河北宣化）、云州（今山西大同）、应州（今山西应县）、寰州（今山西朔州东）、蔚州和朔州，这一片土地约12万平方公里，约相当于三个台湾岛的大小，都处于长城以南，其中幽州与云州最为重要。不过，其中有些州在此之前已被契丹所占，石敬瑭只是承认既有事实而已。耶律德光喜出望外，立即亲率大军增援，击溃李从珂。石敬瑭当权后，不仅称比他小十岁的耶律德光为父皇，还真的正式割让燕云十六州。这后果是非常严重的，中原从此失去有缓冲作用的防御重地以及长城之险，埋下宋朝积弱的隐患。

有道是"得陇望蜀"。耶律德光得了长城，进而想黄河。怎样才能将边界推进到黄河岸呢？能不能直接将"儿子"石敬瑭废了夺其地？那样做道义上过不去。耶律德光颇费思量。没想到，又一个捡便宜的机会从天而降。

会同五年（942年），石敬瑭死，养子石重贵继位。石重贵能力平平，骨头却硬。第二年石重贵尽杀在边境做生意的契丹人，并扣留辽国贸易大臣，要求回去转告："为邻称孙，足矣，无称臣之理……翁怒则来战，孙有十万横磨剑，足以相待！"所谓"横磨剑"，指长而大的利剑，比喻精锐善战的士卒。被称为"翁"（老头子）的耶律德光听了大怒，因为不称"臣"意味着不承认辽的主权。是可忍孰不可忍！赵延寿是个大帅哥，又有文才，原是后唐的驸马爷，被辽俘而降。现在，耶律德光命赵延寿率幽、云两州五万大军南下，并许诺："若得之，当立汝为帝！"重赏之下必有勇夫，赵延寿很卖命。可是石重贵顽强抵抗，辽军伤亡很重。战了几回合，谁也占不了上风，双方都想和，可又谈不拢。

接连失利后，耶律德光调整战术，命瀛州刺史刘延祚给后晋乐寿监军王峦写信，谎称城中契丹兵不足1000人，请朝廷派轻兵来袭，他会内应。再说今年秋雨水多，瓦桥北积水漫无边际，契丹主力已回去了，无法援救。王峦等人信以为真，屡屡上奏催促出兵瀛、鄚二州。石重贵上当，命国舅爷杜重威为元帅，李守贞为副帅，率大军北征。石重贵敕榜雄心勃勃，许诺有生擒胡虏君主的，任命上等大镇的节度使，赏赐钱一万缗、绢一万匹、银子一万两。没想到大雨一直不停，行军及运输极为困难，晋军大败。契丹兵抓获晋方民夫，在他们面上黥字"奉敕不杀"，然释放他们往南走，一路宣传耶律德光的不杀之恩，让还在途中运军需的其他民夫逃亡，晋方更是溃不成军。

耶律德光扭转战局后，马不停蹄南下。辽军包围晋军主力，切断他们与外界联系，军中很快粮尽。石重贵要亲自率兵北征，被大将李彦韬劝谏阻止。没想到，杜重威与李守贞等人却开始谋划投敌，派人与辽军联系。耶律德光回复说："赵延寿素来浅薄，恐怕不能做中原的皇帝。你如果真能降，就让你当皇帝。"杜重威信了，即召集将士，宣称："君主无德，听信任用奸臣小人，我们不能不另寻出路。"命将士们放下武器。耶律德光委派赵延寿身穿赭袍来晋营中慰问，也给杜威穿上赭袍。赭袍即"赭黄袍"，指天子所穿的袍服，也用以指代天子。耶律德光在关键时刻分别给赵延寿、杜重威画了一块大大的饼。然后，杜重威引耶律德光入恒州。

石重贵获悉杜重威已降，立即诏刘知远起兵援救都城，但天还没亮辽兵先头部队就破关入城。石重贵绝望了，在宫中纵火要自焚，被大臣阻拦。这时有大臣送来耶律德光的劝降书，石重贵转而命令灭火，打开所有的宫门。他脱下皇袍，换上素服，与后妃们抱头痛哭，然后口授降表："孙男臣重贵，祸事来临神鬼迷惑，运数已尽天命灭亡。现在和太后及妻冯氏，全族大小在郊野，两手反绑，排列等待降罪。另派儿镇宁节度使石延煦、威信节度使石延宝，奉上国宝一枚、金印三枚，出城迎接。"

石重贵听说耶律德光即将渡黄河，要到河边去迎接，耶律德光不同意。晋臣们又想让石重贵口衔璧、手牵羊，大臣拉着车载棺材，一起到郊外迎接，耶律德光也不同意。他传旨说："朕派奇兵南来，不是来受降的。"诏贬石重贵为"负义侯"，让他带着家人及宫女50人、太监3人、东西班（皇家禁军）50人、医官1人、控鹤（近幸或亲兵）4人、庖丁7人、茶酒司3人、仪鸾（仪仗）3人、健卒（军卒）10人，可想而知他的日常生活仍然优渥潇洒，而根本不像俘虏。晋文武百官更是一切照旧，朝廷制度沿用汉人礼仪。相关官员要驾车去远迎，耶律德光坚持说："朕正戎装披甲，没工夫讲究那么多礼仪！"《辽史》写耶律德光"貌严重而性宽仁"，看来不谬。

耶律德光虽然实现策马渡黄河的宏愿，但不是很顺利，更不是没代价。会同八年（945年）初，辽军惨败，耶律德光骑一匹骆驼狼狈逃回，国内又遭大灾，人畜多死亡，各部落都有厌战情绪。当然后晋也给连年战争耗得差不多了，便遣使求和。皇太后述律平本来就保守，多次奉劝耶律德光与晋讲和休兵。现在闻知晋使来求和，更是极力相劝，直问："如果让汉人做契丹王，行吗？"耶律德光说："那当然不行！"述律平又问："那你为什么非要当汉人王不可呢？"耶律德光说："不是我一定要当，石氏忘恩负义，不可容忍！"述律平只好说："即使你得了汉地也不可久留，万一有什么意外，后悔就来不及了！"

会同十年正月初一，耶律德光穿戴绛纱袍和通天冠，用中原皇帝的仪式进入东京汴梁，在崇元殿接受百官朝贺，大赦天下，并将国号"大契丹国"改为"大辽"，正式做起了中原的皇帝。同时改元"大同"，显然是想要草原和中原的土地与人民实现大同之意。这也是中原政权首次公开承认外族王朝的统治权。此时此刻的耶律德光得意忘形，大发感慨："汉家仪物，其盛如此，我得于此殿坐，岂非真天子邪！"

至此，赵延寿做着皇帝梦仍不肯绝望。耶律德光见后晋降兵几万人聚在陈桥一带，怕发生兵变，准备斩除后患。赵延寿听闻，连忙赶去见耶律德光，说："中原南边和吴国相邻，西边与蜀接壤，边境长达几千里。陛下北归后，如果吴和蜀发难，怎么办？"耶律德光一愣，说："朕还没有想到这些呢，你说该怎么办？"赵延寿说："臣知道契丹兵马善战，但不习惯南方的暑热气候，所以我想把降卒全部改编，派他们到那些地区守卫。"耶律德光犹豫说："朕以前也不想杀降，吃过亏，现在想除后患。"赵延寿说："可以将他们连同家属迁往北方的朔州、云州和镇州、定州，然后每年轮流戍守黄河沿岸，这样就可免除后患了。"耶律德光觉得有理，便采纳。几万降卒的生命就这样保了下来，避免"长平惨祸"历史悲剧重演。那么，当初耶律德光许诺让赵延寿回中原当皇帝的事呢？赵延寿现实一些，改而请求做皇太子，指望来日能够继承。耶律德光干脆地回答说："皇太子要天子的儿子才能做，你做不得！"结果只给个一般高官，断了他的非分之想。

耶律德光宣谕晋民说："我也是人啊，你们不要怕，很快会让你们安居乐业！"可他做的与说的完全不一样。我们熟知一句俗话"兵马未动，粮草先行"，战士没出发就得准备好军粮，尽量不要骚扰当地百姓，战争中则常常想方设法烧掉敌人的粮草。可是契丹人不一样，他们自己不备军粮，让将士们随处去抢劫，名曰"打草谷"。百姓本来就受战争惊扰，再给洗劫一空，不想反抗也被逼得反抗。耶律德光当上了中原的皇帝还是如此。赵延寿连忙劝阻，请辽军自己供给，耶律德光一句话顶回去:"我们国家没有这种法律!"

于是,辽兵大行抢劫,所得还不分赏将士,都归国库,带回国内。也不仅劫财,还要把后晋的僚吏、嫔御、宦官、方技、百工、图籍、历象、石经、铜人、明堂刻漏、太常乐谱等,都送回他们的上京,几乎把晋国洗劫一空,东西二三千里间哀号不绝。

刘知远雄武过人,战功卓著,早在李嗣源、石敬瑭时期就反对称臣于契丹。耶律德光入主中原后,刘知远不得不遣亲信王峻奉表投降。耶律德光非常高兴,亲切地称刘知远为儿子,并赏赐一根木拐。按契丹礼法,只有贵重的大臣才能得到这种赏赐,就像汉族宫中赐给"假节"一样荣耀。然而,王峻却汇报说一路所见都是动乱,耶律德光的暴行令天下大失所望,肯定不能长久。于是,刘知远在太原称帝,建立后汉政权。一时间,各地纷纷响应,到处袭杀契丹人。

被胜利冲昏头脑的耶律德光终于惊醒,想起母亲的话,不得不承认当不得汉人王,且觉得自己身体不适应南方水土,借口避暑,率百官北归,但怎么也想不到归也归不得,返程没几天就起病,才走到今河北栾城就再也起不来了。不到黄河心不死,到了黄河心死却人也得死。临终之时,耶律德光遗恨道:

> 我有三失,宜天下之叛我也!诸道括钱,一失也;令上国人打草谷,二失也;不早遣节度使还镇,三失也。①

中国社会科学院研究员白钢认为:这三失"恰好说明直至打下开

---

① 《资治通鉴》卷二八六,后汉纪,第18册。

封之后，这个契丹首领仍不知封建政治为何物"。①

后来的辽国统治者吸取了耶律德光的教训，才有"景圣中兴"，详见《变革与复兴》第六章。后来的金、元、清统治者，应该也吸取了耶律德光的教训。

## 千古之叹：游牧族的飞跃

李鸿章所谓"三千余年一大变局也"振聋发聩，迄今常被提及。其实早在此前近千年，中华文明已遭遇过千古未有之大变局——一拨比一拨强劲的游牧族冲垮中原政权，并建立少数民族称帝的王朝辽、金、元。

公元前10世纪，周人就常遭北方游牧族的侵犯。周朝以来的中央政府，几乎没有不将此列为头等大事的，经常集中力量予以打击，有过多次重大胜利，但不能根绝。西晋末年"八王之乱"国力衰弱之际，"五胡乱华"，中原分裂、动乱近300年。这期间"五胡"建立的政权一般都是胡、汉联合政权。

氐人前秦皇帝苻坚说："我得王猛，有如刘备得诸葛亮！"王猛是汉人，家庭贫寒，好读兵书，可是晋军请他不动，他却投奔氐人，为他们出谋划策。正因为有了王猛这样的高参，前秦日益强大，很快统一北方，紧接直奔南方。只因王猛早死，苻坚在"淝水之战"中功亏一篑。苻坚做"中华皇帝"的宏愿虽然没能实现，但他启发了一代又一代游牧民族的野心家。

鲜卑人也注重吸取历史教训。北魏先祖拓跋力微曾对各部大人说：

---

① 《中国政治制度史》下册。

"我看以前匈奴之流,贪图财利,抄掠边民,虽有所获,可他们死伤更多,长期仇敌,百姓困苦,不是长远之计。"于是,他采取与匈奴不同的策略。到太武帝拓跋焘时代,汉化已成为国策。拓跋焘心怀"廓定四表,混一戎华"之志[①],一心想实现他做"中华皇帝"的伟大抱负。

契丹通过战争先后俘获几十万汉人,大部分成为其贵族的奴隶。他们将掳获的汉人用绳系住头和颈,捆到树上。汉人夜里解绳而逃。在干活时,也千方百计逃回中原。耶律阿保机接受汉人谋士韩延徽的意见,实行改革,对俘奴"定配偶,教垦艺,以生养之",给辖内汉人以"国民待遇"。这样,汉人南逃变少,大都就此安居乐业。再说,五代时大燕皇帝刘守光对民众非常暴虐,史称"桀燕",因此很多百姓北逃入辽。辽京城的汉人几乎占三分之一,其他地方则有"汉城"专门居住汉人,越往南这种现象越多。于是,辽国形成迥异的两个世界,北部契丹人"畜牧畋渔以食,皮毛以衣,转徙随时,车马为家",而南部汉人、渤海人则"耕稼以食,桑麻以衣,宫室以居,城郭以治"。[②]

契丹建国之初,耶律阿保机召开了一次影响深远的会议。耶律阿保机向群臣公布自己的想法,要以祭祀圣人的方式来更好地统治。他提问:"我想祭祀一位有大功德者,应该是谁?"此时佛教已广为传播,群臣均以为应该祭祀佛祖,阿保机却认为不是。太子耶律倍提议:"孔子大圣,万世所尊,宜先。"这一建议正合阿保机心意,他当即决定建孔庙,"诏皇太子春秋释奠"。这意味着儒家文化被确定为辽国的正统文化。耶律德光获得燕云十六州,加速从单纯的游牧经济和行政体制向"复合型"政治经济体制转化的进程,对中原攻守自如。

---

① 《北史》卷二,魏本纪,第27册。
② 《辽史》卷三一,营卫志中,第52册。

会同十年（947年），耶律德光成功入主中原，却旋即无归，从反面提供了一个血的教训。所以，景宗耶律贤即位后，提拔汉族官员高勋为南枢密院使，又加封为秦王；汉官韩知古的儿子韩匡嗣为上京留守，后改任南京留守，加封燕王。还选拔一批汉族知识分子治理各州。加上特设王府以女真治女真，实际上是"一国三制"。由此可见契丹人灵活，在政治方面勇于创新。

早年契丹的确带有野蛮的烙印，然而，到耶律阿保机时代，他们发生了深刻的变化。辽天赞二年（923年）围攻沙陀失败，撤退之时又遭寒流袭击，平地积起很深的雪，粮草更匮乏，逃出战场的人马大都饿死冻死在途中。后唐庄宗李存勖亲自率大军追击，竟然发现契丹军每一处营地"虽去，无一茎乱者"，根本看不到半点败逃的残迹，不由对身边人大发感慨："蕃人法令如是，岂中国所及！"[①]

契丹居然变得让中原不可企及了！

由于越来越多汉人参与，契丹发生了质的飞跃，综合国力迅速提升，正处在一边遵守草原游牧国家的传统，一边适当引入中原汉人王朝的形式、摸索草原民族和中原民族相结合的国家形式和理想方式的最高潮阶段。[②]可是儒家还长期蔑视他们为"夷狄"，怎么免得了悲剧？

---

① 《旧五代史》卷一三七，外国列传，第39册。
② 《疾驰的草原征服者：辽西夏金元》。

第七章

# 北宋初 20 年

> **提要**

宋太祖赵匡胤建隆三年（960年）开国至开宝九年（976年）逝世，杯酒释兵权，鼓励官民享乐，大力发展经济，其统治期被誉为"建隆之治"。

宋仁宗赵祯好评如潮，蔡东藩却认为是"妇人之仁"。赵祯为少数人的利益叫停改革，弊政继续。如果留下诸多隐患，尽管显赫一时，也不能算明主。

## 开国立朝：山寨"黄袍加身"

从唐经五代十国至宋的历史演变，令人眼花缭乱，可简略记一条主线：唐→后梁→后唐→后晋→后汉→后周→宋。

乾祐元年（948年），后汉皇帝刘知远死，其子刘承祐继位。刘承祐治国无方，听信谗言，滥杀无辜，企图一举铲除前朝旧势力。乾祐三年（950年）大将郭威被迫反叛，举家被害，但他"清君侧"之举得到热烈响应，后汉军大败，刘承祐在出逃途中被杀。郭威带兵入京，让太后临朝听政，拥立刘氏宗室刘赟为帝。忽报辽兵南下，郭威率军北上抵御。行至澶州时，将士们突然将黄袍披到郭威身上，拥立他为皇帝，山呼万岁。郭威只得笑纳，返京贬刘赟为湘阴公，逼太后任命他"监国"。第二年正式称帝，改国号周，史称"后周"。

所幸郭威挺不错。他重用文臣，力图改变后梁以来军人政权的丑陋形象。他说他是穷人出身，侥幸为帝罢了，岂敢厚自俸养而让百姓受苦？他禁止各地进奉美食珍宝，并将宫中珍玩宝器及豪华用具当众打碎。他去曲阜拜谒孔庙、孔子墓，尊崇圣人，以儒教治天下。可惜他命薄，于显德元年（954年）初病逝。

因为郭威的亲生儿子都被杀了，养子柴荣继位。所幸柴荣也是难得的明君。他不信佛，下令减寺院和僧尼，不许受戒出家，将铜佛像收为铸铁原料。他说："佛教讲利众生，愿意舍自己的生命布施别人，为什么舍不得铜像？如果施舍我身可以利民，我也不会吝惜。"他用木头刻一个农夫像和一个蚕妇像放在宫中，提醒自己时刻不忘百姓。他在位只有5年，38岁病逝，继承人是不年6岁的柴宗训。在这历史关头显然又需要一位周公，然而周公不再，只有郭威当年的把戏重演。

显德七年正月初一：欢欢喜喜庆元旦的时候，忽报契丹与北汉联兵南下，宰相不明真相，慌忙命赵匡胤率禁军前去抵御。赵匡胤当时职务是"殿前都点检"，禁军最高统帅。

初二：部分将士先出发。京城开始传言："将军出之日，策点检为天子。"这话意思是，在大军出发的时候，将要谋划推身为"殿前都点检"(大将军)之职的赵匡胤为皇帝。这么说要改朝换代了,士民恐慌,争相出逃,只有深居宫中的柴宗训蒙在鼓里。据传,赵匡胤从外回到家,试探着叹道:"外面传得沸沸扬扬,弄不好要惹什么大灾大难了,怎么办啊!"在厨房的妹妹听了,操着擀面杖追出来,面如铁色斥责道:"大丈夫临大事,可否当自决,乃来家内恐怖妇女何为耶?"①如果没有妹妹这番激励,赵匡胤也许没下最后决心。

初三:赵匡胤率大军出发。军士观测天象,说:"日下复有一日,黑光磨荡,此天命也。"当晚行至陈桥驿(开封城北20里),赵匡胤之弟赵匡义(赵匡胤称帝后为避名讳改为赵光义)、归德节度赵普等军官连夜策划兵变,说:"当今皇上那么小,不如先立点检为天子,然后北征。"派人连夜回京城,告知赵匡胤的心腹石守信等人,准备内应。

初四:一大早,赵匡义、赵普等文武官齐立庭院高喊:"诸军无主,愿策点检为天子!"赵匡胤没来得及答话,黄袍就披到了他身上,众人下拜,高呼万岁。赵匡胤装出一副很生气、很无奈的样子,斥责:"如果你们能听从我也罢,如果不听从我不干!"众人表示唯命是听。赵匡胤进一步要求:"回京后,对太后和小皇帝不得侵犯,对公卿不得侵凌,对朝市府库不得侵掠,服从命令者有赏,违反命令者族诛,行不行?"众人又纷纷应诺,赵匡胤这才上马,率众回京。先遣人员已经联系相关大臣,个别抗拒的当即被杀。赵匡胤直接入崇元殿,翰林学士陶谷拿出早准备好的禅代诏书,逼柴宗训行禅代礼,赵匡胤即皇帝位,史称宋太祖。

初五:改元"建隆"。因为赵匡胤所镇归德军在宋州之故,定国号

---

① 《宋人轶事汇编(上下)(第二版)》,中华书局2003年版,上册。

为"宋"。

《剑桥中国宋代史》写道:"宋太祖只是延续了唐五代前人的做法。因此宋太祖更多的是一个精明的修整者,而非创新之人。"① 此说固然有理,但赵匡胤也有一些新举措让人惊艳。五代时有个陋习,黄袍加身之后,新皇帝的回报是让士兵们在京城大街小巷抢劫三五天。郭威黄袍加身时,就曾纵兵掳掠开封,"士庶皆罹剽掠,下则火灾,上则慧孛,观者恐惧,当时谓无复太平之日矣"。赵匡胤不忍沿袭,说想要财物,朕赐给你们便是,可不许劫掠!结果,这批军人回京,"自仁和门入,秋毫无所犯"。② 这是个好兆头!

## 最大看点:"文以靖国"

赵匡胤即位第二个月,说来是件小事:朝堂上,赵匡胤命宰相范质将奏书呈上,范质遵命起坐步上前。没想到,呈完回坐的时候,发现凳子给撤掉了。他不好意思询问怎么回事,只好一直站着。开始他还以为是太监捣鬼,随后大悟,只好建议废坐仪。从此产生一种新的礼制,千古相沿。

宋之前,"宰相见天子议大政事,必命坐面议之,从容赐茶而退,唐及五代犹尊此制"③。赵匡胤此举,被认为是中国古代朝仪历史性的变化,专制君权加强的里程碑,导致"君臣悬隔、上下疏离"。后来更糟,大臣还得跪。改坐为立,只是赵匡胤一系列重大改革当中的小插曲。

---

① [英]崔瑞德、[美]史乐民编,宋燕鹏等译:《剑桥中国宋代史》上册,中国社会科学出版社2020年版。
② 《续资治通鉴》卷一,宋纪,第1册。
③ 《宋史》卷二四九,范质传,第48册。

## 一、军务

宋朝重文轻武,矫枉过正,想必将士们诸多意见。赵匡胤提拔一位有军事才华的文官去担任武将之职,理由是:纵然这100多名文人高官都贪污腐败,所造成的灾祸也不如一名武官的危害。[①]赵匡胤自己也曾经是这样一名武官,正因为如此他才会有如此深刻的认识。开国帝王都是造反起家的,所以无不特别严厉防范别人造反夺权。骗子特别注重并善于防骗,强盗特别注重并善于防盗。这是赵匡胤执政的基本思想,也是整个宋代皇帝根深蒂固的思路。

赵匡胤上台半年后立更戍法,分遣禁军戍守边城,"习勤苦,均劳逸",从此不允许将帅专领固定兵员,士卒不至于骄惰。想当年,柴荣挑选武艺超群的将士为殿前侍卫,即殿前军,设置殿前都、副点检,地位在侍卫亲军之上。赵匡胤就是在殿前都点检任上政变的,殿前都点检之职也变敏感起来。第二年殿前都点检、镇宁军节度使慕容延钊被罢为山南西道节度使。从此不再任命殿前都点检。七月初九,赵匡胤干了一件流芳千古的事:这天晚朝时,将石守信等大将留下来喝酒,酒兴正酣时诉苦:"如果不是你们出力,朕得不到皇位,朕非常感激你们。可是,做皇帝太难了,还不如做节度使愉快,朕每天晚上都睡不好啊!"石守信等人忙问其故,赵匡胤说:"这还用问吗,皇位谁不想要?"石守信等人恍然大悟,连忙叩头说:"如今天命已定,谁还敢异心?"赵匡胤说:"你们虽然无异心,可是你们的部下想富贵,要把黄袍加在你身上,怎么办?"石守信等人吓坏了,恳请指明一条"可生之途"。赵匡胤这

---

[①] 《续资治通鉴》卷七,宋纪,"五代藩镇暴虐,民受其祸,朕今选儒臣干事者百余,分治大藩,纵皆贪浊,亦未及武臣一人也。"

才明说:"你们何不放弃兵权,到地方去吃喝玩乐,让我这皇帝也放心呢?"①第二天,石守信等将军上表声称自己有病,要求解除兵权,赵匡胤同意,让他们解甲到地方。同时废除殿前都点检等军职,禁军分别归殿前都指挥使司、侍卫亲军马军都指挥使司和侍卫亲军步军都指挥使司统领,即所谓"三衙统领"。与行政权相反,兵权分散。实际上,"杯酒释兵权"是东汉刘秀首创。

## 二、政务

行政权集中在中央,设参知政事、枢密使、三司使,实行军政、民政和财政三权分立。中央政府沿唐制,设尚书、门下、中书三省。尚书、门下列于外朝,中书设于禁中,称政事堂。初始仍用后周宰相范质、王溥、魏仁浦三人为相。乾德二年(964年)初,范质等三位相继请退,独用枢密使赵普为门下侍郎、平章事、集贤院大学士。赵匡胤非常信任他,天下事无大小都咨询他。但同年又设参知政事,配薛居正、吕余庆为副宰相。参知政事本来是临时的,唐开始正式作为宰相官名,现在变成一个常设官职,削相权增皇权。

地方官知州有数十名异姓王及带相印的知州主官。乾德元年,趁有的去世,有的退休,没退休的便强行调动,然后全用文官代替。同年在各州创设"通判"之职,掌军民之政,与知州相互牵制。

同时在司法、文化等方面,包括对宦官、女后、外戚、宗室等,都

---

① 《续资治通鉴》卷二,宋纪,"人生如白驹过隙,所为好富贵者,不过欲多积金钱,厚自娱乐,使子孙无贫乏耳。卿等何不释去兵权,出守大藩,择便好田宅市之,为子孙立永远之业;多致歌儿舞女,日饮酒相欢以终其天年!朕且与卿等约为婚姻,君臣之间,两无猜疑,上下相安,不亦善乎!"

进行了集权性质的改革。中国社会科学院研究员白钢认为:

> 宋朝统治者的这些集权措施,都立之以法,而且日趋严密,甚至达到了细者越细,密者越密,举手投足,都有法禁的地步。此后,针对社会政治和经济生活中陆续出现的各种各样的新情况,宋朝都制定了相应的条令法规……可以这样说,宋朝法律制度在中国封建社会已达到了相当健全成熟的程度。[1]

## 三、文化

赵匡胤毕竟是行伍出身,华丽转身为一个史上著名的文皇帝有一个过程。北京大学历史学系教授邓小南认为赵匡胤"从具备帝王身份到具备帝王形象,这一'形象工程'实际上是一并非痛快顺畅的改造过程","做了十多年皇帝的宋太祖,举手投足还时时流露出鲁莽率直的一面","不情愿忍受制度约束"。[2]但他更难容忍的是唐后期以来武夫专权的历史重演,要彻底扭转为"文以靖国",不得不强忍诸种不快。他说:"我欲使武臣尽读书,使之为治之道。"赵普虽然为人忠厚,足智多谋,但毕竟读书不多,其名言"半部《论语》治天下"可以从多种角度解读,其一是他只读了半部《论语》。966年是宋乾德四年,可这年从蜀国宫中收来的铜镜背面的文字却正是"乾德四年铸"5个字,怎么回事?召学士窦仪等人来询问,窦仪说:"此必蜀物,蜀王衍有此年号。"这么说,赵匡胤抄袭了亡国之君的年号?赵普等人为什么不知道?赵匡胤大发感慨:"宰相须用读书人啊!"换言之,半部《论语》

---

[1] 《中国政治制度史》下册。
[2] 邓小南:《祖宗之法:北宋前期政治述略》,生活·读书·新知三联书店2019年版。

显然是不够的！从此，文官越发受重视。传说宋朝太庙刻着一块誓碑，赵匡胤留下祖训不杀文人，子孙如违反则遭天谴。①纵观大宋200多年，不可能没杀过文人（文官），但相对极少是真的，人称宋朝是"文人的乐园"并不虚妄。

宋代文人与统治者的关系之和谐，空前绝后。范仲淹的口号是"宁鸣而死，不默而生"，欧阳修的习性是"开口揽时事，论议争煌煌"。马勇描述当时社会：

> 试看宋人文集和各种语录，天下事似乎没有他们不敢议论的，但却极少见他们有与统治者直接对立的情绪。宋代儒者不论是对现实的忧患，还是对传统的批判与怀疑，都极易获得统治者的同情与支持，因为统治者不难觉察他们的忠诚心迹。②

孔子提出"君使臣以礼，臣事君以忠"的理想关系，在宋朝基本成为现实。

赵匡胤非常重视教育与人才选拔工作，经常亲自过问。建隆三年（962年），赵匡胤亲临国子监检查指导工作，又命国子监增修祠堂，塑绘先圣、先师像，任命官员，招生讲学。乾德四年，赵匡胤在紫楼下亲试举人，不能应策试的，即淘汰遣之。开宝五年（972年），赵匡胤在讲武殿亲自面试，取进士11人，诸科17人。过关才放榜，成为一种新制。次年3月，新进士10人到讲武殿谢主隆恩，其中一人是主考官

---

① 《续资治通鉴》卷九八，宋纪，第6册，"艺祖有誓约，藏之太庙，誓不杀大臣及言事者，违者不祥。"
② 《中国儒学三千年》。

的老乡，有举报说不公，赵匡胤也认为其才质最陋，应对失当，即予罢免。同时召见试举360人，取其中195人。又在讲武殿亲自面试，取进士26人，其他科若干。开宝八年（975年），赵匡胤亲自复试各地报上来的合格举人，当场出诗题试之，取王嗣宗室以下的进士30人，诸科34人。赵匡胤说："向者登科名级，多为势家所取，塞孤贫之路。今朕躬亲临试，以可否进退，尽革前弊矣。"势家指有权势的人家。孤贫指孤苦贫寒人家之子。这番话道出了他的心声。唐人"朝为田舍郎，暮登天子堂"的梦想，入宋之后才可能变现实。

宋朝的科举制度多有改革，逐步完善。如建隆三年九月置书判拔萃科，即针对选人破格铨选，主考经义和律法。开宝六年对《长定循资格》及有关制度，即选拔、任用官吏的条例，重新修改，颁为永式。循资格是唐以来凭资历选拔人才的标准，通俗说就是论资排辈。天宝二载资助西川、山南、荆湖等远方举子来京应试的差旅费。乾德二年（964年）诏对于人才不限内外职官、前资、现任、布衣（平民）、黄衣（道士），都可以投书自荐。

赵匡胤特别重视史学，总结历史经验教训。建隆三年，先后编《唐会要》100卷、《周世宗实录》40卷。前者是我国最早的一部断代典制体史籍，分门别类记载唐朝各种典章及其沿革，保存了《新唐书》《旧唐书》未载的史料，极为珍贵。乾德元年又成《五代会要》，汇编梁、后唐、晋、汉、周五代史料。开宝七年成《五代史》150卷，为区别欧阳修的《新五代史》又称《旧五代史》。同时开始修"日历"。唐后期开始，每天记载国家、宫廷大事和皇帝的言行。后来没坚持下去，赵匡胤现在恢复，为以后的历史留下第一手资料。

不能不说说赵匡胤的另一面。

千万不可误以为赵匡胤削兵权就是不重视军事，实际上他比别人更渴望强大。一方面有"前世"之忧，大宋没有一个帝王不想收复燕云十六州，另一方面又对周边垂涎欲滴。

在五代十国那个烽火连天的时代，弱肉强食，军阀与帝王们多半是绞尽脑汁吞并他国，但也有些小国奉行一种"保境安民"的国策，像传说中的"世外桃源"，或者说像近现代欧洲一些小国那样奉行"中立"，只想保持国家现状，不受别国侵犯，也不想侵犯别国，而致力于安抚百姓，例如吴越、南唐等。相对来说，吴越、南唐等国势虽不强大，但百姓生活相对富裕、安宁。赵匡胤显然也有这样一种思想。边境之地，有外来入侵，可也难免有国人越界出去侵盗。建隆二年（961年），赵匡胤获悉有边民盗人家的戎马，连忙要求送还，不想惹是生非。秦州夕阳镇，高山峻岭，木材多，本来是戎人的专利。原秦州主官派兵强占渭河以南数百里，每年获巨木万棵，输送京城建筑宫殿。戎人自然不甘，酋长尚波于率众来争，双方各有伤亡。建隆三年，赵匡胤获悉，息事宁人，改派秦州主官，赦尚波于等人无罪，并停止采伐。对方以善相报，同年主动献伏羌县地，双方其乐融融。

赵匡胤很想将都城迁到洛阳去。大将李怀忠反对，说："东京有汴渠方便运输，每年通过长江、淮河运米数百万斛，京城数十万军的供给有保障。陛下如果迁洛阳，怎么保障军需？而且府库重兵都在汴梁，安固已久，不可动摇。"赵匡胤明说："朕想西迁没有别的考虑，正是想借山河险要减省冗兵。"晋王赵光义却"切谏"即极力反对，文绉绉说：国家安全"在德不在险"。这场君臣争论难得之激烈。赵匡胤找不出更好的理由了，只能叹息："老弟的话当然也有理，姑且从之。可朕担心，不出百年，天下民力会给耗光啊！"① 读这段话，我大吃一惊。赵匡胤这考虑显然是英明的，可惜给赵光义的腐儒之见误了，否则繁荣的大宋财政不会那么紧张，后来金兵也没那么容易动辄入侵大宋首都。

然而，赵匡胤按捺不住他心底里的贪婪。当南唐派使者来求和的时候，赵匡胤直截了当拒绝说："不须多言，江南亦何罪？但天下一家，卧榻之侧，岂容他人鼾睡耶！"你是没什么罪，但我总不能让你在我床边鼾睡啊！正如刘慈欣著名科幻小说《三体》中一句话："我要毁灭你，与你有何相干？"

帝王的"床"很大，并且要没完没了地加大。在那个没有国际法的丛林时代，帝国的边界在哪里？《统治史》告诉人们："统治者扩张的步伐想在哪里停止，哪里就是边境。"② 换言之，帝王的野心在哪里，帝国的边界就在哪里。所以，帝国是战争的代名词。而"保境安民"只能是一种"世外桃源"式的理想，纵然偶得一时，也不可能久长。

赵匡胤的战略是：先易后难，先南后北，具体说西、北暂以守为主，先以南方的南平为突破口。南平又称荆南、北楚，都城荆州，辖荆、归、峡三州。南平地处长江中游，北与北宋相邻，又东临南唐、西接后蜀、南靠南汉，抢占南平可割裂江南诸国，为各个击破打下基础。

南平：建隆三年，武平军节度使周行逢病死，11岁的儿子周保权继位。衡州刺史张文表不满，乘机兵变，占潭州，自称留后。周保权向宋求援。赵匡胤一边派员促张文表回归朝廷，一边发兵援周保权。第二

---

① 《续资治通鉴》卷八，宋纪，"晋王之言固善，然不出百年，天下民力殚矣。"
② 《统治史》卷一。

年赵匡胤命大将率10州兵，以助讨张文表为名，借道南平。南平君主高继冲同意。宋军至荆门，距南平都城江陵百余里，先遣数千轻骑连夜从小道入江陵，分据冲要，布列街巷。高继冲大惧，尽献3州17县14万户。

后蜀：南平一亡，后蜀急了。后蜀约为今四川大部、甘肃东南部、陕西南部、湖北西部，定都成都。后蜀得益于末代君主孟昶励精图治，战乱较少，是当时经济文化较发达的地区。这年五月，蜀相李昊说："臣观宋氏启运，不类汉、周；无厌乱久矣，一统海内，其在此乎！若通职贡，亦保安三蜀之长策也。"李昊建议通过称臣纳贡的方式换取长久和平，但另一位大臣王昭远则主张依托险要地势拒守，与北汉联手反宋。乾德二年，孟昶采纳王昭远的建议，委派大将赵彦韬给北汉送密信。哪想，赵彦韬将密信送到北宋，将后蜀的军事部署全都出卖。赵匡胤得密信大笑："吾西讨有名矣！"随即命6万步骑分路出兵。孟昶得知，命王昭远率兵数万北上扼守利州、剑门等关隘。王昭远自比诸葛亮，非常自负，口出狂言："吾此行何止克敌，当领此二三万雕面恶少儿，取中原如反掌耳。"结果，这年底宋军占了利州，次年初突破剑门险要，大败蜀军，俘王昭远，继而占剑州，两路直逼成都，孟昶只得降，后蜀灭。有必要多说一句，孟昶的花蕊夫人倒是不屈而殉节，并留下一诗："君王城上竖降旗，妾在深宫那得知。十四万人齐解甲，更无一个是男儿。"这诗值得那些总爱将亡国之责归咎于"女祸"的人一读。宋军从发兵到接受孟昶举族降，总共才66天。

出征之时，赵匡胤大宴主将王全斌，指示："凡克城寨，止籍其器甲、刍粮，悉以钱帛分给战士，吾所欲得者，其土地耳。"结果，王全斌"纵部下掳掠子女货财，蜀人苦之"，"时盗四起，将士犹恃功骄恣，王全斌等不能禁","仍纵部曲侵扰之",并杀降。① 这样,蜀兵被激发叛乱,很快发展到十余万之众,推全师雄为"兴蜀大王",占17州,至第二年初才平息。蜀民进京控告,百官议王全斌等人论罪当死,赵匡胤却说他们有功,予以特赦。

南汉:南汉位于现广东、广西两省及越南北部,面积40多万平方公里。南平、后蜀灭亡后,南唐、吴越臣服,只有南汉主刘铱坚持拒绝降宋。开宝元年(968年),宋攻北汉失利,有人建议先取南汉,赵匡胤则想不战而屈人之兵,命南唐后主李煜——那位写过"一江春水向东流"的诗人——写信劝南汉主动献地,刘铱拒绝。开宝三年,李煜再次奉命致书劝刘铱降宋。刘铱大怒,回函很不客气地大斥一通。李煜委屈得很,将这回信呈赵匡胤。赵匡胤死了招降之心,命10州兵长驱南下,直取贺州。南汉10万兵列象阵迎击,宋军以强弓劲弩破其阵,占韶州。第二年宋军又克英州、雄州,进马径,陷兴王府,刘铱降,南汉亡。

南唐:南唐地跨今江西全省及安徽、江苏、福建、湖北和湖南等省一部分,人口约500万,是当时经济文化繁荣、科技进步、对外开放程度最高的区域。然而,他们治国理念完全不一样。面对卧榻之侧鼾睡之人,南唐不仅不驱,反而可能摇扇,替他降暑驱蚊,让他睡得更香。在五代十国那个纷乱的时代,北方"礼崩乐坏,文献俱亡",南唐却出现"儒衣书服"景象,很像春秋时代的邹鲁。赵匡胤上台时,南唐与吴越遣使祝贺,纳贡称臣。赵匡胤不会满足于此,只不过出于战略上的考虑,暂时需要一些和平。赵匡胤命水军演习,南唐吓坏了,大臣杜著等人叛逃北宋。赵匡胤却斩了杜著等人,让李璟稍安。但李璟再也无法鼾

---

① 《续资治通鉴》卷四,宋纪。

睡，第二年慌忙将都城从金陵迁至南昌（后迁回）。同年李璟死，时年仅45岁，我想多半是给吓死的。继位的是李煜，他那皇帝当得更窝囊。他只能乞求佛祖慈悲，到亲自为僧尼制作"厕筹"的地步；对赵匡胤一味妥协，只是忧心，每天与大臣借酒浇愁，悲歌不已。他自贬礼制，如"诏"改称"教"，降诸"王"为"公"，以免刺激宋朝。听闻情报说宋军在荆南造战舰，请求秘密派人焚烧，李煜吓坏了，生怕惹怒对方，哪敢批准。开宝四年，李煜进一步自贬，遣其弟李从善入宋朝贡，将南唐国号改为"江南"，请求赐名。赵匡胤同意，但将李从善扣留。开宝七年，李煜请求让李从善还江南，赵匡胤不许。宋军水陆并进，大败南唐，直逼江宁城。第二年进围金陵，直到城中居民砍柴无路。宋军通告李煜："城必破，你还是早降吧！"李煜无奈，只得奉表出降。然后，赵匡胤要求李煜写信奉劝各地守军降宋。各地守军如宋军所愿，只有江州守军胡则不降。开宝九年（976年），宋军强攻江州，克城后屠城，劫掠金帛以亿万计。

吴越：详见本系列"冬之卷"《救亡与更替》第九章。

北汉：北汉大约为今山西中北部，都晋阳，由于地瘠民贫、国力微弱，北汉奉辽帝为叔皇帝，而与后周、北宋为敌。赵匡胤时期，北宋与北汉始终处于战争状态，但剪不断理还乱，大小战事隔不了两三年就一场，却谁也吃不了谁。

辽国：契丹辽国更是中原的宿敌。面对这样一个强敌，赵匡胤运气较好，辽穆宗耶律璟是中国历史上有名的昏君兼暴君，沉湎酒色而不理国事，不足过虑，只不过偶然因西夏冲突一时。开宝七年，辽涿州刺史致书宋知雄州主官，表示："用息疲民，长为邻国。"赵匡胤指示回复，准许修好。但赵匡胤心里肯定不是这样想。他曾对身边大臣说："契丹数入寇边，我以二十匹绢购一契丹人首，其精兵不过十万人，止费二百万绢，则敌尽矣。"① 可见赵匡胤的心里还是视辽为敌，并盘算着如何让"敌尽"。

清源：清源节度使，简称清源军，位于今闽南一带，治泉州，兵近两万。建隆三年（962年）发生政变，衙将陈洪进将节度使执送南唐，另推留后。次年陈洪进自称清源节度副使，听命于宋。乾德二年（964年）初，宋改清源军为平海军，命陈洪进为节度使。陈洪进每年向宋贡奉，为此多搜刮百姓，卖官收贿，泉州、漳州之民"甚苦之"。

赵匡胤则获好评如潮。乾隆是个很不谦虚的皇帝，但对于赵匡胤，他自愧不如，自愿屈居其后。②

开宝九年是宋朝历史上重要的一年。这年八月还大举进攻北汉，十月赵匡胤却突然死了。《宋史》对此记载非常简略："癸丑夕，帝崩于万岁殿，年五十，殡于殿西阶。"

野史就绘声绘色了：那天晚上，赵匡胤召二弟赵光义进宫饮酒，旁人都回避了，兄弟两个喝酒到三更半夜，只见赵光义的身影不时离席，不知道为什么。三鼓之时，赵匡胤忽然从柱子上取下大斧戳弄雪，并对赵光义说"好做"。好做什么？不知道。只知赵光义在当中留宿，五鼓时赵匡胤已经死了。③ 这就是"烛影斧声"千古之谜。

一世英明的赵匡胤最后落个死得不明不白，令人惋惜。不过，这在帝制时代来说并不奇怪。

---

① 《续资治通鉴》卷六，宋纪。
② 《御制乐善堂全集定本》，"吾于开创之君，独以唐太宗、宋太祖为不可及焉。二君者，皆以不世之才，平一天下，而以仁爱之心、宽平之政保养百姓，治功灿然，昭于千古。"
③ 《续湘山野录》，"延人大寝，酌酒对饮。宦官、宫妾悉屏之，但遥见烛影下，太宗时或避席，有不可胜之状。饮讫，禁漏三鼓，殿雪已数寸，帝引柱斧戳雪，顾太宗曰：'好做，好做！'遂解带就寝，鼻息如雷霆。是夕，太宗留宿禁内，将五鼓，伺庐者寂无所闻，帝已崩矣。"

## 千古之叹：宋仁宗真是个好皇帝吗

统治者没几个不把"仁"字常挂在嘴上。宋高宗赵构说："人主之德，莫大于仁。"① 然而，清代学者唐甄指出：自古以来"虽有仁政，百姓耳闻之而未尝身受之"。② 当然，唐甄所论的标准可能太严了些，在那 2000 多年当中，相对"仁"一点的帝王，还是找得出一些的。

"孔子的笼子"的内容，具体包括谥号等。谥号是在死之后，后人依据地位高者生前表现，盖棺定论，予以一种称号。这种称号分三类，即美、平、恶。美谥是褒，恶谥是贬，平谥是怜。恶谥如暴、昏、炀、厉等。儒家奢望通过这种评选，让后任帝王有所顾忌，自我约束。美谥就多了，据统计占 89.3%，最常见"文帝""武帝"，似乎每一个朝代开国那一两代都是文治武功，再就是"孝""英""哲"等。"仁"也不少，如西夏仁宗李仁孝、西辽仁宗耶律夷列、元仁宗爱育黎拔力八达、明仁宗朱高炽、清仁宗爱新觉罗·颙琰（嘉庆帝），朝鲜、越南历史上也有。北宋赵祯为史上第一位"仁宗"。

追加美谥的目的，无非奢望后任帝王"见贤思齐"。然而，美谥多属溢美之词，大都名不副实。中国历史上没那么多好皇帝，百姓没那么多福气。比如朱由校，人称"木匠皇帝"，顽童样贪玩，朝政被太监魏忠贤搞得乱七八糟，他的谥号"达天阐道敦孝笃友章文襄武靖穆庄勤悊皇帝"，其中"悊"同"哲"；简称"熹宗"，"熹"者光明炽热也。你看这十几个字哪一个不美？可又有哪一个符合他的实际表现？

不过，赵祯这"仁"倒是颇贴切。用现代官场表扬稿来讲，赵祯

---

① 《续资治通鉴》卷一一〇，宋纪，第 6 册。
② 唐甄：《潜书·柅政》。

严于律己，宽以待人。作为一个皇帝，吃喝玩乐实在是不成问题，可是赵祯防微杜渐。有天加班到半夜，赵祯饿了，很想吃碗羊肉热汤，竟然将口水咽了回去，第二天与皇后闲谈才偶然说起。皇后怨道："陛下日夜操劳，想吃随时吩咐御厨就是，怎能让龙体受饥？"赵祯说："朕昨夜如果吃了羊肉汤，御厨就会夜夜宰杀，一年下来数百只，形成定例。为朕一碗饮食，创此恶例，于心不忍！"对别人则相反，又宽又仁。如谏官王素劝赵祯不要亲近女色，赵祯说："近日，王德用确有美女进献，朕确实喜欢。"王素坚持说："臣今日进谏，正是怕陛下为女色所惑。"赵祯只好下令："王德用送来的女子，每人各赠钱300贯，马上送出宫。"王素慌忙说："不必如此匆忙！既然已经进宫，还是过一段时间再打发为妥。"赵祯笑道："朕虽为帝王，与平民一样重情。我怕久了，会不忍心送走。"想想有"小太宗"之誉的唐宣宗李忱，他曾迷恋一位绝色佳丽，忽然清醒才担心重演老祖宗李隆基的悲剧。左右建议将她放出宫，他却说："放回去我会想念她，不如赐一杯毒酒！"两相对比，天壤之别。

赵祯在位41年，为宋朝在位时间最长的皇帝。其间，国际和平，国内和谐，政治、经济、文化都得以长足发展，GDP占当时世界的65%，特别是"和而不同"的士风成为一道亮丽的历史风景。

对于赵祯，好评如潮。但在此，我更想"鸡蛋里挑骨头"。

有些人总觉得宋朝太弱，不如汉唐威风。我为其辩护，主要是大宋生不逢时，燕云十六州早被出卖，失去了长城屏障，更重要的是对手不再是匈奴那样的"流寇"，而是比汉唐厉害得多的"半汉化国家"辽、夏、金及蒙古帝国，它们具有以汉人方式对付游牧族和以游牧族方式对付汉人的"双重优越性"，所以不能简单类比。再说，宋之前面对的是匈奴、吐蕃，他们虽也强悍，但对中原政治或者土地并不感兴趣；宋及其之后面对的蒙古人、满族人不一样，不仅感兴趣还要完全吞并，两宋在这种历史性巨变的过渡时期，能长期与辽、金、夏并存并实现繁荣，已属不易。

那么，赵祯是完人？当然不是！明末清初思想家王夫之指出：

> 计此三十年间，人才之黜陟，国政之兴革，一彼一此，不能以终岁。吏无适守，民无适从，天下之若惊若鹜，延颈举趾，不一其情者，不知其何似，而大概可思矣……夫天子之无定志也，既若此矣。①

所言甚是。赵祯使命感挺强，很想主动解决盛世的"久安之弊"，要求范仲淹开列当务之急。范仲淹不失理智，认为"非朝夕可革"，所以"始未奉诏，每辞以事大不可忽致"。赵祯一再派人催促，朝野舆论压力增大，范仲淹才上呈改革方案，付诸实施。结果遭到旧利益集团的强烈反对，指责范仲淹等人搞"朋党"。赵祯吓了一跳，马上缩回去，叫停改革，并罢了范仲淹的官。所以，这时期的官吏们像受惊吓的鸟一样，伸了脖颈举了脚趾却不知所措。

赵顼即宋神宗继位后，曾向王安石提出一个课题："祖宗守天下，能百年无大变，粗致太平，以何道也？"王安石以《本朝百年无事札子》为题作答，对太祖、太宗、真宗、仁宗、英宗的统治做了总结，其中对仁宗着墨最多，但是于"无事"当中谈"有事"，褒中含贬，笔锋

---

① 王夫之：《宋论》。

一转:"然本朝累世因循末俗之弊,而无亲友群臣之议",小心翼翼暗示"祖宗不足法",明确地强调"大有为之时,正在今日",鼓动大胆改革。

近代历史学家蔡东藩的评论就直言不讳了:"仁宗之驾驭中外,未尝不明,而失之于柔……仁宗以仁称,吾谓乃妇人之仁,非明主之仁。"①"妇人之仁"是班彪对西汉亡国负有重大责任者王政君的评价,显然不是褒扬。蔡东藩现在借用评赵祯,似乎太过,但不无道理。

何谓"明主之仁"?没有现成答案。思索之际,我还是想到范仲淹。他的改革内容有10项,其中"明黜陟""抑侥幸""精贡举""择长官""均公田"5项属于吏治,另外还有"重命令""推恩信"两项与吏治有关,总计70%涉及政治体制。他派一批官员深入各地去现场考核,自己坐镇中央指挥,将各地报来不称职的名字一个个勾掉撤职。枢密副使富弼在旁看不过意,提醒说:"您一笔勾了很容易,但这一笔下去要让他一家人哭啊!"范仲淹回答:"一家人哭总比一路人哭要好吧!"当时的"路"相当于我们现在的"省",范仲淹想的是大局。我想这就涉及"妇人之仁"与"明主之仁"的区别。不忍心看一家人哭,不惜让一路人哭,显然是"妇人之仁",而非"明主之仁"。

作为一个明主,就应当为了一国人不哭,而不惜让某一家几家人哭。那些官员,平时鹦鹉学舌跟着范仲淹大唱"先天下之忧而忧,后天下之乐而乐"的高调,一到改革,哪怕影响点"灰色收入"就受不了,要反对,要滋事。如此,赵祯却一味地"仁",不惜迁就那少数人,叫停改革,让弊政继续积累,从而让朝政危机由隐到显,由轻到重,显然

---

① 蔡东藩:《宋史演义》第31回。

不是"明主之仁",而只是"妇人之仁"。

赵祯"妇人之仁"所受益之人,恐怕有限。朱熹尖锐地指出:从赵匡胤开始,百姓负担就"比之前代已为过厚重","古者刻剥之法,本朝皆备"。[①] 著名大臣包拯认为当时纳税户口"有常数",土地产出"虚耗",财政收入却增长一倍有余,表明"诛剥贫民""重率暴敛"正愈演愈烈。他责问仁宗:如此"日甚一日,何穷之有……输者已竭,取者未足",国家根本如何安固?[②] 包拯不说白不说,说了也白说。此后十余年,刘挚上任冀州南宫县令时发现,该县"民多破产",原因正是民众实际负税无形中翻了一倍有余。他要求按市场价折算绢绵,结果却招致"转运使怒,将劾之",只因偶遇包拯才保住那顶乌纱帽。更令人不敢相信的是,如司马光批评衙前差役导致"民间贫困愈甚"。[③] 差不多同时,状元出身的大臣郑獬也进谏,反映他家乡安州"类多贫苦","虽岁丰谷多,亦不敢收蓄,随而破散,惟恐其生计之充,以避差役","民愈贫,差役愈不给,虽不满二百贯,亦差作衙前"。简直可以说衙前之役猛于虎。然而,赵祯却不敢改革这些苛政。

再看清朝的仁宗嘉庆。他亲政第二天就掀起反腐风暴,打下"大老虎"和珅,人们欢呼"嘉庆新政"。他的私德也非常好,中国人民大学历史学院研究员张宏杰生动地介绍说:

> 如果综合评价起来,嘉庆帝可能是清代帝王甚至中国历代皇帝当中私德最好的……"欲望"在他看来是最危险的东西。他的一

---

① 《朱子语类》卷一一〇,第5册。
② 《包拯集·论冗官财用等奏》。
③ 《文献通考》卷一二,"置乡户衙前以来,民益困乏,不敢营生。富者反不如贫,贫者不敢求富。臣尝行于村落,见农民生具之微,而问其故。皆言不敢为也。"

生,从没有被声色、珍玩、不良嗜好所迷。①

然而,嘉庆的"打虎运动"却虎头蛇尾,只惩治一些代表性的高官作为代罪羔羊,而将一般官员训斥后轻放。同时,嘉庆像他父辈祖辈一样竭力排外。特别是马戛尔尼扫兴而归20余年后的1816年,英国再派使团访华,继续谋求与清政府平等协商,建立近代国家关系,嘉庆却批示"此事朕不以为喜",像乾隆当年一样苛求"三跪九叩"之礼,不从就将他们驱遣。嘉庆还下令不准再有外国使臣进京。

当时,国内国外形势已发生一系列千古未有之变。清统治者为了自己一族之私,直到嘉庆还试图通过闭关锁国侥幸躲过,而不敢自我改革,脱胎换骨,迎头而上。与此同时,世界各国经济和人口总量骤增,使传统社会机制的承受能力达到临界点。18世纪,世界人口从6.41亿增至9.19亿,增43.37%;中国则从1.5亿增至3.13亿,增108.67%。为此,欧洲大力发展工商业吸纳过剩人口,逐步走上现代化道路。嘉庆却死守祖宗成法,连雍正、乾隆时期已经试行解除海禁的政策也被大开历史倒车,堵死了大批剩余劳动力的出路,流民及盗匪激增,各类造反事件此起彼伏。总之一句话:以"嘉庆新政"起始,以"嘉庆中衰"告终。

嘉庆虽然也尽心尽力,却万般无奈,只能反复叹一句:"为君难,至朕尤难!"何也?张宏杰有句评论相当到位:"失败的原因,是一直标榜'法祖'的嘉庆,在最核心的地方背离了祖先的传统。"② 是啊,开国帝王那种勇于并善于打破一切条条框框的革命与改革精神,他

---

① 张宏杰:《坐天下》,人民文学出版社2015年版。
② 《坐天下》。

"法"了吗？

　　一个帝王如果不能把握好国家发展时机，而留下诸多隐患，尽管显赫一时，也不能算是真正优秀。

第八章

# 西夏初70年

> **提要**
>
> 贞观八年（1108年）是西夏开国立朝70周年，崇宗李乾顺亲政后，改变战略，谋求与宋友好，而不再盲目用兵，小心谨慎地维护着夏、宋、辽三角关系；对内整顿吏治，减少赋税，注重农桑，国势渐强。
>
> 西夏国祚长达近190年，可是西夏"正名"之事到它身后也没能完成。

## 开国立朝：再现三国鼎立

杉山正明认为：

> 讲述西夏的历史，实在是很困难。最主要的原因是没有留下

什么像样的、系统的记载。尽管多少有一些西夏文写成的文书和各种文献，但是多为残片一样的东西，远不足以据其重构历史的整体面貌……极难看到从西夏的立场撰写的历史。①

这样的声明，我更不能免。

北宋明道元年（1032年），夏王李德明去世，其子李元昊继位，时年29岁，年富力强，很想有番作为。一方面，他继承父辈祖辈国策"依辽和宋"，同时向辽、宋称臣，接受两国封号，伺机向西发展。另一方面实行大改革，放弃李姓，自称"嵬名氏"；改用自己的年号，并开始建宫殿，定文武班，创造自己的文字（西夏文）。可是，李元昊称帝后，沉湎于酒色，无心于政事。野利遇乞是能征善战的将军，曾经让宋军闻风丧胆，李元昊不仅杀了他，还与其妻没藏氏私通，生下李谅祚。李元昊将国事委于没藏氏的兄长，自己到贺兰山享乐。没藏氏兄妹在京城把持朝政，筹划谋害太子宁令哥，改立李谅祚。李元昊也准备改立皇后。宁令哥先下手，杀了李元昊。没藏氏则以"弑君罪"杀了宁令哥及其母亲，然后拥立出生仅11个月的李谅祚继位，自己以皇太后的身份摄政，其兄没藏讹庞为国相，权倾朝野。这没藏氏是个淫乱之辈，还曾与先夫的管家李守贵、李元昊的侍从宝保吃多已通奸。这两个姘夫争风吃醋，李守贵杀了没藏氏和宝保吃多已，没藏讹庞则灭李守贵全家。然后，没藏讹庞把自己的女儿嫁给李谅祚做皇后，继续把持政权。李谅祚长大后，在大臣支持下杀皇后、讹庞及其家族，结束没藏氏专权，亲理国政，另立梁氏为皇后，任用梁皇后之弟梁乙埋为国相。

① 《疾驰的草原征服者：辽西夏金元》。

李谅祚周旋于宋、辽、吐蕃之间，内政外交均有建树，21岁时却突然病故。其子李秉常继位，年仅7岁，李秉常之母梁太后摄政，梁乙埋为国相，西夏又落入梁氏专权。李秉常长大后崇尚儒家文化，试图借助宋朝对付梁氏外戚势力。梁太后得知，将他囚禁起来。皇族亲党与梁氏外戚势力公开对抗，朝野大乱。宋援助李秉常，出动近50万大军，兵分五路，从东、南、西南三个方面攻夏，但失败，宋神宗闻讯失声痛哭，只得再度议和。李秉常摆脱不了梁太后的控制，25岁时忧愤而死。

李乾顺是李秉常长子，继位时年仅3岁，由母后梁氏和舅父梁乙逋共同辅政。梁乙逋企图控制太后，兄妹之间也争权。永安二年（1099年），辽道宗看出梁太后不得人心，便派人鸩杀梁太后，让李乾顺亲政。李乾顺时年16岁，借助辽结束外戚专权，亲政后自然依附辽，但对宋也采取和解政策。他对儒家文化十分倾慕，大力提倡汉文化，努力改变西夏的落后风气。

物体的三角结构是最稳的，而男女之间的三角恋是最不稳的。宋、辽与夏三个邻国之间，如同男女三角恋，相互间有战有和，扑朔迷离。三国中，西夏是小弟弟。它是从宋叛离出去的，生来为宋之敌。它与辽则不同，它们共同面对宋这个大国，有种天然的难兄难弟之情，唇亡齿寒，不能不和。但在夏与宋开始议和时，他们倒是产生了矛盾。辽重熙十三年（1044年），辽帝耶律宗真亲率16.7万大军，分三路攻夏，大有一举灭夏之势。李元昊在贺兰山北迎战，不久便请和。耶律宗真不允，全力进攻。李元昊只好避其锋芒，保存实力，后撤100余里，烧毁沿途牧草，等辽兵马疲惫无食的时候发动反击。重新交战，夏军仍处于劣势。然而，忽然起大风沙，辽兵根本不能适应，夏军乘势追击，辽军大败，耶律宗真单骑逃走，驸马及近臣数十人被俘。不过，李元昊明白这次胜利只不过偶然天助罢了，战后还是遣使请和称臣。耶律宗真自然不再拒绝。西夏善于利用辽与宋的微妙关系，灵活处理战与和。西夏大安十一年至永安二年即1085—1099年十余年间，夏对宋发动大小战事50余次，有时一年就六七次，但同又与宋往来不绝。

西夏初期几十年一系列汉化改革中，没有丢失本民族尚武重刑的传统。所以，尽管宫中长期混乱，如同武则天时代"乱上而未乱下"，西夏的综合国力还是迅速强大起来。当时，相邻的金国称道："以西夏小邦，崇尚旧俗，犹能保国数百年。"①

贞观八年，李乾顺25岁。他3岁继位，56岁去世。

## 最大看点：坚持履行和平协议

天授礼法延祚七年（1044年），西夏与宋达成协议，宋承认西夏是独立王国（但不承认李元昊是皇帝），每年"赏赐"给他们绸缎13万匹、银币5万两、茶叶2万斤，另外每年节日增加绸缎2.3万匹、银币2万两、茶叶1万斤及银器2000两。此后，夏与宋36年间没大纠纷。

当然，这不等于赵氏后代忘了卧榻之侧鼾睡的人。在王安石治下，北宋收复被吐蕃侵占的熙州、河州和全部河湟地区（今青海东北部），切断西夏的左臂，为总攻西夏做好了准备。可是，王安石被司马光等指责"开边生事"，被迫辞职。等到宋元丰四年（1081年），赵顼倾全国之力，分兵五路向西夏全面进攻，却由于组织不善，20余万军队被全歼。第二年西夏反攻永乐，宋又有20余万军队覆没。总之，双方时不

---

① 《金史》卷八，世宗纪，第53册。

时一战。

北宋至此开国100多年，范仲淹与王安石的改革相继失败，积弊日重，现任皇帝是著名的徽宗赵佶，大臣则是臭名昭著的童贯、蔡京之流，即使偶然能胜一两仗，也解决不了问题。谁也吃不了谁，白白损耗国力。西夏崇宗贞观六年（1106年），辽出面协调，派使者访宋，建议将近几年所占夏国地盘归还，宋答应。于是，夏派员入宋请罪，言词极恭。赵佶下诏声称："夏国城堡，俟誓表至，则与之。"说透了，还是以土地换和平。当然，西夏因连年战争陷于疲弊，统治阶层内乱不已，也是难以继续战事。

李乾顺亲政后，做出更多战略性转变。贞观八年，夏向宋谢侵扰之罪，宋不予理会，并攻占夏地。夏又向辽诉苦，说是被宋逼得没办法。辽派使者入宋，为夏说情。夏再派使者入宋谢罪，赵佶终于答应与对方友好，并允诺岁赐如旧。从此，西夏不再盲目用兵，对内注重整顿吏治，减少赋税，注重农桑，兴修水利，国势强盛。

仅仅看在与辽脆弱的关系上，夏也得努力跟宋和平相处。所以，它本年继续贡于宋。

西夏一边事宋一边事辽，小心翼翼地维护着三方和平关系。时不时地，夏入贡宋，又入贡辽，谁都不得罪。但国与国之间的三角不可能长期牢靠。此后第二年即贞观九年，夏向辽告状，说宋没有归还承诺的侵地，疆界划不成。好比夫妻吵架了，向媒婆诉苦。不过，两国关系谈不上糟糕，下年夏分别向宋与辽进贡。不久，形势发生重大变化，从辽叛出一个金国，北宋迫不及待撕毁和约，与金联手夹击辽，要雪洗百年之耻。

宋对夏也变脸，宋宣和元年（1119年），宋廷令熙河将军进攻夏之朔方，第二年出击，却不想中夏军埋伏，丧师 10 万；又在灵武挑战西夏失败。北宋还想拉辽抗金，没几年就与辽一起被金灭了，而夏在此后还生存了约 100 年。

无独有偶，西夏跟宋也有某些相同的思维。西夏元德三年（1121年），西夏想趁火打劫，约辽一起攻宋。在这种情况下，辽倒是坚持友好，不肯叛盟，拒绝西夏的蛊惑。西夏便单独干，攻占宋西安州、怀德军。

## 千古之叹：小王朝的正名之事

鲁迅小说《阿 Q 正传》有个经典细节——

"你这浑小子！你说我是你的本家么？"

阿 Q 不开口。

赵太爷愈看愈生气了，抢进几步说："你敢胡说！我怎么会有你这样的本家？你姓赵吗？"

阿 Q 不开口，想往后退了；赵太爷跳过去，给了他一个嘴巴。

"你怎么会姓赵！——你哪里配姓赵！"

赵太爷是未庄最有权势的豪绅，阿 Q 是低贱的草根，不论阿 Q 是不是真姓赵，反正赵太爷不许他跟着姓高贵的赵。这细节发人深省。

唐朝帝王大度得很，很爱拿姓名做奖品。例如宋文通屡立战功，很快被提拔为武定节度使，并赐姓名为李茂贞，字正臣，寄予厚望。又如朱温，原来是叛军黄巢的大将，他认为："黄巢草莽，只是乘人之危占得长安,并不是凭真才实德建立王业,不足与谋。现在唐朝天子在蜀,各路兵马渐近长安,说明唐朝气数未尽。"便杀黄巢的监军,率部投降官军。李儇大喜,高兴说:"天赐我也!"立即诏命朱温为大将军,还赐给他一个名字:全忠,希望他从此全心全意忠于唐朝。这种奖励有时有用,有时根本没用。最后灭唐者,正是朱全忠——其时他自己又改名朱晃。李茂贞倒是真忠贞,唐亡后依然为唐而战。

西夏境内实际上包括汉、吐蕃、回鹘及形形色色的羌人和突厥人,党项语、汉语和吐蕃语都是他们的官方语,其政权明显属于汉地模式。但当时的汉人总认为他们"不事产业,好为窃盗,常相凌劫。尤重复仇,若仇人未得,必蓬头垢面跣足蔬食,要斩仇人而后复常。男女并衣裘褐,仍披大毡",[①]毫无文明可言。

党项有8大部落,最大部落原来也姓拓跋,归附吐谷浑,后来附唐。唐在其地分置32个羁縻州,其首领拓跋赤辞被赐姓李,任西戎州都督,接受松州都督府节制,代代世袭。宋初,李元昊的爷爷李继迁起兵抗宋,后附宋,被赐官,并赐名赵保吉,但不久他又弃宋附辽。

汉化改革,连自己的姓名、国名都得改,并不是一件容易的事。李元昊通晓汉人佛典、法律,精于军事谋略,雄心勃勃,将党项部族王国变为独立之国,与辽国平起平坐。他首先做的是将党项皇室李姓、赵姓改为党项姓氏"嵬名",其名称也改为"兀卒"——党项语中相当于皇帝,一如中原帝制。同时,改变汉式年号,汉官与蕃官两种名号并行,还像后来满族强求汉人剃发一样强制他的臣民"秃发",创制自己的文字,"曲延儒士,渐行中国之风",[②]而努力与辽、吐蕃区别

---

[①] 《旧唐书》卷一九八,西戎列传,第32册。
[②] 李焘:《续资治通鉴长编》卷五〇。

开来。他们尊孔子为"文宣帝",这是孔子在中国历史上第一次称帝,至少是在这方面与大宋无异了。李元昊请求宋帝承认他们的独立名分,抱怨说:我不是篡谁的权,而是"为众所推",继承本族皇帝,为什么不可以呢?①

李元昊有所不知。孔子强调:"名不正,则言不顺;言不顺,则事不成;事不成,则礼乐不兴;礼乐不兴,则刑罚不中;刑罚不中,则民无所措手足。"②东晋重臣名士诸葛恢曾经明说:"夷狄相攻,中国之利。惟器与名,不可轻许。"③这里器指礼器,名指名号。所以,宋坚决拒绝为西夏"正名"。经过漫长的谈判与战争,还有经济制裁——禁止在宋境出售优质的党项盐,西夏仍然拿宋没办法,直到天授礼法延祚七年被打得焦头烂额,也只承认宋是"主"(高于王,低于帝),还要给自己留点面子。

后来双方讲和,西夏仍保持表面上的臣属关系,但形成与宋、辽事实上三分天下的格局。赵祯再赐元昊姓赵,元昊不干,改回李姓。

李元昊幼子李谅祚继位后,向宋请求"去蕃礼,从汉礼",在内外引发争议。

西夏汉化继续,也出过一位"仁宗",西夏人庆元年(1144年)还将儒学机构引入他们的朝廷。任得敬原来是宋朝西安州通判,后为西夏国丈、国相,是西夏唯一的汉族王。他却说新建立的学校,诸如百无一用的汉学之类,与西夏社会根本不相适应,浪费了本来就很贫乏的资财,应当撤销。不过,这反对无效。

---

① 《续资治通鉴长编》卷一二五,"藩汉各异,国土迥殊,幸非僭逆,嫉妒何深!况元昊为众所推,盖循拓跋之远裔,为帝图皇,有何不可?"
② 《论语》,子路第十三。
③ 《资治通鉴》卷九六,晋纪。

赵宋是非常要面子的，可以赐西夏姓赵，但绝不允许他们配享与辽平等之礼。赐姓名体现皇恩浩荡，何乐而不为？待以平等之礼则丢天威。夏在宋人眼里是叛逆，无可宽宥。为此，宋没完没了地谈判与打仗，延续到金人大举入侵才被迫戛然而止，耗尽了自己的国力。

西夏立国达190余年，属历史上屈指可数的长寿王朝之一。然而，西夏"正名"的事到它身后仍没完成。元朝一方面编了《辽史》《金史》《宋史》，另一方面编《史集》，成就了历史上最初的世界史，却偏不编《西夏史》。只是在多达496卷的巨帙《宋史》接近卷尾处，作为"外国传"的开头部分，以上、下两卷篇幅"夏国传"做个简略的记述。在总数为116卷的《辽史》倒数第二卷即第115卷中，作为"二国外记"之一，西夏被排在高丽的后面。在总数为135卷的《金史》中，也不过是在倒数第二卷即134卷中为其立个"西夏传"，比在《辽史》中更简略。西夏不被视为正统，留的史料极其粗糙混乱，且缺乏连贯性，是很难"正名"的。

## 第九章

# 金初 40 年

> **提要**
>
> 贞元三年（1155年）是金开国立朝40周年，海陵王完颜亮为便于南侵并洗刷政变血迹，将国都迁到今北京，然后将旧宫殿、宗庙等夷为平地，让怀旧贵族断了回归的念头。
>
> 北宋与辽国结盟和平百年，忽然改而与金结盟灭辽，不想金灭辽转而又灭宋。南宋重蹈覆辙。失败的根源一言蔽之："智浅而欲轻人，力弱而欲伏人。"

## 开国立朝：法治罕见之好

在这个乱世，宋、辽与夏还在那里明争暗斗，尔虞我诈，难断鹿死谁手，东北角落又蹦出一个割据政权——金，而且它像孙悟空，不出则已，一出来惊天动地。

金国可以追溯到"肃慎"。孔子在陈国时候，天上忽然掉下一只凶猛的鸟，是被楛矢石砮射中的。陈惠公不明白这鸟和箭的来历，就问孔子。孔子马上说：这鸟从很远的地方飞来，这箭是肃慎国的楛矢石砮。周武王一统天下后，肃慎国将楛矢石砮作为贡品。武王在楛矢石砮上刻字"肃慎氏之贡矢"，分赐下属异姓诸侯，用以告诫他们莫忘臣属地位。陈惠公派人到祖庙查寻，果然找到用金盒子装着刻有"肃慎氏之贡矢"字的楛矢石砮。到辽朝，他们才改名"女真"，也称"女贞""女直"。女真出自黑水靺鞨，原居住在今黑龙江与松花江合流以下黑龙江流域的南北地区。11世纪时，女真向辽称臣。辽对女真分而治之，把强宗大姓骗到辽东半岛，编入辽籍，称"熟女真"；另一部分留居粟末水（松花江北流段）之北、宁江州（今吉林松原市下辖区）之东，这些人叫"生女真"。后来，女真社会经济大发展，但辽依然欺凌他们，不仅派重兵防御，每年还要征收贡马万匹，强买北珠、人参等珍贵物品，随意强抢、殴打。宋人更看不起他们，公然辱称其"夷狄中至贱者"。①

辽天庆三年（1113年），女真完颜部落的完颜阿骨打继任酋长，马上联络女真其他各部，造兵械，筑堡垒，准备反辽。辽廷闻讯，派员前往视察，当场激变。第二年，完颜阿骨打召集2500人，一举攻下宁江州。两个月后，又以1万人击败10万辽军。年底，辽帝亲率70万大军前往镇压，可女真人仅2万人迎战，就杀得辽军屁滚尿流，耶律延禧只身逃回中京（今内蒙古宁城）。金太祖收国元年（1115年）完颜阿骨打宣布建立金国，自称皇帝。他背后有个在辽考取进士的渤海人杨朴做高参，一切按汉族皇帝开朝建国的做法。

---

① 徐梦莘：《三朝北盟会编》卷244。

没几年，完颜阿骨打病逝，其弟完颜晟继位。说来有趣，宋代居然会有人著文说他跟赵匡胤很像。[①]金本来挺穷，因此完颜阿骨打特别制定一条纪律：国库中的酒只有打仗时才能动用，如有违反杖责二十，大家遵守得挺好。完颜晟继位后，挡不住诱惑，偷喝一次被发现，群臣真的打了他20大棍。由此可见：金的法治之好史上罕见。完颜晟也是有为的，助兄建国，亡辽破宋，但他未得好报，后代全被完颜亮所杀。

完颜晟死后，其侄完颜亶继位。完颜亶自幼随辽进士韩昉习儒学，汉文化程度很高，但他也深受其害。金廷风气本来较淳朴，君臣之间不太重礼仪，尊卑界限不太严格，所以才有完颜晟偷喝点酒也得真挨打的"怪事"。完颜亶实行大改革，在宗庙、社稷、祭祀、尊号、谥法、朝参、车服、仪卫及官禁制度等方面，"大抵皆依仿大宋"制定了周密详尽的礼仪制度，皇统新律达千余条。完颜亶是无比尊威了，可他酗酒，又常常乘醉杀人，其弟、皇后及妃嫔多人遭杀戮，群臣恐惧，以致他被右丞相海陵王完颜亮所杀，那年才31岁。金开国立朝40周年，就处在这样的背景中。

完颜亮于贞元三年之前6年即皇统九年（1149年）弑君篡位，贞元三年这一年33岁，6年后即正隆六年（1161年）被杀。

## 最大看点：彻底向中原靠近

金国原来在东北一隅，国都上京会宁府（今黑龙江哈尔滨阿城南郊）。随着势力扩张到华北，需要面对西北的西夏与南方的南宋，上

---

[①] 确庵、耐庵编：《靖康稗史》，"吴乞买当金太祖朝尝使汴京，其貌绝类我太祖皇帝塑像。众皆称异。"吴乞买即完颜阿骨打。

京就显得太偏远了。再说，完颜亮曾经任中京（今北京）留守，跟后来的朱棣一样，对中京了解，有感情。此外，完颜亮与朱棣还有一个共同的缘由，他们都是弑君篡位，原来的国都留有他们制造的血迹，噩梦一般不忍回顾，唯恐避之不及。于是，完颜亮便以上京"僻在一隅，官艰于转输，民艰于赴诉"为由，决定将都城迁到中京。历时三年，燕京皇城建成；贞元元年（1153年）正式迁徙，并改燕京为中都，府曰大兴。正如俗话说"富人三船，穷人三挑"，再穷的人搬个家也有几挑破烂家什，得费个三五日工夫才能安顿好，何况一国之都。随后两年，完颜亮基本都在忙这事。

今北京房山西北部是太行山余脉，名"大房山"，绵亘数十里，有支峰十余座，中部的主峰猫耳山海拔1307米，登临远眺，大有君临天下之感。贞元三年初，完颜亮多次亲临山上山下实地考察，感到挺满意，赐役夫每人绢一匹。

完颜亮决定在此山麓建行宫与山陵，委派大臣回上京，将太祖、太宗及太后的梓宫即棺椁迁移到这里来安葬。又先后遣平章政事萧玉迎祭祖宗梓宫于广宁（今河北昌黎），平章政事张晖迎祭梓宫于宗州（今河北邢台）。这年秋，完颜亮行猎，亲自射了一头獐，用以祭梓宫。完颜亮出城到沙流河（今河北唐山）亲迎梓宫及皇太后，特地命左右侍从拿了两根木杖，在太后面前长跪，内疚地诉说："亮不孝，久失温清，愿痛笞之，不然，不自安。"太后将他扶起，安慰说："凡民间有子克家犹爱之，况我有子如此。"说着，将持杖者叱退。梓宫运抵中都，完颜亮将"大安殿"改名"丕承殿"，用以安置。同时，大房山行宫也建成，名"磐宁"。磐指厚而大的石头，希望从此像磐石样的安宁吧！在这新都，金燕百官朝完颜亮于太和殿（俗称"金銮殿"），完颜亮则朝太后于寿宁宫。

这年增置"教坊",人数不详。教坊是唐代创设的舞乐机构,设于宫中,教习音乐舞蹈。完颜亮在这里"多为游宴",游乐宴饮,这就让人有更多想象了。

完颜亮曾经对大臣明说,他要"尽得天下绝色而妻之"。可他不仅好色,而且荒淫,《金史》说他"淫嬖不择骨肉",即淫乐连亲人也不放过。清人赵翼对他评价更糟,说他比北齐文宣帝、隋炀帝相加还糟。[1]女子定哥有绝色,完颜亮跟她早有私情,后来她嫁给崇义节度使乌带,完颜亮通过侍婢捎话:"自古天子都有两个皇后,你把丈夫杀掉,然后跟我!"定哥叹道:"君王太不像话,年轻时做了不该做的事,现在儿女都已长大,怎么还能胡来!"完颜亮威胁说:"你如果不杀丈夫,我就灭你全家!"定哥仍拒绝。完颜亮便指使别人将她丈夫缢杀,强纳定哥为娘子,后进封为贵妃。这时,完颜亮发现定哥的妹妹石哥也很漂亮,但已是大臣之妻。完颜亮又威胁那大臣的母亲:"你要把儿媳妇休掉,否则我不客气!"为免杀身之祸,他们只好屈从。

不过,完颜亮也与民同乐。角抵最早是一种战斗方式,《述异记》记载:上古时蚩尤与黄帝打仗时,"耳鬓如剑戟,头有角,与轩辕斗,以角抵人,人不能向"。到秦汉时,角抵变成为一种带有表演成分的游戏。据记载:秦时"始皇并天下……郡县兵器,聚之咸阳,销为钟鐻;讲武之礼,罢为角抵"。直到宋代角抵还很流行。贞元三年(1155年),新都组织这样一场活动,完颜亮登宝昌门观看,众多百姓争观。

---

[1] 赵翼:《廿二史劄记》,"海陵荒淫,最为丑秽,身为帝王,采取美艳,何求不得?乃专于宗族亲戚中恣为奸乱,甚至杀其父、杀其夫而纳之,此千古所未有也。海陵在位,盖兼齐文宣、隋炀帝之恶而更过之。"

有形无形的资产都搬差不多了。两年后即正隆二年完颜亮撤销上京留守司衙门，罢上京称号只称会宁府，毁掉旧宫殿、宗庙、诸大族宅第及皇家寺院储庆寺，并夷为平地，听任百姓耕种，不想留下任何旧都的痕迹，让那些怀旧的贵族断了回归的念头。

此外，不能不进一步说说完颜亮的野心。

与此同时，金与南宋仍处于友好当中。贞元三年正月初一，完颜亮遣使入宋贺"正旦节"。五月二十一日是宋高宗赵构的生日，称"天申节"，完颜亮派员祝贺，赵构在紫宸殿接见，共祝两国世世代代友好下去。然而，这年发生一件不大可也不小的事：秦桧死了！

秦桧的标签是千古罪人，不用多介绍。他死了，有些人感到不安。临死之时，秦桧自己也有预料，于是遗表希望在他死后加强与金国的盟友关系，严防奸人破坏。[1]秦桧死讯传出，南宋军民士臣争相欢庆，一些大臣纷纷上书揭露他的罪恶，要求彻底查处。赵构给逼得没办法，不得已恢复一些受迫害官员的职位，同时贬斥秦桧党羽。这样一来，完颜亮不安了：秦桧经办的和平协议也随之作废吗？完颜亮特地遣使入宋，要赵构给个说法。

赵构始终挺秦桧。秦桧死后第二天，他对大臣们公开说："秦桧奉行与金和平相处的原则，对于大宋中兴是有功的！"[2]针对金国担心和平协议可能因此而变，赵构于第二年即绍兴二十六年（1156年）诏曰：与金

---

[1] 《续资治通鉴》卷一三〇，宋纪，第7册，"愿陛下益固邻国之欢盟，深思宗社之大计，谨国是之摇动，杜邪党之窥觎。"
[2] 李心传：《建炎以来系年要录》卷169，"秦桧力赞和议，天下安宁。自中兴以来，百度废而复备，皆其辅相之力，诚有功于国。"

议和，秦桧只不过赞同朕意而已，怎么能说是他主谋呢？谁再敢妄议这事，依法严惩！"①由此可见赵构求和之诚心与决心，也可见将宋与金议和的责任全推到秦桧身上极不公，也不符合史实。赵构在明知有人非议的情况下，仍能如此担责，不论从道德上还是政治上都是值得肯定的。

绍兴二十五年初赵构已经赐秦桧谥"忠献"，并诏改岳飞生前封地岳州为纯州，岳阳军为华容军，进一步清除岳飞的影响。这份诏书则一方面给秦桧加封"申王"，另一方面堵反对派的嘴，给完颜亮吃了一颗定心丸。

从完颜亮在贞元三年的表现来看，似乎他耽于享乐，不思进取，其实他大有野心。前文说他曾对大臣誓言"尽得天下绝色而妻之"，只是他三大壮志之一，首先是"国家大事，皆自我出"，其次"帅师伐远，执其君长而问罪于前"，三者都不是凡夫俗子所敢想的。

完颜亮汉学造诣很深，曾拜汉儒张用直为师。一方面，他借鉴汉族典章制度，加速汉化改革。如废除令汉人剃发易服的民族歧视政策，大量提拔汉官，等等。将都城从"僻在一隅"的会宁迁至北京，还有一个重要原因是想借以显示自己为中原王朝的合法继承人，而不只是女真的君主。从此，女真也与汉人杂居。但完颜亮没有全盘照搬辽、宋旧制。他明示："顾理道所在，在因有循；权变所在，有革有化。"②另一方面，他"学弈、象戏、点茶、延接儒生，谈论有成人器"，时人称他"一吟一咏，冠绝当时"。不久，完颜亮撕毁和约，兵分四路对南宋发动全面进

---

① 《续资治通鉴》卷一三一，宋纪，第8册，"朕惟偃兵息民，帝王之盛德；讲信修睦，古今之大利；是以断自朕志，决讲和之策。故相秦桧，但能赞朕而已，岂以其存亡而有渝定议耶！近者无知之辈，遂以为尽出于桧，不知悉由朕衷，乃鼓唱浮言以惑众听……内外大小之臣，其咸体朕意，恪遵成绩，以永治安；如敢妄议，当置重典！"
② 转引自《中国改革通史·辽夏金元卷》。

攻。他亲自率其中一路进军寿春，大有一举荡平江南之势。然而，完颜亮太忘乎所以了，满腹经纶却忘了一个成语："螳螂捕蝉，黄雀在后"。

完颜雍是金太祖完颜阿骨打之孙，与完颜亶、完颜亮是堂兄弟。俗话说"天下乌鸦一般黑"，我家乡俚语还说"家家灶头一样黑"。金人的皇族与汉人的皇族一样"黑"，完颜雍面临着同样的险境。所幸他有个非同寻常的妻子乌林答氏。父亲留下一条宋朝皇帝用过的白玉带，为传家之宝，乌林答氏却说："这玉带你不该留，应当献给天子。"完颜雍觉得有道理，将白玉带奉献给完颜亶，博得欢心与信任。完颜亮即位之初，对完颜雍很不放心。乌林答氏又劝完颜雍进献珍异。完颜亮非常好色，调完颜雍为东京留守，却要乌林答氏入燕京为质。乌林答氏明白这意味着什么，又不能不从命，只好动身，但在离燕京70里处自杀。她留下遗书，恳求丈夫不要"作儿女之态"，而要卧薪尝胆，伺机"夺帝位，一怒而安天下"。完颜雍忍辱负重，没去操办乌林答氏的后事，让下人就地草草安葬。为此，完颜亮放过完颜雍一马，改派心腹高存福任东京副留守，严密监视他。

这年趁完颜亮大举远征，而"民皆被困，衣食不给""民不堪命，盗贼蜂起"，完颜雍的舅父李石劝他果断起事。各路军入城，杀了高存福等人，重演"黄袍加身"历史剧。第二天一早，军官们到完颜雍的府第求见。完颜雍刚刚走出来，他们便在庭下高呼万岁。完颜雍推让一番，再经一番劝进，赴太庙祭告祖先，然后才登上皇帝的宝座，为金世宗，宣布改元"大定"，废完颜亮。远在长江边的完颜亮闻讯，想停止南下，率兵北归夺回权力，可又听亲信建议，想等打过长江，灭了南宋，再回师夺权，两全其美。没想失算，渡江失败，伤亡惨重，而他的部从已知完颜雍篡权的消息了。在这种情况下，完颜亮仍然要求强渡长江,严令:"军士亡者,杀其领队;部将亡者,杀其主帅。"于是,主帅耶律元宜与同僚取得共识:"不若共行大事"。连夜哗变,闯入完颜亮大帐,乱箭齐发,将他射死。完颜雍率军入中都,顺利夺取金国中央政权。

平心而论,完颜亮还是有所作为的。他改革"一省六部"中央官制,精简机构,效率提高,更有利于君主集权。恢复辽制登闻检院,后人直叹其明古之风。改革法律,颁布了金朝真正意义上的成文法。经济方面则在中原"括地",积极扶植女真贵族向封建地主转化,还控制了货币流通。总之,他为"大定之治"奠定了一个较好的基础。至于意欲吞并南宋,如果站在金国的立场看,何罪之有?如果从崇尚"大一统"角度看,更无可厚非。只不过他没防范后院起火,偏偏完颜雍又英明地华丽转身,摇身一变为"小尧舜",他就不能不满盘皆输了,就如子贡所说:"是以君子恶居下流,天下之恶皆归焉。"

杜甫叹诸葛亮:"出师未捷身先死,长使英雄泪满襟。"这诗可以借来说完颜亮,不过完颜亮比诸葛亮黯然多了!完颜亮被废黜降为海陵王。金、宋双方的史家异口同声地将他说成一个嗜血的怪物,不承认他是皇帝,仅称海陵王。蔡东藩甚至说:"历代无道之主,莫如金亮,亮之罪上通于天。"[①]像他这样落得里外不是人、古今不是人的帝王,似乎不多。

## 千古之叹:帝王的自我批评

顾名思义,罪己诏是帝王自责罪过的诏书,用现在的话来说是帝王

---

① 《宋史演义》第78回。

的自我批评书。高高在上的帝王，偶尔也会主动揽过，自省自责，力求自我改革、自我完善，尽管有不少表演的成分，但至少在态度上是值得肯定的。从远古至近代，有不少帝王发过罪己诏，这是一道颇具特色的历史风景。

罪己诏之题都是后人根据诏书内容另加的，也称"哀痛诏"之类。

## 一、草拟罪己诏之祸

金国的历史很抢眼，大起大落，大是大非，大爱大杀，大誉大毁，作为"夷狄"却有"小尧舜"的美名，十分令人感慨，读金史绝不会打瞌睡。完颜亮那么文儒一个人，却以谋杀篡位始，又以被谋杀告终。而被他谋杀的熙宗完颜亶，其实也差不多如此。

完颜亶是合法上台的。他是金太祖完颜阿骨打的嫡长孙，《大金国志》说他："自为童时聪悟，适诸父南征中原，得燕人韩昉及中国儒士教之。后能赋诗染翰，雅歌儒服，分茶焚香，弈棋象戏，尽失女真故态矣。视开国旧臣则曰'无知夷狄'，及旧臣视之，则曰'宛然一汉户少年子也'。"

韩昉原来是辽国的状元，降金后受重用，拜参知政事。天眷二年（1139年）六月，登帝位已四年的完颜亶与韩昉进行了一场讨论。完颜亶叹道："朕常读《贞观政要》，他们君臣坦诚议政，值得学习。"韩昉回答："因为唐太宗和蔼对待下臣，房玄龄、杜如晦等人臣也能够竭尽忠诚。"完颜亶问："唐太宗自然是一代明君，那么唐玄宗呢？"韩昉答："大唐自太宗之后，只有玄宗、宪宗不错。但玄宗有始无终，初期重用姚崇、宋璟，行得很正，所以能够开创'开元之治'；晚年怠政，错用李林甫，此人阿谀奸邪，所以导致'天宝之乱'。假如能够善始善终，重振'贞观之治'雄风也不难！"完颜亶再问："那么，周成王又如何？"韩昉答："那是远古的贤君！"完颜亶感慨说："成王虽贤，也得靠周公辅佐啊！后人怀疑周公杀了其兄武王，朕认为，为了国家社稷大业，没什么好非议的。"①

这段对话，前面几句比较平淡，最后一句吓人一跳。在完颜亶看来，为了国家（其实往往是为了权力）弑君是无可厚非的。其实，这话与《孟子》中"闻诛一夫纣矣，未闻弑君也"如出一辙。完颜亶在儒雅的外表之下，杀心挺重的。如此看来，完颜亶最终被弑，金国历史那么血腥，并非没有逻辑。

由此也可见，完颜亶想华丽转身，走向文明是有诚意的。只是由于人性骨子里难以自律的惯性，他最终难以自已。传说前任偶然偷喝一次酒就得真挨二十大棍，他却酗酒无度也没人"谏"得了，多有戏剧性！

就在完颜亶与韩昉上述对话的前一个月，完颜亶实际上已变得跟唐玄宗差不多"不视朝"了。史载：

> 上自去年荒于酒，与近臣饮，或继以夜。宰相入谏，辄饮以酒，曰："知卿等意，今既饮矣，明日当戒。"因复饮……宴群臣于五云楼，皆尽醉而罢。②

酒醉有"文醉"与"武醉"之分，前者醉了话多、死睡，后者则可能行凶。一个百姓武醉也是可怖的，一个帝王武醉有多可怕，完颜亶

---

① 《金史》卷四，熙宗本纪，第53册，"成王虽贤，亦周公辅佐之力。后世疑周公杀其兄，以朕观之，为社稷大计，亦不当非也。"
② 《金史》卷四，熙宗本纪，第53册。

给出了答案。《金史》中常见他杀人,有些明说是因酒,如"宴便殿,上醉酒,杀户部尚书宗礼"①。最极端的是天眷二年(1139年)五月,大风大雨,雷将皇宫屋顶给劈了,火星入寝殿,烧了帏幔,吓得完颜亶连夜逃避到其他殿。按照"天人感应"理论,显然是朝政出问题了。完颜亶指示翰林学士张钧起草罪己诏,这在历史上本来是挺正常的反应。罪己诏早有"范本",大同小异,以皇帝第一人称自加贬损,贬损越狠老天爷越容易息怒。张钧起草这份诏书也不例外,说是"惟德弗类,上干天戒……顾兹寡昧,眇予小子",意思说朕无德冒犯了上天,请上天原谅朕这渺小人物的过错。"小子"是一种自我谦称,在罪己诏中常见。当然,这词也可用以骂人。如果不小心碰上恶意挑剔,那就麻烦了。时任参政知政事萧肄与张钧向来不和,趁机上奏:"弗类,是大无道的意思。寡者,孤独无亲。昧者,不晓人事。眇者,目无所见。小子,是婴儿之称。张钧这个汉人,竟敢公然借诏书谩骂皇上!"《金史》与《续资治通鉴》都有记载此事,后者稍详,有一句"此汉人托文字以詈主上也"②。萧肄是奚族人,这表明他还利用了民族因素。再说完颜亶可能是前一天宿醉还没醒,一听怒火中烧,立即命人将张钧杖责一百。然而,完颜亶还不解恨,又亲自抽出佩剑狂捅张钧的嘴,并将他剁成肉泥。

杀完张钧,完颜亶酒应该完全醒了,接着追查谁指使张钧这么干的,左丞相宗贤说是完颜亮。这样一来,完颜亮不能不有异心了。完颜亶却继续酗酒,继续滥杀。这年八月杀佐司郎中三合,十月杀北京留守胙王元及弟安武军节度使查剌、左卫将军特思,十一月杀皇后裴满氏,故邓王子阿懒、达懒,遣使杀德妃乌古论氏及二妾夹谷氏、张氏,十二

---

① 《金史》卷四,熙宗本纪,第53册。
② 《续资治通鉴》卷一二八,第7册。

月杀妃裴满氏……上天降灾警告没用，大臣的谏书没用，还有什么可用？恐怕只剩弑君一途了，而这用完颜亶本人的话说"为社稷大计，亦不当非也"。于是，完颜亮与驸马唐括辩等人合谋，将完颜亶杀了，完颜亮自立为帝，改朝换代。

对于完颜亶之死，恐怕没有几个人会同情。清朝前身后金也是女真政权。《国朝宫史》载，皇太极曾评论说："朕思金太祖、金太宗法度详明，可垂久远。至熙宗合喇及完颜亮之世尽废之，耽于酒色，盘乐无度，效汉人之陋习。"最后一句，用现在的话说是汉人躺枪了，但冷静一想又觉得不无道理。本来，"金初，法制简易，无轻重贵贱之别"[①]，所以才有天子偷口酒喝也挨杖刑的传说。完颜亶实行"汉化"大改革，仿效汉制创立自己的宗庙、社稷、祭祀、尊号、谥法、朝参、车服、仪卫及官禁等制度，并制定金朝第一部成文法典《皇统制》，法律条文详达千余。"这套礼仪制度，处处表现皇帝至高无上的尊严"[②]，完颜亶也就变得无法无天了。

### 二、罪己帝王诚意几何

中国帝王有自我批评的传统，历史上经常有帝王在诏书当中做自我批评，努力争取民心，借机推新政。

在科技、生产力水平都不够发达的历史上，人们对天灾无能为力，只能"靠天吃饭"。因此，人们对天感到非常神秘，非常敬畏；闹不幸逢天灾，就觉得老天像一个粗暴的家长生气了，只能战战兢兢求他息怒，像商汤那样。

---

① 《金史》卷四五，刑法志，第53册。
② 漆侠：《中国改革通史·辽夏金元卷》。

除了天灾，更有诸多朝政失误够帝王去自我批评，只不过多数帝王是拒不认错的，不见棺材不落泪，甚至见了棺材也不落泪。

秦时有一种"祝官"，充当人与鬼神交流的中介。其中又有一种"秘祝"，职掌"移祸"，即将灾异、疾病等祸端转移，是中国古代比较有特色的巫师。商汤对天说如果四方百姓有罪那就来处罚我一人，实际上也可以视为一种移祸。当然，更多的是将过失责任从帝王那里推卸到百官头上。东汉学者应劭为《汉书》注曰："秘祝之官，移过于下。国家讳之，故曰秘也。"汉朝继承了秦朝这一做法，但汉文帝十三年（公元前167年）夏，刘恒看不过意，发诏废除此职，提出："百官之非，宜由朕躬。"[1]秘祝之官从此废除，但"移过于下"之事千古不衰。

不过，历史上有些帝王的自我批评，应该还是有诚意的。何以知之呢？

汉武帝穷兵黩武，造成"海内虚耗，户口减半"，横征暴敛，危机日重，到晚年幡然悔悟，发表著名的《轮台罪己诏》，悬崖勒马，果断地将工作重点转移到社会经济恢复与发展上，为"昭宣中兴"打下了良好基础。司马光说刘彻"晚而改过，顾托得人，此其所以有亡秦之失而免亡秦之祸乎"[2]。如果刘彻自己不公开反省，改弦更张，而继续折腾至死，霍光面对那个"主少国疑"的局面，有那么容易改革复兴吗？

当然，更多帝王自我批评是出于无奈，言不由衷。罪己诏只不过是一种姿态，一种态度，一种表演，聊胜于无。如果指望用它来实现帝王自律，而忽视法制的约束，那肯定是要落空的。

---

[1]《汉书》卷二八，封禅书。
[2]《资治通鉴》卷二二，汉纪，第2册。

# 第十章

# 南宋初 40 年

> **提要**
>
> 高宗赵构恢复宋室后,南宋建炎元年至绍兴三十二年(1127—1162年),与金和解,集中精力发展经济、文化,出现了"建炎中兴"。
>
> 宋明理学有"程朱理学"与"陆王心学"之分。朱熹理学被批为"伪学",但后来被独尊为官学。从此,"三纲五常"民间版变为官方版,本意约束统治者的"孔子的笼子"沦为专囚臣民特别是妇女与小辈的工具。

## 开国立朝:送上门的皇印

南宋与东汉诸多相似,都是重建一个王朝。但北宋之末与西汉之末有所不同,它覆灭是外敌入侵的结果,详见本系列"冬之卷"《救亡与更替》第十一章。

北宋靖康二年（1127年）初，金兵废宋徽宗、宋钦宗为庶人，然后押着他们及宗室、臣僚共3000余人北归。北宋就此灭亡，不过当时不叫"亡国"，而轻描淡写称之为"靖康之变"，赵佶、赵桓此行则被称为"二圣北狩"。

金兵第一次围开封时，康王赵构与丞相张邦昌一起到金营做人质。没想到，金兵见赵构箭术很好，而且"意气闲暇"，完全不是他们印象中纨绔子弟的样子，以为他是假皇子，要求换个真的。可是一放，金兵后悔了，再次举兵南下，指名要赵构去议和。赵构经过磁州的时候，州官宗泽劝道："金人要你议和是骗人，你去是自投罗网！"有道理！赵构不继续前进了，再次逃脱魔掌。金兵很恼火，又包围开封，勒索更多。

金国其实没多少底气。10年前他们军队才1万兵，一下攫取那么多土地，根本管不过来。金国明显是部落式战略，即孤军深入敌后擒王，对方臣服即结束战争。金兵要宋臣自己"选举"一个新君。尚书员外郎宋齐愈与张邦昌向来不和，趁机写上张邦昌的名字。张邦昌是个本分人，读书几十年想当官，但做梦都没敢想过当皇帝，很清楚后果，急得要自杀。金兵威胁：如果张邦昌不继位，朝中大臣不拥戴，就杀所有大臣，然后屠城。张邦昌无奈，只得从命，国号"楚"，定都金陵。

可是张邦昌仍然不想做历史罪人。第一次会百官时，他哭着上马起程，"复号恸""复恸"，坚称"非敢窃位""传令勿拜"。历代皇帝南面而坐，他却"东面拱立"，发文不称诏书而称"手书"，不让大臣称陛下，不自称朕而称"予"。宋哲宗的元祐皇后，早年被废出家为尼，现在算是在京唯一的宋室。金兵一撤，张邦昌马上请元祐皇后主持工作，并将皇位让给赵构，结束仅存33天的"大楚"政权，恢复宋室江山，自己只以原职宰相的身份办事。

## 最大看点：和平带来双赢

赵构一现身，金兵立即追击。开封显然难守，多数大臣主张避难江南。同年撤到扬州，后来相继退至镇江、江宁、明州、台州、温州、处州、越州、苏州等地。在扬州的时候，金兵前锋距城仅数十里。赵构一听战报，慌忙带领少数随从乘马出城，从瓜洲渡江，华北各地纷纷向金兵投降。金在黄河与长江之间建个"齐"国，让最早投降的宋臣刘豫为帝。刘豫这傀儡更嚣张，公开扬言要平江南。倒是金不同意他南下，不久索性将他废了。大臣秦桧从金营逃出，回到流亡中的宋室。

建炎三年（1129年）发生变故：因大臣争宠，苗傅、刘正彦发动兵变，指责赵构"不当即大位"，强迫他禅位于三岁的太子（不久亡故），另请太后听政，欲与金人议和。张浚、韩世忠等率军讨伐叛贼，苗傅、刘正彦被杀。赵构复位，大力表彰有功人员，赐韩世忠军旗"忠勇"二字，并封他妻子梁红玉为"护国夫人"。不仅如此，东京留守杜充放弃抗金起义不断的河北各地，丢掉了长江以北的所有宋地，随后还投降金国。在赵构辗转躲避外敌之时，还有内部军人哗变。最糟糕的是在绍兴七年（1137年），在赵构重用岳飞大举北伐的关键时刻，因为与岳飞等人不和，大将郦琼竟然率四万军降伪齐，北伐只好取消。从此，高宗再也不信任那些私家军，转而向金军求和。

赵构委派大臣洪皓使金，表示愿意放弃正统而称藩臣。金主逼迫洪皓叛变辅助刘豫，洪皓不从，被流放。同年赵构再派使者，送上他的请和书，称"天下均大金国，何必劳师远涉"，金主仍不理会；再派张邵为使者，由于张邵不肯行拜礼，斥责刘豫伪皇帝，被金拘禁。金兵又大举南下，一路攻江西，另一路攻浙江。只有"岳家军"取得一些胜利。金军势如破竹，到处屠城焚城。赵构坚持不断派使者求和，并给金国文官武将送礼行贿。绍兴三年（1133年），宋将刘子羽、吴阶在洋州（今陕西洋县）设伏大败金军。金军伤亡严重，又染疫疾，不得不撤退，这才同意议和。于是，赵构令边将不得擅自出击金与伪齐，岳飞也班师。但刘豫继续嚣张，甚至与交趾（今越南北部）勾结夹击宋，攻占邓州、襄阳等地。金兵攻沿原（今陕西宝鸡南），吴阶、岳飞、韩世忠等宋军努力收复失地。三方拉锯战，不赘述。

绍兴元年（1131年），赵构将越州作为临时都城，改年号为"绍兴"，寓"绍祚中兴"之意，并把越州改名为绍兴。"绍祚"指承继帝位。赵构还亲笔写了这四个字，作为绍兴府署的匾额。

绍兴八年（1138年）定都杭州，并改名为临安。

建炎元年（1127年）四月，秦桧随同宋徽宗赵佶、宋钦宗赵桓及大臣张叔夜等被金兵掳走北上，他还被金兵所用。建炎四年（1130年）十月，金兵南侵山阳（今江苏省淮安市），秦桧同行，伺机而逃。秦桧说是杀了监视他的金兵才逃脱成功，朝臣多持怀疑态度，但他对金国由主战变为主和的立场，正中赵构下怀。他主张"如欲天下无事，南自南，北自北"，深得赵构赏识，重用为相。绍兴十一年（1141年），议和终于顺利完成，金朝废刘豫，河南、陕西还宋，条件是宋像伪齐一样臣服。

第二年金朝发生政变。金人跟宋人一样有的主战有的主和，现在主战派上台，撕毁和约，再次攻占洛阳、开封，刘琦、岳飞、韩世忠、张宪和张俊等宋将奋力反击。北方的战马在中原大地本来就相当于现代坦克，金兵又发明一种战术：三匹马连在一起，横冲直撞，更是无人能敌。岳飞也发明一种战术，针锋相对：步兵伏地砍敌人的马足，只要砍到一条，整驾三匹马拉的战车便瘫痪，有点像赤壁之战中火烧连营，金兵弄巧成拙，连连溃退。

可是双方军力还是有着明显的差距。宋末史家马端临认为：即使张韩刘岳能取得一些小胜，也不可能挽救整个局势。[1]"岳家军"反攻到距开封仅45里的朱仙镇时，秦桧急忙叫停，强令撤退。其他将军都奉命撤回，只有岳飞在前线继续作战。赵构大怒，一天之内连发12道金字牌传递命令，岳飞才撤。

绍兴十一年，宋、金终于正式签订和约，约定以大散关（今陕西宝鸡南）与淮水一线为界，宋帝对金帝称臣，并每年进贡白银25万两、绢25万匹，逢年过节另行送礼，他们则送还赵佶的灵柩和赵构的生母。对于大宋来说，这和约显然是耻辱的。

这之后有些反复。金又发生政变，完颜亮弑君篡位后撕毁和约，大举南侵，但被宋军击败。他仍然强求渡江，激发兵变，遭乱箭射杀。接任的完颜雍吸取前任教训，主动与宋议和。从此，宋金休战约30年。

此外，这时期的经济文化不可忽略。

赵构如果像他有的祖辈一样沉湎于丹药、女色之类，那么我也认为他对金求和是为了保住自己的权力。他不是这样，还是有中兴之志的，力求尽快终结战争，转而着重发展社会经济，让百姓过上好日子。当

---

[1] 马端临：《文献通考》，兵考，第6卷，"建炎中兴之后，兵弱敌强，动辄败北，以致王业偏安者，将骄卒惰，军情不肃致。张韩刘岳之徒……一遇女真，非败即遁。纵有小胜，不能补过。"

然，他只能恩泽力所能及的南方，无法顾及原来宋室全体子民。但由于向金"岁贡"，同时还有新的战争，南宋显然背上沉重的经济负担。官府得保证"岁贡"，就得将税赋列为头等大事，难免苛捐杂税，尽管赵构本人生活简朴，也力求全国官民不要奢靡。

在外患尚未解除的情况之下，赵构便将民生经济发展工作摆上重要议事日程。绍兴六年（1136年）将江淮一带营田改为屯田。所谓营田是官田的一种，募人耕种，收取租利；屯田指组织在官田耕种，军屯或民屯。官府出资每户20万缗，要求庄客承佃，每5顷为1庄。庄客5家可相保共佃，1人为佃头。每户庄客还由官府发给牛、种子及农具等。每家另外给菜地10亩，并借给本钱七十千，分两年偿还，不收利息。收成时，以斛斗折算也可，不一定还现金。为了大力开垦两淮间平原大面积沃土，绍兴二十年诏令从江苏、浙江、福建一带发动土豪大户人家前往开发，每年收谷500石的免本户差役一次，700石的补进义副尉（非武散官），达4000石的补进武校尉（非武散官）。朝中特设力田科，专门鼓励民众开发两淮。

同时鼓励商业，特别是边贸。绍兴十二年在泗州与金开设互市榷场。商人有资百千以下的，每10人为保，留一半货，到市场交易后再将另一半货物运去。两边商人各居一廊，将货物呈给主管官员，牙人往来评议。每交易千钱，官府从各方收5厘的利息。这样贸易虽有些麻烦，但有保障，受到双方欢迎。于是，宋陆续开放枣阳、安丰花靥镇（今安徽寿县西北），金则在蔡（今河南汝南）、唐（今河南唐河）、邓（今河南邓州）、秦（今甘肃天水）、巩（今甘肃陇西）等地置场，交易方式参照泗州，有力促进了双方经济发展。绍兴二十一年与大理各族开展马匹交易，选购良马送建康、镇江等地。但对与金朝的海上通商，因为"海商假托风潮"风险大,难以控制,绍兴二十九年予以禁止。

对于天灾人祸,官府努力救助。外敌入侵之时,一些平时为非作歹的人也能奋起抗敌。例如"家贫无行"的王伦,在京城被破之际毅然自告奋勇说:"臣能弹压之。"钦宗即解所佩夏国宝剑以赐。王伦又说:"臣未有官,岂能弹压?"钦宗便取片纸书曰:"王伦可除兵部侍郎。"王伦第二天就召集了万余人,愿以死报国。另一方面则盗贼蜂起,有些地方不得不严厉打击,规定窃盗赃一钱以上者即处死,行人在蔬圃拔葱也被斩。物极必反,"民知均死,由是窃盗少衰而劫盗日盛"。对此,赵构冷静分析说:"社会治安一直好转不了,跟地方官吏有关。如果派兵弹压,又要加重民众负担,形成恶性循环。"[①] 于是,将建炎四年(1130年)之前的积欠,除大户及公职人员之外,一切免除。又如绍兴十四年(1144年),蒲(今陕西蒲城)、解(今山西永济)、汝(今河南临汝)一带闹饥荒,许多人被卖为奴,官府出绢赎出,让他们回家。

更值得一书的是货币革命。金融是现代经济的核心,在古代经济中也日益重要。我们可以经常读到官府与私人发生铸钱的纠纷,可以常读到地方官员贪污"火耗"的案例。从金银铜铁钱到纸钞,在当时被视为货币革命,有如现代的从纸钞到现金支票、电子货币。世界上最早使用的纸币,公认是北宋宣和五年(1023年)发行的"交子",其性质相当于现代有价证券,即支票之类。南宋时期,由于经济快速发展,铜币的制造已经不能满足流通的需要,加上南宋经济主要依靠海外贸易,导致钱币大量流失海外,民间因此出现可用于交易的"会子"。临安知府

---

① 《续资治通鉴》卷一一〇,第6册,"比缘国难,盗起未息者,盖奸贼之吏无卹民之意;及烦王师。而军需不免又取于民,因循辗转,日甚一日,欲民不盗,不可得也。"

钱端礼率先统一由官府出面发行会子,流通于两浙地区。绍兴三十年提拔钱端礼为户部侍郎,命他负责大量印制会子,供各州城乡使用,开始在全国范围内流通。据统计,在南宋152年历史中,共发行会子近14亿贯。按当时一两黄金兑换35贯铜钱换算,14亿贯相当于1600多吨黄金。

与"光武中兴"类似,赵构使得宋室的治国精神未断,儒家文化得以延续。虽然偏居江南一隅,小朝廷不断流亡,但科举没停,时而还加强。建炎二年(1128年)在临时首都扬州开科,以诗赋及经义试进士,分两科录取。赵构在集英殿试各路进士,取451名;川、陕、河北、京东因路途梗阻不能赴扬州,赐104名考生及第。绍兴三年(1133年)置博学宏词科,具体分制、诏、书、表、露布(传递军报的旗子)、檄、箴、铭、记、赞、颂、序等12种文体,古文杂出6题,考3日。分3等给官,上等授京官,给馆职。可能是太繁之故,同年恢复为10科。绍兴十三年将临安府学改为太学,设12斋(班),每斋30人。不久,赵构亲自书写六经,刻在太学石上。绍兴十五年赵构说:"读史发现,古代养士常常多达两三千人,真是盛事!"于是增加国学弟子100人,总数达700人。同年开科,正取300人,特奏名247人;武举取士2人,特奏名3人。当时太学生分上舍、内舍、外舍3等。外舍生合格升入内舍,内舍合格升入上舍;上舍成绩优异直接授官,中等参加复试,下等参加省试。绍兴十六年,外舍生名额增至1000人。同时,开始着手创建武学。

绍兴三十二年,55岁的赵构忽然将皇位禅让,自己当太上皇。中国历史上有不少"禅让"的佳话,但大都是被迫的。我认为赵构这次货真价实,毫不勉强。与金议和终于达成之时,赵构"帝方偷安忍耻,匿怨忘亲，卒不免于来世之诮，悲夫"。①

赵构没有亲生子女，只有两个过继的儿子赵昚和赵琢。赵构决定传位给赵昚。

赵昚即位后很想有番作为，将秦桧时期制造的冤假错案全部平反，包括岳飞案。然后，他迫不及待命张浚等人率师出征，准备一举收复中原，初战告捷，接连攻下灵璧（今属安徽）、虹县（今安徽泗县）、宿州（今安徽宿县），转而在符离（今安徽符离集）大败，不得不溃退。赵构再次语重心长地告诫说："抗金之事，你还是等我百年之后再说吧！"从此，赵昚像个顽皮的孩子，不听大人言，闯了祸之后，再老老实实回到赵构的和平路线。赵昚总体上也干得不错，开创了"乾淳之治"，详见《盛世与治世》第十七章。

## 千古之叹："孔子的笼子"第二次大改造

继西汉董仲舒之后，南宋朱熹又对儒学进行了一次大改造，可谓为"孔子的笼子"4.0 版。

### 一、"程朱理学"

"罢黜百家，独尊儒术"之后，在外来文化、军事的冲击之下，又经历一次次"礼崩乐坏"，儒家的危机一次甚于一次。"大一统"的王权也一次又一次四分五裂，那些"乱臣贼子"比春秋战国的诸侯们胆大妄为多了，更是谁也不愿待在"孔子的笼子"里。先是东汉的谶纬化，

---

① 《宋史》卷三二，高宗纪9，第41册。

儒学步入歧途，不得不"援道入儒"，可是这样一来，引发"越名教而任自然"的社会思潮，觉得道家的自然无为思想才是人生的最高境界，批判抵制儒家的"名教"思想。

随后，又受到佛教的更大冲击。隋朝有人认为"佛，日也；道，月也；儒，五星也"，①儒家沦落到星星拱佛、道为日月的地步。而儒家有一些人转而追名逐利。隋时马光等太学博士，"时人号为六儒。然皆鄙野无仪范，朝廷不之贵也"②，圣人名誉扫地。大儒王安石感慨说：儒学之道简单易行，并不要求像佛教那样苦行禁欲，官场中却还是少有德才兼备之辈，③难怪"儒门淡薄，收拾不住，皆归释氏焉"，④出现"儒释道分工"论，认为应当"以儒治世""以道治身""以佛治心"，直呈打破儒术独霸之势。

在这种历史背景下，唐宋儒家发起新一轮反击。唐中叶的"古文运动"是其发轫，至北宋高潮，南宋集大成。

理学又名"道学"，以儒家学说为中心，兼容佛、道两家的哲学理论，论证封建纲常名教的合理性和永恒性。如理学太极图就源于道教，理学"无欲"概念源于佛教。这样，理学虽然在当时及以后不断遭到强烈抨击，但也被一些人认为是中国古代最精致、最完备的理论体系，且被南宋后期及元朝采纳为官方哲学，明清相沿。其流派纷纭复杂，主要有：以北宋"二程"（程颢、程颐兄弟）、南宋朱熹为代表的"程朱理

---

① 《隋书》卷四二，李士谦传，第24册。
② 《隋书》卷四〇，马光传。
③ 王安石：《扬州龙兴讲院记》，"今夫衣冠而学者，必曰自孔氏。孔氏之道易行也，非有苦身窘形，离性禁欲，若彼之难也，而士之行可一乡、才足一官者常少。而浮屠之寺庙被四海，则彼其所谓材者，宁独礼耶？"
④ 大慧宗杲：《宗门武库》。

学",强调"理"("天理")高于一切;以南宋陆九渊、明代王守仁为代表的"陆王心学",强调"心"是宇宙万物的主宰。总之又称"宋明理学"。

二程之学以"理"为最高哲学范畴,把"天理"提升为宇宙本体,把董仲舒的"天人合一"改为"天人一理",把全部学说都建立在"天理"上,其核心是强调道德原则对个人社会的意义,注重内心和精神修养。然而,"两程出,而前圣之道始乱矣"。[①]朋党争执步入高潮,"北宋五子"(理学代表人物周敦颐、邵雍、张载、程颢、程颐)被批为"五鬼",程颐被禁止讲学,放归乡里。但二程培养了众多弟子,遍布中原、河东、蜀中、关中、闽赣、吴越、湖湘等地,理学也在各地继续发展。

福建的朱熹改造、发展二程学说,一是构筑一个博大而严密的理学体系;二是奠定了理学的传授道统;三是完成宋代的学术范型,其《四书》《五经》是汉代以后儒学经典解释学的又一高峰。朱熹著述极丰,是中国历史上著作最多的儒家学者之一。

从哲学角度看,宋明理学认为宇宙间只有一个最高的"理",而万物各自的理只是最高理的具体体现。朱熹借用佛教"月印万川"说,"将个别与一般绝对对立起来,并以此论证中国传统社会'尊卑贵贱'等级秩序的合理性"。[②]从社会角度看,《家礼》是他最有影响的礼学著作,展示并强化父系的主宰地位,"相当大程度上束缚了人自身的发展",[③]明朝中叶才开始流行,普及面仅次于《论语》,从此形成"礼下

---

① 颜元:《四书正误》卷一。
② 《中国儒学三千年》。
③ [德]迪特·库恩著,李文锋译,邵君安校:《儒家统治的时代:宋的转型》,中信出版社 2016 年版。

庶民"的局面。历史作家张向荣指出：

> 宋代儒家的政治品格不再纠结于驯服君主，转而致力于涵养君子和治理家族。孔子的制法终于找到了新的方向，不是给帝王制造符命谶纬，而是给民间创立乡规民约、族谱家法等。①

先秦儒自古主张"礼不下庶人，刑不上大夫"，现在"孔子的笼子"开始用来约束庶人了！

朱熹强调"天理"和"人欲"对立，要求人们放弃"人欲"，服从"天理"，显然也具"孔子的笼子"的功能。朱熹名言"革尽人欲，复尽天理"，并通俗地解释说："饮食者，天理也；要求美味，人欲也。"②试做推理：吃面团充饥是"天理"，想在面团里包肉又加味精、大蒜等就是"人欲"；住茅房遮风挡雨是"天理"，想盖华屋住得舒适就是"人欲"，而想装修得富丽堂皇又装空调之类则更当"革尽"；穿灯芯草等编织的衣物遮羞是"天理"，穿棉衣保暖姑且恩赐，而想穿羊毛衣之类又暖又轻便又好看的，绝不能不革……总之，像畜生一样求温饱求生存是"天理"，求享受就是"人欲"。所以，他反对改革开放，反对发展。他攻击王安石说："如熙宁变法，亦是当苟且惰弛之余，势有不容己者，但变之自不中道。"③中道即中庸。小岛毅指出："朱子学（包括道学）的眼中钉肉中刺，他们视为儒教内异端邪说的，就是那时的体制派王安石新学。"④

---

① 《祥瑞：王莽和他的时代》。
② 《朱子语类》卷一三，第1册。
③ 《朱子语类》卷二四。
④ 《中国思想与宗教的奔流：宋朝》。

朱熹将董仲舒"三纲""五常"并论为"三纲五常",且与"天理"捆绑在一起,强调"三纲者,君为臣纲,父为子纲,夫为妻纲",三者从属关系绝对化,构成一个完整的政治伦理道德体系,并成为社会生活秩序的规范。

理学家们自我感觉相当之好。南宋思想家陈亮说:"信斯言也,千五百年间,天地亦是架漏过时,而人心亦是牵补度日。"①意思是说人心坏了,怎么修补也没用。朱熹认为汉唐以后的帝王都是出于人欲之私,顶多是"假仁借义以行其私",连刘邦、李世民等皇帝也不算"圣王",因为他们虽有"建立国家,传世久远"之功,也"未可谓德",而"贤于盗贼不远"。②直到清朝,还有儒生愤愤不平说:刘邦、李世民尊儒不够,必须直接变成孔子、朱熹等那样的"圣人",才有资格做皇帝。③

至于皇帝,北宋及南宋前中期大都不喜欢理学,可是后期越来越喜欢,包括元、明、清时代。为什么呢?历史学家劳榦指出:

> 若就正常的情形来说,各朝政治成绩最劣的是明代,明代的许多制度可以说已达荒谬的程度……宋代以后,理学的力量一天一天的庞大,"忠臣不事二主"已成为不可动摇的一个控制社会心理的巨大力量。因而"革命"就是"造反",造反就是逆伦大案而为

---

① 陈亮:《甲辰答朱元晦书》。
② 《朱子全书》,历代一。
③ 曾静:《知新录》,"皇帝合该是吾学中儒者做,不该把世路上英雄做。周末局变,在位多不知学,尽是世路中英雄,甚者老奸巨猾,即谚所谓光棍也。若论正位,春秋时皇帝该孔子做;战国时皇帝该孟子做;秦以后皇帝该程、朱做;明末皇帝该吕子(吕留良)做。今都被豪强占据去了。吾儒最会做皇帝,世路上英雄他哪晓得做甚皇帝。"

社会所共弃。这样就使得明代君主如武宗、熹宗之流无论如何昏暴,世宗、神宗无论如何荒唐,也都会有忠臣去支持。①

宋后历代官方推行的这一版"孔子的笼子"实效唯有将所有臣民特别是女人牢牢地关了进去,官职小一些的,辈分小一些的,年纪轻一些的,或是女性等,所有弱势群体的"人欲"都被革尽,受屈辱甚至冤死倒成了"天理"。著名清官海瑞任应天巡抚时,依例每月初二、十六两日"放告"(坐衙审案),每次受理案件多达三四千,怎么审得过来?原来,海瑞有个"窍门":根本不用麻烦审理案情,只要依据"三纲五常"(官方版),公开主张在疑惑难辨的官司中,与其委屈做兄长的,不如委屈做弟弟的,孰是孰非一问辈分就判决。②无怪乎清时名儒戴震指控:"酷吏以法杀人,后儒以理杀人。"

有些人认为,理学没有实际用处。由宋入元的学官、书院山长袁桷叹道:这几十年兴朱子理学,连小孩子都口口声声大言不惭地欺世盗名了,呜呼!③ 理学孕育出来的"累累官绶",形同一群废物。如果要说有用的话,那只能是"本来只存在于士大夫之间的礼的世界,开始作为拘束普通百姓的模范树立起来。这个趋势一直持续到清代,甚至今天还

---

① 劳榦:《古代中国的历史与文化》,联经出版公司2006年版。
② 《海瑞集》上册《兴革条例》,转引自《万历十五年》,"窃谓凡讼之可疑者,与其屈兄,宁屈其弟;与其屈伯,宁屈其侄;与其屈贫民,宁屈富民;与其屈愚直,宁屈刁顽。事在争产业,与其屈小民,宁屈乡宦,以救弊也;事在争言貌,与其屈乡宦,宁屈小民,以存体也。"
③ 袁桷:《送陈山长序》,"数十年来,朱文公之说行,祠宇东南,各以《四书》为标准,毫抄摘抉,于其不必疑者而疑之,口诵心臆,孩提之童皆大言以欺世。故其功用少而取效近,礼乐刑政之本,兴衰治乱之迹,茫然不能知。累累冠绶,碍于铨部,卒莫能以自见,良有以也。"

在进行"。①

"孔子的笼子"4.0 版对权力似乎要求更严了,因为"革尽人欲"的要求对象理论上也包括帝王。但实际上,这一版"孔子的笼子"不仅依然没能将权力关进去,客观上反而将他们捧得更加"神圣","复尽"了权力,暴君昏君比汉唐、两周只会更多不会更少,亡国之事仍然一而再再而三发生,而且是屡屡亡于儒家从来不愿正眼瞧一下的"夷狄"。对于北宋亡国责任,赵构不敢追究自己祖宗赵佶们,却归咎于更早的改革者王安石,竟然说:"王安石之学,想学商鞅那套富国强兵之术。国家沦到今天这地步,人们只知道蔡京、王黼有罪,却不知这祸根在于王安石!"②赵构开全盘否定王安石之风。但当时学者周密指责:亡国之罪正在于理学!③

## 二、"理学中兴"

在南宋初期即朱熹生活的时代,儒学并不受欢迎。宋孝宗赵昚就明说:"近时儒者多高谈,无实用""儒生之论,真不达时变"。无怪乎发生"伪学案",详见《盛世与治世》第十七章。④

朱熹死后第 41 年,宋理宗赵昀起用理学追击"新学"。蒙古人已经入侵成都了,赵昀忙的不是抵抗侵略,而是对孔庙进行历史性大改造,逐出王安石,加进周敦颐、程颢、程颐、张载和朱熹,时人讥之"不管炮石

---

① 黄仁宇:《中国大历史》。
② 《宋史》卷三八一,王居正传,第 50 册,"安石之学,杂以伯道,欲效商鞅富国强兵,今日之祸,人徒知蔡京、王黼之罪,而不知生于安石。"
③ [宋]周密:《癸辛杂识·道学》,"列之要路,名为尊崇道学,其实幸其不才愦愦,不致掣肘耳,以致万事不理,丧身亡国。"
④ 《续资治通鉴》卷一三九,宋纪,第 8 册。

却管安石"。此举"意味着朝廷正式承认朱子学是御用学问、体制学说。如果说唐朝实体是被黄巢和朱温（朱全忠）消灭的，那么唐朝的理念，却是此时被朱子学消灭的"。[1] 换言之，大唐最终是理学给焚尸灭迹的。

元统治者推崇孔孟和程朱理学，先后加封孔子为"大成至圣文宣王"，孟子为"邹国亚圣公"，程颢为"豫国公"，程颐为"洛国公"，董仲舒、司马光、朱熹等人从祀孔庙。元皇庆二年（1313年）即入元第四十三年，蒙古人恢复科举，并诏定以朱熹《四书章句集注》为取士标准。从此，朱熹学说成为元、明、清三代的官方哲学。明末清初，甚至出现"世儒习气，敢于诬孔孟，必不敢倍程朱"的局面，朱熹比孔孟更惹不起。"明初理学之冠"薛瑄居然叫嚣：至此宇宙真理已经非常明了，无须人们再思考著述了，只要遵照朱圣人的教导践行就行！[2]

理学受宠了，权力不仅仍然没进"孔子的笼子"，相反越发肆无忌惮。理学有效地约束了无数庶民的"人欲"，"体制性寡妇""体制性烈女"层出不穷，但依然没能约束皇帝们的"人欲"。享有"理宗"之誉的赵昀纵欲无度，不仅宠阎贵妃乱政，而且经常召唐安安等歌伎舞女进宫淫乐，以致反动标语贴上朝云门："阎马丁当，国势将亡。"这阎就指阎贵妃。元明清时期更多皇帝纵欲，如元顺帝沉溺密宗所谓"男女双修之术"，后宫糜乱，没多少心思对付越来越多的造反，直至被朱元璋赶出中原。又如明泰昌帝朱常洛，沉湎于郑贵妃送的一批美女，没几天就倒在后宫不能起来，在位仅29天。清同治帝据传也是妓院常客，不到19岁死于花柳病。皇帝成了最大的伪君子，当然也可以说是受害者——被宠坏了！

---

[1] 黄仁宇：《中国大历史》。
[2] 《明史》卷二八二，薛瑄传，"自考亭以还，斯道已大明，无烦著作，直须躬行耳！"

理学要求臣民"不事二君",自己却不论是宋君还是消灭宋君的敌人,或元君与消灭元君的敌人,或明君与消灭明君的敌人,只要是统治者它都竭力服务。这时期"夷狄"已经掳去了他们的皇帝,割走了半壁江山,赵构已经考虑以外贸补贴农业了。理学家一方面强烈排外,朱熹还认为其他民族只不过半人半兽,① 另一方面却长期地服务于被视为"夷狄"的元与清的统治者。

本来,随着步入"独尊儒术"时代,儒家可以越来越理直气壮地推销"孔子的笼子"。南宋时,监察御史方庭实当面对赵构说:天下是百姓的天下,而不是陛下您一个人的天下!② 赵汝愚编有《国朝诸臣奏议》一书,专收批评性奏议,几乎所有宋朝官员的文集当中都有对朝政的批评文章。正因为接受了大臣们的批评监督,所以宋神宗赵顼叹道:"朕平生未尝作快意事!"赵顼们不能我行我素,无法无天。

这种景象到明时还残存。明武宗朱厚照死了由堂弟朱厚熜继位,老宰相杨廷和与 60 余位大臣讨论后,上书表示认为小宗入继大宗应以大宗为主,即朱厚熜虽无法做朱厚照的儿子,但必须做他叔叔即朱厚照父亲的儿子,大宗才不算绝后。这样,朱厚熜应该称伯父为父亲,称伯母为母亲,而改称自己的生父为叔父,改称自己的生母为叔母。朱厚熜无法接受,质疑:"父母难道能更换吗?"杨廷和再次组织大臣讨论,进而说明:"这是依据宋代大儒程颐、朱熹的理论,最得礼仪之正。"朱厚熜无法接受,但又无奈,只好暂搁。4 年后,朱厚熜恢复本来的称呼,即称自己生身之母为母亲。杨廷和等人如丧考妣,煽动 200 多名大臣在

---

① 《朱子语类》卷四,第 1 册,"到得夷狄,便在人与禽兽之间,所以终难改。"
② 《宋史纪事本末》卷七二,"天下者,中国之天下,祖宗之天下,群臣、万姓、三军之天下,非陛下之天下。"

宫门齐声大哭，声称朱厚熜如果不改变对他父母的称呼，就哭个不停。朱厚熜不再让步，下令逮捕哭声最大的134名五品以下的官员（第二天另捕90人），全部廷杖，其中16人死于杖下……

明朝"有一整套驾御臣民之术"，"使中央集权得到进一步发展，皇权空前膨胀，明代廷杖的经常滥施，甚至一次可以廷杖100多个朝臣，锦衣卫、东厂、西厂的恣意横行等，均是君主可以滥用权力的例证"。① 朝堂上那100多个高官大臣被杖得鲜血与屎尿横流，惨痛哭号声遏白云，是不是宣告"孔子的笼子"的原旨彻底破产？

至此，应该终于明白：帝王并不是"孔子的笼子"约束的对象，而变成"孔子的笼子"的主人了！"孔子的笼子"约束的对象，只是臣民！

清代，尽管康熙竭力推崇《朱子全书》，到乾隆后期，理学还是无可奈何地走向衰微，"士大夫皆不尚友宋儒"。② 著名才子袁枚年少时，父亲长期漂泊在外，主要是靠姑母沈氏教养。沈氏讲"二十四孝"中《埋儿奉母》的故事，作一诗："孝子虚传郭巨名，承欢不辨重和轻。无端枉杀娇儿命，有食徒伤老母情……"沈氏尖锐否定郭巨那种孝行，要袁枚别贪郭巨那种虚名。一个女流之辈也抵触到如此地步，可见官方强推的那套东西多么不得人心！嘉庆年间，京城已经20多年没人读、没人卖理学著作了。③

没想到，这不久后的道光至光绪初年，理学派中不仅忽然惊现曾国

---

① 《中国政治制度史》下册。
② 爱新觉罗·昭梿：《啸亭杂录》。
③ 《啸亭杂录》，"朝士习为奔竞，弃置正道，黠者垢訾正人，以文己过，迂者株守考订，訾议宋儒，遂将濂、洛、关、闽之书，束之高阁，无读之者。余尝购求薛文清《读书记》及胡居仁《居业录》诸书于书坊中，贾者云：'近二十余年，坊中久不贮此种书，恐其无人市易，徒伤赀本耳！'"

藩与左宗棠等高官大臣，还有同治的老师倭仁与翁同龢等重量级人物，人们惊呼"理学中兴"。

曾国藩的家训现在仍然流行。那么，他的家书里写了些什么呢？请读：

> 不可有片语违忤三纲之道。君为臣纲，父为子纲，夫为妻纲，是地维之所赖以立，天柱之所赖以尊……君虽不仁，臣不可以不忠；父虽不慈，子不可以不孝；夫虽不贤，妻不可以不顺。[1]

曾国藩比宋儒更进一步了，不许只言片语违背"三纲五常"，而且强调君可以不仁，父可以不慈，夫可以不贤。曾国藩不仅这样说，也这样做，家里家外一样践行——

家外：曾国藩早年就有"曾剃头"的恶名，他的自我辩护是"书生好杀，时势使然耳"，[2]顽固不改。后来镇压太平天国，不仅对被他口号诗骗降的全屠并感到"颇为痛快"，而且滥杀南京平民，其机要秘书赵烈文记载：

> 其老弱本地人民不能挑担，又无窖可挖者，尽遭杀死。沿街死尸十之皆老者，其幼孩未满二三岁者亦被斫截以为戏，匍匐道上。妇女四十岁以下者，一人俱无，老者无不负伤，或十余刀，数十刀，哀号之声达于四远。其乱如此，可为发指！[3]

---

[1] 《曾文正公全集》家训，卷下。
[2] 《曾国藩全集》，书信，岳麓书社1987年版，第1册。
[3] 赵烈文：《能静居士日记》，第3册。

曾国藩还说"制胜之道,实在人而不在器",甚至反对配备洋枪。

家里:曾国藩说是会看相,可他择的5个婿,除了一个稍好,4个都没给他女儿带来幸福。长女曾纪静嫁袁公子,这公子却满身恶习,胡作非为,曾国藩气得跟他断绝关系。然而,他还是要求已嫁从夫,将逃回娘家的女儿送回虎穴。三女儿类似遭遇,他同样对待,还给儿子写信说:"罗婿性情乖戾,与袁婿同为可虑,然此无可如何之事……尔当谨嘱三妹柔顺恭谨,不可有片语违忤。三纲之道……"[①]河北师范大学晚清学资深学者董丛林叹道:"我们今天看来,曾国藩这个做父亲的,贵至封侯,权倾一方,却连自己的女儿也保护不得,岂不是太窝囊,也太残酷了吗?可是有什么办法呢?纲常名教这套东西在曾国藩身上是沦肌浃髓的啊!"[②]

可想而知,曾国藩来到人间之初也是"性本善"吧,何以儒书读多了倒是变成野兽一般冷血、凶残?清统治者却给他赐予"文正"谥号,说明了什么?

至于同治帝和光绪帝的师傅翁同龢,甲午战后有人指责他"满面忧国忧民,满口假仁假义,满腹多忌多疑,满身无才无识",张之洞死前还在一首诗的后注里批评他:"一意倾陷,仅免于死,此种孽缘,不可解也。"

晚清的理学家们一方面不承认域外文明,名儒王闿运坚持说西洋人属于"夷狄",只是"通人气"后学得诈伪的"物",不可能创造出比大清更优秀的文化。另一方面是强纳西方为学生,如曾国藩儿子曾纪泽到英国当公使后仍然说:"西人一切局面,吾中国于古皆曾

---

[①] 《曾国藩全集》,书信,第2册。
[②] 董丛林:《曾国藩传》,人民出版社2014年版。

有之，不为罕也。"将西方工业革命、资产阶级革命的一切成果说成是远古中国的翻版。他们疯狂地反对"洋务运动"，力争将政局拉回闭关锁国的时代。名儒刘锡鸿也出使过英国、德国，亲眼见过西方文明，无法否认事实，便歪曲说他们是因为来中国"得闻圣教所致"，但只是学得儒家"圣教"的皮毛，大清不必向他们学，只要恢复"祖宗旧法"即可。他还有板有眼地说：英国"无事不与中国反"，"盖其国居于地轴下，所戴者地下之天，故风俗制度咸颠而倒之也"。他一是反对商业，认为"官中多一商贾，即国多一蠹，民多一贼。岂政令不讲，民生不恤，而惟船炮机器之是恃，遂足治天下邪？"；二是反对近代工业，认为"一意讲求杂技，使趋利之舟车，杀人之火器，争多竞巧，以为富强，遽谓为有用之实学哉？"；三是反对军工近代化，说"如必欲用机器以壮军心，可令教操洋人代为购办，不必开局自制"；四是反对近代科技，认为"彼之实学，皆杂技之小者"；五是反对开铁路，专门写一篇7000字的《仿造西洋火车无利多害折》，说"火车实西洋利器，而断非中国所能仿行也。臣窃计势之不可行者八，无利者八，有害者九"，导致把已建好的吴淞铁路拆除，中国铁路事业被延迟数年。当时德国驻华公使巴兰德读了刘锡鸿所著《英轺私记》，评论说：刘锡鸿这书没别的，"一力拦阻人前进而已""一意反手关自己的大门"。① 面对世界巨变，中国的发展之"欲"就如此被"革尽"！

至于皇帝们的"人欲"，毫发无损，依然横流。同治6岁登基，倭仁专门为他辑录一大本古代帝王正反面事迹及名臣奏议《启心金鉴》。

---

① 转引自孟泽：《独醒之累》，岳麓书社2021年版。

哪想他"见书即怕""精神极散""无精神则倦,有精神则嬉笑",十七八岁还"奏折未能读"。长大成人,热衷女色,擅长的是"房中术",常出宫视察酒楼、戏馆与花巷。对此,倭仁们束手无策,只能眼睁睁看着他不到19岁就挥霍完性命。北京师范大学历史学院教授张昭军描述:

> 同治朝以后,理学名儒相继去世,尤其是在西方文化和启蒙思潮的冲击下,程朱理学迅速衰落下去。光绪、宣统年间,宗理学人士无视时代大潮,程朱理学没有任何起色,笃守理学往往与顽固守旧联系在一起,为进步人士所唾弃。伴随清王朝的灭亡,程朱理学结束了官方哲学的统治地位,对普通民众社会文化生活的影响也日渐式微。①

"理学中兴"的结果是一系列国耻。光绪决心效法的榜样是俄国彼得大帝和日本明治天皇。彼得大帝和明治天皇都是以改革成功著称于世,可见光绪心志。可是著名大臣徐桐,《清史稿》说他"崇宋儒说,守旧,恶西学如仇",竭力支持义和团,对于废黜光绪"主之甚力",扬言"宁可亡国,不可改革""宁可覆国亡家,不可言和"。理学就是这样反王安石变法而始,反"戊戌变法"而终。

"孔子的笼子"各版功能略有不同,1.0版为分封政治服务,2.0版为挽救分封政治服务,3.0版为集权政治服务,4.0版则为极权政治服务。

---

① 张昭军:《程朱理学在晚清的"复兴"》,《光明日报》,2007年8月31日。

著名史家吕思勉将中国历史文化分为三个时期，一是先秦、两汉时代的诸子之学，二是魏、晋、南北朝、隋、唐时代的玄学与佛学，三是宋、元、明时代的理学（之后是西方文化）。第一时期文化注重矫正社会病态，不只有儒家。王莽变法失败，大家认为此路不通，渐趋消沉，与佛教相契，唐朝到极点，韩愈等人便开始批佛，努力重整儒学。宋儒从哲学上融化了先秦诸子和玄学、佛学，"士大夫的气节，确实是远胜于前代"，然而问题更多：

> （一）因其修养的功夫，偏于内心，而处事多疏。（二）其持躬过于严整，而即欲以是律人，因此，其取人过于严格，而有才能之士，皆为其所排斥。（三）又其持论过高，往往不切实际。（四）意气过甚，则易陷于党争……所以宋儒根本是不适宜于做政治事业的……宋学是不适宜于竞争的，而从第十一世纪以来，中国的文化，却受其指导，那就无怪其要迭招外侮了。①

宋之前，中原一般只不过是受周边少数民族的侵扰；宋之后，王权在"孔子的笼子"精致的服务下变得更加专制，看似更加强大了，却一再遭到毁灭性的打击，而且是越来越惨。

不过，宋朝时候有一种崭新的思潮与系列活动，没引起应有的重视。众所周知，范仲淹创办了应天府书院、龙山书院，张栻创办了岳麓书院、丽泽书院，朱熹创办了白鹿书院，书院开始在全国各地涌现，极大地推动了中国的文化教育事业。范仲淹热衷于宗族文化活动，创办

---

① 吕思勉：《中国通史》。

"范氏义庄",创修家谱,创作《家训百字铭》,创新了一种新的、绵延千古的社会风尚。朱熹参与并推动了"社仓"的创办与发展。只遗憾儒家这方面的事业也没能真正成功,书院没能发展为大学,义仓没能发展为"社保",家教没能培养独立的人格,反对集权而倡导地方作用的努力更是失败,理学的历史作用似乎只剩"三纲五常"(官方版),步入工业文明时代便显得越发落伍了……

## 第十一章

# 元初 20 年

> **提要**
>
> 　　至元二十八年（1291年）是元开国立朝 20 周年，忽必烈相继丧妻丧子，加之疾病折磨，精神时有失常，幸好朝政未失序。桑哥暗中结党营私，民愤极大。大臣冒死弹劾，忽必烈惊悉后问其罪。
>
> 　　脱脱文能修史，武能建奇功。张士诚据高邮称王，脱脱率军围剿，却突然被解兵权。脱脱完美地诠释了"君要臣死，臣不死是为不忠"的"天理"，起义军则死里逃生，很快将元帝赶回草原。

## 开国立朝："被华夏文明所征服"

　　历史上的蒙古如同一头从天而降的雄狮。铁木真即成吉思汗，他有着天才般的组织能力，仅用两年多时间就统一大半个蒙古草原，然后将部族改组为国家，更有力地向外扩张。

成吉思汗曾经直言不讳说:

> 人生最快乐的事是战胜敌人,追逐他们,抢夺他们所有的东西,看他们所亲爱的人以泪洗面,骑他们的马,臂挟他们的妻女……我的子孙们将穿绣金的衣,食佳肴,乘骏马,拥美妇,而不想这些享受是什么人给他们的。①

他们的征服欲异常强烈,但是非常原始的,基本满足于掠夺战利品。法国历史学家雷纳·格鲁塞所著《蒙古帝国史》,副题"活着就为征服世界",可谓画龙点睛。当然,他们占据中原后不得不有所改变。

成吉思汗将征伐来的领土分给他4个儿子,后来这四大汗国各自独立,一是位于中亚的察合台汗国,二是俄罗斯伏尔加河下游地区的钦察汗国,三是位于波斯的伊利汗国,再就是窝阔台汗国——初以蒙古为中心,后以中国汉地为中心。

少数民族的首领与汉族帝王有诸多不同。他们往往只是军事首领,比较"民主",没有奴隶般的部下。蒙古族的汗位,儿子及兄弟的儿子都有资格继承,这就难免像汉族王室一样骨肉相残。飞鸟尽狡兔死之时,成吉思汗也曾将他的兄弟哈撒儿下狱。

所幸忽必烈有明君的一面。为了减少汉人的反抗,他努力展示谦和、仁爱。他执政的1263—1269年间,判死刑者仅91名。元末明初学者叶子奇记载:

---

① 《蒙古帝国史》。

自世祖混一之后，天下治平者六七十年。轻刑薄赋，兵革罕用，生者有养，死者有葬，行旅万里，宿泊如家，诚所谓盛也矣。①

　　世祖即忽必烈。这段描述，不亚于汉唐盛世。如果说成吉思汗想征服世界的话，那么忽必烈只想征服东亚。但忽必烈的视野绝不限于东亚。

　　忽必烈有"中华"意识，接受了汉文化。他不仅采纳汉儒刘秉忠的建议，从《易经》中选择"大元"作为国号，且采用传统的中国方式记载元朝历史，要求翰林院撰写辽史和金史。但元朝公然实行民族歧视政策。马可·波罗对忽必烈印象非常好，但如实记录："所有的中国人都厌恶大可汗的政体，因为他所派的地方政府首长多为鞑靼人，尚有更多的色目人，他们视中国人如奴隶，使他们无法忍受。"② 色目人指各色名目之人，即外国人。全国划分4个等级：蒙古人地位最高，色目人其次，汉人第三，南人即原南宋地区的各民族垫底。因此，"很多心存不轨的人，经常有谋反的趋向"。③

　　忽必烈晚年很不幸。至元十八年（1281年），皇后察必病逝。察必不但美丽，而且聪明、贤良。想当年，先皇死之时，忽必烈远在南方战场，有人劝他弟弟阿里不哥自立为大汗，并即调兵遣将。察必知道后，一方面立即派人去责问："发兵是大事，太祖的曾孙真金在此，你们为什么不让他知道？"另一方面秘密派人火速报告忽必烈，让他赶回来，

---

① 叶子奇：《草木子》。
② 黄仁宇：《中国大历史》。
③ 黄仁宇：《中国大历史》。

顺利继位。后来灭南宋，俘宋幼主赵㬎，忽必烈大宴群臣，众人狂欢，只有察必沉默不语。忽必烈问："我平定江南，大家都高兴，你为什么不高兴？"察必跪奏道："我听闻自古没有千秋万代之国，将来我们的子孙能不像宋朝皇帝那样成为亡国之君就万幸了。"现在失去这样的贤内助，他能不伤心吗？

祸不单行，至元二十五年（1288年）太子真金又病逝。忽必烈有12个儿子，最爱真金，从小让汉儒精心教育，"日以三纲五常、先哲格言熏陶德性"。有一次谈论立身处世之道，真金说："父汗有训诫，不要有傲慢自大之心。只要怀有傲慢自大之心，就会坏事。我看孔子的话，和父汗的话很吻合。"这让忽必烈听了十分欣慰。真金于至元十年被立为皇太子，至元十六年开始参与朝政，不想英年早逝。白发人送黑发人，忽必烈的内心又遭到一次沉痛打击。从此他上朝少了。所幸的是虽然他个人精神有时失常，国家尚未失序。大元开国立朝20周年（1291年），就处于这种背景当中。

忽必烈于中统元年即1260年登基，至元三十一年（1294年）去世，享年79岁。

## 最大看点：挥泪斩宠臣

赵孟頫是南宋降臣，却受忽必烈重用。至元二十八年正月的一天，忽必烈与赵孟頫闲谈，谈到另两位降臣叶李与留梦炎，问他们两个相比较，谁优谁劣。赵孟頫说："留梦炎是我父亲的挚友，为人庄重厚道，多谋能断。叶李所读的书我都读过，他所知所能的事，臣都能知能办。"忽必烈说："你认为留梦炎比叶李好是吗？可是，留梦炎在宋为状元，位至丞相，而在贾似道欺君误国时阿谀顺从，怎么能算忠臣？叶李当时虽然是平民，却敢于上书，斥责贾似道，显然比留梦炎好。因为留梦炎是你父亲的挚友，你不便非议，但可以规劝他啊！"①赵孟頫这才发觉皇上并非闲谈，立即遵命，赋诗劝留梦炎："往事已非那可说，且将忠直报皇元。"忽必烈看了，大加赞赏。

赵孟頫退朝后心情久久不能平静，对大臣彻里大发感慨："陛下谈论贾似道时，责备留梦炎不能直言。想想现在，桑哥比贾似道更坏，我们也不敢直言。将来，如果有人追问，我们如何推卸责任？可我毕竟不是陛下的亲信，身轻言微。您读书知理，又受陛下信任，真希望您能率先站出来！"彻里听了大受鼓舞，又同几位自己的好友同僚商议。

不久机会来了，忽必烈到城郊狩猎，彻里等人扈从。趁皇上心情好，他们异口同声控诉右丞相桑哥诸罪。彻里非常激动，言色俱厉，触怒龙颜。

俗话说"打狗看主人"，桑哥就好比忽必烈的宠物狗。桑哥出身于藏族，通蒙古语、汉语、畏兀儿语、藏语等多种语言，最初在"总制院"任职。总制院是忽必烈创设的中央机关，掌管全国佛教事务和藏族地区军政事务，后更名"宣政院"。至元十八年，藏族地区发生骚乱，忽必烈临时提拔桑哥，命他率军去镇压，很快平息。从此，忽必烈开始宠信桑哥，桑哥权势日渐显赫。至元二十四年，桑哥进为右丞相兼总制院使，独揽朝廷大权。桑哥相继推出几项新政，如在全国上下轰轰烈烈开展钱谷检查运动，首先检校中书省，查出亏欠钞4770锭，昏钞（破旧纸币）1345锭，桑哥亲自审案，处死责任人杨居宽、郭佑等人。桑哥

---

① 《续资治通鉴》卷一八九，第7，11册。

提出两项增收节支的措施,如要求占地超过 4 顷的都要交地税。这些新政显然有利于国家财政。有人奏请为桑哥立"德政碑",忽必烈欣然恩准。兴犹未尽,忽必烈还破格命禁卫军及侍卫兵百人为桑哥导从,恩许桑哥乘小舆而行,并让他掌握铨调中央和地方官员的人事权。

对于这样的重臣,你们怎么能如此攻击?忽必烈大怒,斥责彻里"丑诋大臣,失几谏体",命左右狠掌他的嘴,直至"血涌口鼻,委顿地上"。拉起来再问,彻里不认错,申辩说:"臣与桑哥素来无仇,之所以冒死数其罪,完全是为国家!如果害怕圣怒而不敢说实话,奸臣怎么能清除,百姓的祸害又怎么平息?而且,陛下还会蒙受拒谏的恶名,臣担心呀!"话说到这份上,忽必烈不能不将信将疑了。随后询问几人,连禁卫军长官也说桑哥确实罪恶累累,只是平时不敢言。于是,桑哥被罢去相位,交付审讯。

大臣们指控桑哥不仅扰乱朝纲、塞人口舌,而且结党营私,卖官卖法。不久,忽必烈命彻里率禁卫军 300 余人抄桑哥的家,抄得财产接近国库的一半。[①]忽必烈亲口责问桑哥:"你藏了这么多珍珠,怎么我那次向你要两颗,你说没有?你把那些带回的粗毛衣给我,却把金钱和更贵的东西留归自己,你的忠心何在?"忽必烈还责问:"汉人为我织的无缝衣才两件,你却有 3 件,这不是罪吗?"[②]为桑哥立的"德政碑"被砸,其党羽开始受查办。桑哥被处斩,并罢其苛政。

桑哥党羽众多,仅说其一:杨琏真加。他是西夏僧人,任元朝江南释教都总统,掌江南佛教事务。可是,在桑哥支持下,杨琏真加却疯狂地组织盗陵。他们盗宋理宗赵昀的陵,将棺中宝物抢劫一空不算,

---

① 《续资治通鉴》,元纪,"命彻尔率卫士三百人籍僧格家,得珍宝如内藏之丰"。
② 《史集》《汉藏史集》。

还把赵昀的尸体倒挂，撬走其口内含的夜明珠，沥取腹内的水银。7天后，杨琏真加又来取赵昀的头颅，截为饮器。他们取了诸帝骨骸，不分真假，杂以牛马枯骨，在临安故宫中筑一高达13丈的白塔压之，名曰"镇本"。当地民众目不忍睹，诗云："故宫思见旧冬青，一塔如山塞涕零。领访鱼影香骨案，更从何处哭哭灵。"想当年，赵昀一边推崇"革尽人欲，复尽天理"，一边挖空心思保护自己的尸体永不腐坏，哪想落得如此下场。杨琏真加"气焰熏灼，延于四方，为害不可胜言"。桑哥伏诛，杨琏真加也被削职问罪。不过，大臣们要求将他也处以死刑，忽必烈却不同意，次年还诏发还杨琏真加被没收的土田、人口。但第二年又有桑哥的3个余党被处以死刑。忽必烈独对杨琏真加网开一面，为什么？

有必要再说一下桑哥之死。史论忽必烈："帝度量恢廓，知人善任使，故能混一区宇，扩前古所未有。惟以亟于财用，中间为阿哈玛特、卢世荣、僧格所蔽，卒能知其罪而正之。"① 僧格本指僧人风格，当时特指桑哥，谁能料想他竟然如此无品无格？桑哥临刑时曾说："我败就败在没有听鄂尔根萨里之言！"鄂尔根萨里是集贤馆学士兼太史院事，屡劝治天下必用儒术。听了这话，"帝益信其无罪，诏还所籍财产"。看来忽必烈这人耳根挺软，听桑哥临死一句善言，竟然怀疑自己错杀了，其实是"卒不能知其罪"。人死不能复生，归还点财产吧，尚未杀的杨琏真加姑且留一命吧！至于其他3人，或许巧逢忽必烈发病之时。

忽必烈慎刑，但是易动怒。早在登帝位之初，他曾特地交代："朕乘怒欲有所杀夺，卿等宜迟留一二日，覆奏行之。"② 中统三年（1262

---

① 《续资治通鉴》卷一九一，元纪9，第11册。
② 《元史》卷五，世祖2，第55册。

年）断死罪仅 7 人。纵观这 20 多年，尽管治安状况较差，特别是江南反抗此起彼伏，"盗贼迄今未靖""盗贼蜂起""连年盗起"，年断死罪一般几十人，少有上百。至元二十八年大肃桑哥党羽，也只断死刑 55 人。大臣举报当时著名文人冯子振曾经"诗誉桑哥，且涉大言"，建议治罪。忽必烈反驳说："冯子振有什么罪？如果说桑哥好话就有罪，那么朝中各位大臣，谁没有说过他的好话？朕也说过他的好话！"①

再说件小事。至元二十七年，尚书省报告江阴、宁国等路大水，灾民达 45 万余户，需要救济。忽必烈批示："此亦何待上闻，当速赈之！"国家这么大，什么都搞官僚主义那一套，等一级一级报上来，再一级一级传下去，灾民早饿死了！史评忽必烈："度量弘广，知人善任使，信用儒术，用能以夏变夷，立经陈纪，所以为一代之制者，规模宏远矣。"②

此外，至元二十八年还值得一说的是忽必烈继续推进政治体制改革。

南宋灭亡后，元朝保留其机构和全部行政官员，采用汉法，建立健全各项政治制度。雷纳·格鲁塞说："事实上，尽管忽必烈汗——成吉思汗的孙子——征服了中国，但他本人首先就已经被华夏文明所征服。"为此，西北诸蒙古宗王曾特地遣使责问忽必烈："本朝旧俗与汉法异，今留汉地，建都邑城郭，仪文制度，遵用汉法，其故何如？"实际上，

---

① 《元史》卷一七，世祖14，"词臣何罪！使以誉桑哥为罪，则在廷诸臣，谁不誉之！朕亦尝誉之矣。"
② 《元史》卷一七，世祖14。

"忽必烈的统治政策充满了折中主义色彩"①。换言之,也就是蒙汉两种文化的改革与创新。

至元二十八年诏令罢尚书省,右丞相以下均归入中书省,其"行尚书省"改为"行中书省"——钱穆风趣地解释为"行动的中书省",简称"行省"或"省"。行省制,即在中央设中书省,总理全国政务;枢密院掌管军事,御史台负责监察。在地方设行中书省,行省设丞相一人掌管军政大事;行省下设路、府、州、县。元朝在全国共设10个行省。这是中国政治制度史上的一次重大改革,对后世有巨大影响。我们现代的"省"就源于此。

## 千古之叹:皇帝为什么越来越蛮横无理

所谓"忠","内尽其心,而不欺也"。②忠这样一种品质,孔子非常重视。但他倡导"君使臣以礼,臣事君以忠"③,并没说臣要无条件服从于君。相反,孔子主张"危邦不入,乱邦不居;天下有道则见,无道则隐"④,绝不在一棵歪脖子树上吊死。更有甚至,如果碰上"无道",不仅可以隐,还可以走,"道不行,乘桴浮于海"⑤。他这样说,也这样做了。忠还是不忠,从还是不从,现还是隐,留还是走,取决于一个前提条件:"有道",也即"明君",换言之是"君使臣以礼"。费孝通说:

---

① 卜宪群、中国社会科学院历史研究所:《中国通史·辽西夏金元》,华夏出版社2016年版。
② 《增修互注礼部韵略》。
③ 《论语·八佾》。
④ 《论语·泰伯》。
⑤ 《论语·公冶长》。

在《论语》中，忠字甚至并不是君臣关系间的道德要素。君臣之间以"义"相结合，"君子之仕也，行其义也"。所以"忠臣"的观念可以说是后起的，而忠君并不是个人与团体的道德要素，而依旧是对君私人间的关系。①

"三纲五常"（民间版）所谓"君为臣纲"中的君与臣也是互为条件的，后儒却只强调臣绝对服从于君，而不论君王有没有"道"，有没有"礼"。更甚者，他们苛求"忠臣不事二君，贞女不更二夫"，②民间还广为流行一种说法："君要臣死，臣不死是为不忠；父叫子亡，子不亡则为不孝。"君要杀臣美其名曰"赐死"，臣还得对着白绫、鸩酒叩谢皇恩浩荡。

凡忠必愚。正是有了这种愚忠的"天理"，后来的帝王对臣越来越无礼，滥杀无辜，还美化为"武死战，文死谏"。武将死于战没话说，战争本来就你死我活，每一个将士在从军之时就必须做好战死的准备。可是文官为什么要死于谏呢？总不能要求每一个学子在参加科举之时就做好死于官场的准备吧？文官死于谏，只能说昏君暴君太不称职，该死的是这帝王。"文死谏"是不正常的，不能跟"武死战"相提并论加以颂扬。

元朝也是尊孔崇儒的，特别重视"三纲五常"（官方版），文宗皇帝每年都要亲自走访慰问孝子与烈女节妇，由朝廷加以旌表，儒生则可以不交皇粮国税。蒙古人作为"夷狄"，文明程度明显相差一大截，怎么也如此重儒呢？奥秘正在这里！儒家自古搞"华夷之辨"，怎么会甘

---

① 《乡土中国》。
② 《史记》卷八二，田单传，3册。

心让"夷"来治"华"呢？除了给好处贿赂，只有讲"君臣大义"，他们就不再搞"华夷之辨"。现在的异族皇帝不是应当被排斥的"夷"了，而是应当无条件地忠于的"君"。

伯颜能文能武，屡立战功，但他政治观念极保守。伯颜擅权，一手遮天，"势焰薰灼，天下之人惟知有伯颜而已"。他还大肆贪腐，"天下贡赋多入伯颜家"，与太皇太后私通，以致朝野传诵"上把君欺，下把民虐，太皇太后倚恃着"①的歌谣。顺帝对伯颜很不满，早就与侄儿脱脱开始密谋除掉他。伯颜也蠢蠢欲动，与人合谋取代顺帝。鹿死谁手，看谁抢先。

脱脱受儒家影响很深，对于政变这种事难以下决心，"复怀疑久未决"。脱脱请教他的启蒙恩师兼心腹幕僚吴直方。吴直方回答："《左传》有曰：'大义灭亲。'臣只知忠于国家，哪还顾得上其他！"②瞧，怂恿人政变、叛乱也是有一大套理论的。

如果说脱脱与顺帝发动政变与改革是挽救元朝，那么这一努力又让顺帝亲手毁了。其实，顺帝这人沉溺密宗，后宫糜乱，没多少心思干正事。脱脱没干多久就心灰意冷，称病辞职。社会危机加剧了，5年后顺帝又将脱脱请回，实行改革，镇压愈演愈烈的民变。脱脱在军事上是血腥的，大破徐州，大灭民军的势焰。顺帝很高兴，加官太师，在徐州为他建生祠，立"徐州平寇碑"。不久盐贩张士诚又起兵，据高邮称"诚王"，国号"大周"。顺帝命脱脱率百万大军前往围剿。叛军据城固守，脱脱攻城不下，便屯兵围城以待转机。这时，有人趁机攻击脱脱，

---

① 权衡：《庚申外史》。
② 《元史》卷一三八，脱脱传，57册，"《传》有之，'大义灭亲。'大夫但知忠于国家耳，余复何顾焉。"

顺帝听信谗言，以"费财，已逾三月，坐视寇道"为罪名，削夺脱脱的官职与兵权。诏书到达军中时，部将龚伯遂劝道："将在外，君命有所不受。现在紧要关头，不可风吹草动！"脱脱却说："天子诏我而我不从，是与天下抗也，君臣之义何在？"老老实实交出兵权，还顿首谢诏说："臣至愚，荷天子宠灵，委以军国重事，蚤夜战兢，惧弗能胜。一旦释此重负，上恩所及者深矣。"① 副使哈剌答见状，绝望地说："丞相此行，我辈必死于他人之手，今日宁死于丞相前。"言毕，拔刀刎颈。脱脱被流放，但在流放途中，又有人假诏圣旨赐予毒酒，脱脱还是毫无反抗地喝下，完美地诠释了"君要臣死，臣不死是为不忠"的"天理"。

顺帝的"忠臣"远不止脱脱一个，也不止他们同族人。汉人儒臣们不搞"华夷之辨"，而注重对异族皇帝讲"君臣大义"。直到元朝被汉人灭了，还很多名士为之殉节，甚至有不少汉族名士追随顺帝北逃。清人张其淦编《元八百遗民诗咏》，收元遗民850多人，而《古今图书集成》所载宋遗民仅700人。从这角度看，元朝的政治文化似乎成功了——理学成功了。

脱脱乖乖地就擒，副使自尽，高邮城下的"大军百万，一时四散……其散而无所附者，多从红军"。② 红军即红巾军，民军主力。此为一大转折点，元军主力解体，张士诚死里逃生后像脱缰的野马，一路南下，迅速攻占平江（今江苏苏州）、湖州、松江、常州等地，元朝的命运也就定型了。

脱脱死后6年，大臣上书为他鸣冤叫屈，顺帝只得予以平反，恢复其官职，复其家产。可是，这有什么意义？大臣们不满，4年后监察

---

① 《元史》卷一三八，脱脱传，57册。
② 《庚申外史》。

御史圣奴、也先等人还上书要求追责:"奸邪构害大臣,以致临敌易将,我国家兵机不振从此始,钱粮之耗从此始,盗贼纵横从此始,生民之涂炭从此始。设使脱脱不死,安得天下有今日之乱哉!"① 然而,这反思也没用,因为太迟了,这之后两年元统治者就彻底被逐出中原。

历史上,脱脱之死绝不是孤例。辽末代皇帝天祚帝逃亡中,叛军耶律余睹率金军紧追不舍。奸臣萧奉先献计说:"耶律余睹此番率兵而来,并不是冲着您,只不过是为夺晋王罢了。为了您的安全,不如干脆把晋王杀了,耶律余睹也就死心,自然退兵。"天祚帝居然也信,真的赐死晋王额噜温。额噜温素有人望,这时有人紧急告密,请他快逃。没想到,额噜温却说:"安能为蕞尔之躯而失臣子之节!"坐以待毙。结果,"诸军闻其死,无不流涕,由是人人解体"。② 此后第三年,辽也被金国彻底灭了。

脱脱与额噜温之死,究竟是谁之罪?愚忠的文化有没有责任?

再说,顺帝对忠臣能臣无礼,也不是孤例。碰上不愚忠的,那是另一种糟糕。

当时形成了一种类似春秋或者唐末的局面。"与1344—1349年间的地方分权时期不同,此时中国很多地方已创建了各种新的军事、行政机构来对付1351年以后的暴动;这些机构在人力与财力两方面都能够独立行动,并在不久后确实这样做了……元政府成了一个只能控制京城及其周围地区的地区性政府了"。③ 为此,朝中形成两派,一派以别儿怯不花为首,认为为了对付流窜的土匪,或是在处理灾荒或地方动乱

---

① 《元史》卷一三八,脱脱传,57册,"然以国家多故,未及报而国亡。"
② 《续资治通鉴》卷九四,宋纪94。
③ 《剑桥中国辽西夏金元史:907—1368年》。

时，地方驻军需要有一些不受限制的权力，地方官需要少受干扰，而更多地努力争取当地民众的合作；另一派以脱脱为首，则建议集权。后一派中有个著名人物刘基，即刘伯温，以神机妙算、运筹帷幄著称，有"三分天下诸葛亮，一统江山刘伯温；前朝军师诸葛亮，后朝军师刘伯温"之誉。本来他是元朝的忠臣能臣，却屡遭无礼对待。初为江西高安县丞，不避强权，被人陷害，幸好长官信任才免祸，辞职了事。至正三年（1343年）朝廷再召为江浙儒学副提举，又因检举监察御史得不到支持，反遭诸多责难，只好再辞职。至正十二年，民军徐寿辉陷杭州，朝廷重新起用他为江浙省元帅府都事。朝中想招安方国珍，刘基则认为方氏兄弟为首犯，不诛无以惩后。结果，方国珍重贿官府，还是被招安并授官（最后降明），反而责刘基。刘基一怒之下又辞官，至正二十年被朱元璋任用为谋臣，为朱元璋灭元及群雄发挥了决定性的作用。朱元璋多次称刘基为"吾之子房也"。子房即张良，帮刘邦夺天下的谋臣。

如果顺帝重用了刘基，他很可能成为朱元璋那样的创业帝王。如果刘基也愚忠，那么对于顺帝来说有损失但不致命。而刘基不愚忠，顺帝的"无礼"就无异于自杀了。

这种"自杀"的帝王岂止元顺帝？明朝的末代皇帝朱由检，不也很典型吗？

我总觉得孔子"君使臣以礼，臣事君以忠"之说，应当是一种因果关系，即只有"君使臣以礼"，臣才事君以忠，而不是相反。那么，处于受到压迫境地的智者具体该怎么办？先秦儒拿出了主意，明说"所谓大臣者，以道事君，不可则止"[1]，孔子、孟子做出了榜样。

---

[1] 《论语·先进》。

但汉儒董仲舒明确主张"善皆归于君,恶皆归于臣"。宋儒更甚,两者割裂,将"臣事君以忠"绝对化为"君要臣死,臣不死是为不忠",而不断淡化"君使臣以礼",阉割出"三纲五常"官方版。这样,让帝王产生一种错觉,以为"臣事君以忠"天经地义,君对臣礼不礼则无所谓,助长了他们对臣不礼的轻狂,导致每一个朝代之末越来越多的文武大臣以脚投票,实际上变成害君害国了!

# 第十二章
# 明初 30 年

> **提要**
>
> 明太祖朱元璋自洪武元年（1368 年）开国至洪武三十一年（1398年）逝世，其间狠治贪官，与民休息，大规模移民，恢复发展经济，被誉为"洪武之治"。

## 开国立朝："驱逐胡虏"

朱元璋原来只是一个走投无路的小和尚，只是在流浪中卷入造反队伍；只是偶得"浙东四先生"为谋臣，其中章溢忠告说"天道无常，德能感天，只有不嗜杀的人才能一统天下"，朱元璋才开始装斯文；只是在进京的前一年，才由宋濂给他披上"驱逐胡虏，恢复中华，立纲陈纪，救济斯民"的漂亮外衣。这样，在元朝末年那一大堆造反民军当中，朱元璋很快胜出。洪武元年伊始，朱元璋在应天（今江苏南京）称帝，国号"大明"。"洪武"是朱元璋的年号。

朱元璋称帝后，致书元顺帝，劝他降，被拒绝。第二年末委派使者赴云南招降元梁王，使者被杀。洪武十一年（1378年），元昭宗死，朱元璋派使者前去吊唁。在和解无望，又一直被扰边的情况下，洪武十四年初朱元璋才命徐达率师北征，渡胪朐河（今克鲁伦河蒙古段），抓了一些官吏便回师。双方不时地小打小闹。

我们通常认定元朝在朱元璋立国之时即灭亡。蒙古人退回草原后，重新以部落为单位过起逐水草而居的生活，但并没有偃旗息鼓，而是在上都（今内蒙古锡林郭勒）继续使用元的国号，史称"北元""残元""故元"或"胡元"，仍然比较强大，号称"引弓之士不下百万，归附之部落不下数千里"，直到260多年后被清朝吞并。

## 最大看点："救济斯民"

朱元璋对经济工作挺重视，还在战争夺权之时就开始抓经济。称帝后，他说："天下初定，百姓财力困乏，像刚会飞的鸟，不可拔它的羽毛；如同新栽的树，不可动摇它的根，重要的是休养生息。"洪武三年（1370年）命诸郡县富民入京师，朱元璋亲自接见，并赐酒食。洪武三十年调查浙江等9个布政司及直隶、应天10个府州拥有田地700亩以上的地主，共1.42万户，编成名册，分批召见。

洪武元年，朱元璋除了宣布登基开国、追击残余之敌及军事改革外，还迫不及待地干了一件大事，就是委派国子监生周铸等164人浩浩荡荡分赴全国各地去丈量田地与核实人口。谕曰："兵革之余，郡县版籍多亡……无使过制以病吾民。夫善政在于养民，养民在于宽赋。今遣周铸等往诸府县核实田亩，以定赋税，此外无令有所妄扰。"[1]洪武十四年（1381年）初令各州县之下分里甲，每110户为1里，设"里长"；每10户为1甲，设"甲长"。以户为单位进行户口登记，记载其乡贯、姓名、年龄、丁口、田宅、资产；并以职业分类，主要有军、民、匠、灶（盐），还有儒、医、阴阳等。户籍登记一式4份，分别存于中央户部、布政司、府、县，每10年编订一次。官府以此为依据征赋役，故称"赋役黄册"。洪武二十年再命国子监生分行天下州县，丈量全国田亩，以税粮多少划分若干个区，每区设粮长4人。命各州县分区编造以田地为主、写明田主姓名的图册，也一式4份，详列面积、地形、四至、土质，作为征税依据。因为图上所绘田亩像鱼鳞，所以田亩清册又叫"鱼鳞图册"。有了这样的图册，加上"赋役黄册"，赋税可能更公平，但更难逃漏税了。

洪武七年初遣官分赴河南、山东、北平整顿屯务，要求军屯3分守城，7分耕作，每人授田50亩，发给耕牛和种子，税每亩1斗。洪武二十一年查天下各地屯田，每年增租税粮500多万石。

洪武三年责令地方官奖励垦荒，招集流民，官给牛、种。洪武四年从山后（今河北太行山北端）移民3.5万户19.7万人散居北平，从军的给衣粮，为民的给田以耕。同时从沙漠徙蒙古人3.8万户屯田北平，垦田1300多顷。洪武十二年新垦田27万顷。洪武二十一年徙泽州、潞州无地农民到河南、河北垦荒，置屯耕种。洪武十四年查全国田亩，仅366.7万顷。通过十几年新垦，洪武二十六年增至850.7万顷，增长1倍多。洪武二十八年末对河南、山东近3年新垦田不征税，继续鼓励垦荒为田。

黄河之害仍严重。如洪武八年初开封大黄堤决口，命3万民夫抢

---

[1] 谷应泰：《明史纪事本末》卷一四。

救。洪武十七年开封东月堤决，从陈桥到陈留横流数千里，又决杞县入巴河。洪武二十三年河决归德，发动10卫的军民抢救。同年又决开封、西华诸县，漂没民舍1.57万户。洪武二十五年初河决阳武，泛陈州、中牟等11个州县，发民丁及17个卫的军士抢修。

灾后减免租赋，赈济灾民，不赘述。当时也重视兴修水利工程，预防水、旱灾。如洪武元年修和州铜城堰闸，周回环流200余里。洪武二十三年崇明、海门发生海溢，决堤2.39万丈，发民工25万人修海堤。洪武二十七年特谕工部：凡陂塘湖堰可蓄水防旱的都要修治。随后，分遣国子监分别到各郡县，督吏民修治水利。洪武二十八年各地开塘堰达4万余处，疏通河流4162处，修建陂渠堤岸5048处。

贫苦出身的朱元璋不忘艰苦朴素。洪武十八年诏令天下四民（士、农、工、商）守其业，不许游食。庶民之家，不许衣锦绣。洪武二十三年末甚至罢织文绮缎匹。

然而，朱元璋实际上并没有给百姓带来多少福祉。流行在他家乡的"凤阳花鼓"唱道：

说凤阳，道凤阳，
凤阳本是个好地方，
自从出了个朱皇帝，
十年倒有九年荒。

所谓"救济斯民"，只不过是个政治口号。乡亲们口中的大明，还不如朱元璋笔下的元朝了。

说来令人不可思议，对自己开国功臣大肆屠杀的朱元璋，对元朝统治者却好像是受了他们"禅让"一样，感恩戴德。进军大都（今北京）的最后关头，朱元璋明令不得伤害元皇亲贵族。对俘获的元贵族封给爵位，赐予优厚生活待遇，甚至强迫汉人继续对他们行礼如仪。他说，"元虽夷狄，入主中国，百年之内，生齿浩繁，家给人足，朕之祖父亦预享其太平"，"朕本农家，乐生于有元之世"。既然蒙古人治下这么幸福，你为什么要去推翻呢？朱元璋说是他们的天数已尽。那么，如此之好的元朝为什么会被天改授命呢？当然，当时没人敢这么追问。

这时期，朱元璋的主要精力在于巩固自己的统治，留在史册上的更多是血光。

### 一、体制改革

朱元璋在《太祖宝训》中写道："朕观元朝之失天下，失在太宽。昔秦失于暴，汉兴济之以宽，以宽济猛，是为得之。今元朝失之于宽，故朕济之以猛，宽猛相济，惟务适宜尔。"在朱元璋看来，元亡的教训失之于宽松，大明现在要强化统治才是。

钱穆认为：明朝是中国近代史开始，也是世界近代史开始，"可惜的是西方历史这一阶段是进步的，而中国这一阶段则退步了，至少就政治制度来讲，是大大退步了"，"倘使我们说，中国传统政治是专制的，官府由一个皇帝来独裁统治，这一说法，用来讲明清两代是可以的"。[①]

建国伊始，百废待兴，各种制度一般都沿袭前朝，只是稍加改革。

---

① 钱穆：《中国历代政治得失》，生活·读书·新知三联书店2005年版。

洪武九年（1376年）废元制"行中书省"，将全国划为13个"承宣布政使司"，意为"朝廷有德泽、禁令、承流宣播"，置布政使、参政官等。第二年又在中央政府置通政使司，专门负责接受内外章奏，每天早朝时汇达御前。

洪武十三年置谏院官，设左右司谏各1人，左右正言各2人。洪武十五年罢御史台，设都察院，主掌监察、弹劾及建议，与刑部、大理寺并称三法司。遇有重大案件，由三法司会审。都察院不仅可以对审判机关监督，还拥有"大事奏裁、小事立断"的权力，为最高监察机关。

洪武元年，朱元璋在称帝同月立卫所制及将兵法。在中央设大都督府，作为全国最高军事机关；在京师及郡县要害地区设所，数府郡划一防区设卫。战时，命总兵官佩将印领兵出征，战后将印还于朝廷，大将军单身回第，军士各回本卫。皇帝掌握兵权，防止地方武装割据。洪武十三年初在废丞相的同时，罢大都督府，将其分为中、左、前、后、右五军都督府，并与兵部互相牵制。兵部有权颁发命令，但不直接统率军队，都督府掌管军队的管理和训练，但没有调遣军队的权力。这样，军权集中于皇帝之手。

朱元璋处死宰相胡惟庸不解恨，随手连中书省也给罢了；废丞相，其职能归六部，六部直接对皇帝负责，相权与君权合一。朱元璋还愤愤然诏曰："嗣君不许复立丞相。臣下敢以请者置重典。"从此，在中国延续了近2000年的相权被彻底剥夺。著名汉学家卜正民认为：朱元璋更多地复制了他本人熟悉的元朝惯例。结果便产生了一种杂糅了蒙古汗和宋朝皇帝两方面传统的新统治模式，即"专制统治"（despotism）。① 从

---

① ［加］卜正民著，潘玮琳译：《挣扎的帝国：元与明》，中信出版社2016年版。

此，朱元璋得像秦始皇一样勤政。有人统计洪武十七年某八天当中，内外诸司的奏疏多达1660份，涉事3391件，也就是说朱元璋平均每天要批阅207份文件，处理423件政事。[1]这是怎样的一种负担！

不久，朱元璋设"四辅官"，两年后改设"殿阁大学士"，后来发展为"内阁"制度。但"明代的政治体制中，内阁确实不是相权的回归，而是由皇帝的秘书顾问机构，逐渐成长为一个超越单纯的秘书职能的权力协调机构。它究竟是'有名无实'还是'有实无名'，取决于内阁大学士个人的政治能力及其对皇帝的影响力……尽管内阁偶尔会坚持自己票拟的意见，但归根结底所有的权力还是集中在皇帝一人之手"。[2]

朱元璋立下"皇明祖训"，并强调说："后世有言更祖制者，以奸臣论。"《中国政治制度史》生动地描述：

> 明代皇权空前膨胀，朝仪时山呼万岁，再山呼万万岁，已成定例，连跟从皇帝行丹墀，也规定"常面北，不南向，左右周旋不背北"。皇帝是如此的威严、崇高，以致在君臣隔阂的明朝中叶后，"一逢召对，遂有手足茫茫之感"。大臣不是只会叩头呼万岁，就是"口噤不复出声"。最典型的是神宗召见阁臣时，吴崇仁竟然"惊怖，宛转僵卧，乃至便液并下"，直到把他送回家后，仍然"如一土木偶，数日而视听始复"，成了极大的笑话。[3]

稍加深思，就笑不出来了。著名历史学家雷海宗说："汉末、魏晋

---

[1] 陈曦：《社科院版〈中国通史〉出版》，《现代快报》2016年7月3日。
[2] 卜宪群、中国社会科学院历史研究所：《中国通史·明清》，华夏出版社2016年版。
[3] 《中国政治制度史》下册。

南北朝时代皇帝实权削弱，隋唐复盛，宋以下皇帝的地位更为尊崇。到明代以下人民与皇帝真可说是两种物类了，不只皇帝自己是神，通俗小说甚至认为皇帝有封奇人或妖物为神的能力。"[①] 一个走投无路的小和尚怎么就变为人间至高无上的神了？

## 二、除功臣

那些人提着脑袋跟着朱元璋南征北战，好不容易成功，本以为可以分享胜利果实了。开始几年，朱元璋没忘他们的功劳。洪武二年即1369年初在首都立功臣庙，朱元璋亲自敲定功臣位次：徐达、常遇春、李文忠、邓愈、汤和、沐英等21人，死者祀像，活者留其位。第二年大封功臣，封李善长、徐达等6人为国公，汤和等28人赐诰命、铁券。诰命是授赠给官员家属的荣誉证书。铁券是皇帝赐给功臣、重臣一种带有奖赏和盟约性质的凭证，类似于现代勋章，允许其世代享有优厚待遇及免死罪，所以也称"免死券"。明代铁券现在中国历史第一档案馆还有实物，为金属铸造的半覆瓦形，其上刻有受赐人的姓名、勋劳、官爵，写明持有此券，本人犯法可免2次死罪，子孙可免1次。洪武十年（1377年），还录用已故功臣的子孙500余人，给他们授官。

政权稍稳定，朱元璋开始过河拆桥，卸磨杀驴。胡惟庸是开国功臣，洪武十年升为左丞相，位居百官之首，仅次于朱元璋，相当于副总统。但他有些骄纵跋扈，有人说他想谋害徐达、刘基。洪武十三年大臣涂节告胡惟庸谋反，朱元璋当时没有表态。4天后，胡惟庸说他家的旧宅井里涌出醴泉，蔚为奇观，实为大明祥瑞之兆，邀请朱元璋前往观

---

[①] 《中国文化与中国的兵》。

赏。朱元璋高高兴兴答应,不想在半路一个太监拦御驾,说胡惟庸家方向有异常。朱元璋立即返回,登上宫城,果然发现胡惟庸家墙道里藏着士兵,刀枪林立,于是将胡惟庸逮捕,当天处死。诸多专家学者认为,这是一个明显的冤案。4天前涂节就告胡惟庸谋反了,猜忌多疑的朱元璋还可能应邀去他家吗?胡惟庸如果真的在家里藏有伏兵,可能让人在城墙上远远望见吗?

　　胡惟庸死了,血案还没完。洪武十九年（1386年）,胡惟庸余党林贤坐通倭罪,被灭族。周德兴是跟朱元璋穿开裆裤长大的,防倭有功,退休回家,但其子犯法,株连被杀。洪武二十三年,潭王朱梓因其弟被控胡惟庸余党,与妃自焚;同月吉安侯陆仲亨等人被告胡惟庸余党,下狱月余被杀;开国功臣、韩国公李善长被控与胡惟庸有勾结,赐死,其妻女弟侄皆被杀。洪武二十五年靖定侯叶昇被控胡惟庸余党,被诛。直到洪武二十六年,朱元璋自己也觉得诛杀过多,这才赦其余党。据统计,仅这一案就杀了3万多人。卜正民评论道,14世纪80年代的这次大规模肃清,是当时人类历史上最恐怖的血腥屠杀,它给士人造成的心理重创,远胜于元朝统治时期的种种。①

　　胡惟庸案仅仅是朱元璋制造的四大血案之一。其二,元朝时全国钱谷册簿,惯例是先署印后填写,称"空印"。明朝相沿未改,不想洪武九年朱元璋突然治以欺罔罪,凡主印吏及署守有名的人都入狱,诛杀数百名官员,连坐被杀数以万计。其三,洪武十八年户部侍郎郭桓与中央六部及各地方官勾结,盗卖官粮700余万石。杀郭桓之后,朱元璋疑北平官吏李彧、赵全德等与郭桓有关系,将六部左右侍郎以下皆处死,入

---

① 《挣扎的帝国:元与明》。

狱者多达数万。因为多属冤枉，怨声遍及全国各地，朱元璋又将审刑官吴庸等人处死，以平民愤。其四，蓝玉屡立战功，官拜大将军，封凉国公，又是太子朱标岳父的亲戚、太子妃的舅父，洪武二十六年突然被控谋反，被杀不算，还被剥皮实草，传示各地。紧接追究其党羽，牵连致死达 1.5 万余人。

其他如洪武二十七年颍国公傅友德被赐死，同年定远侯王弼也被赐死。第二年宋国公冯胜被告谋反被杀，退休的信国公汤和在家病死。在开国功臣中，只有汤和一个人得以寿终正寝——或许他也是被吓死的。

## 三、抗倭

历史上外交基本思路是"中国居内以制夷狄，夷狄居外以奉中国"，努力打造一个"四夷来朝"的礼制体系，制造一种自己为"天下共主"的虚幻景象。以影响力强弱为半径，画一个以中国为圆心的朝贡关系圈。明朝乐此不疲。朱元璋称帝不久，先后派员与高丽、安南、日本、占城、爪哇、暹罗、真腊、文莱、琉球等国联系，要求他们前来朝贡。设 3 个市舶司，明州用来接待日本，泉州接待琉球，广州接待东南亚各国，出台了一系列优惠政策。然而，朱元璋很快失望，因为他发现来朝贡的"内带行商，多行谲诈"。同时，还有原来反元的民军残留在一些海岛威胁大明政权。于是，朱元璋开始闭关锁国。洪武四年（1371年）颁令"禁濒海民不得私出海"，随后又 4 次颁禁海令。朱元璋还曾指示没必要频繁向外国派使团。著名历史学家许倬云批评道：

> 这一时代的世界，实际已有了非常重大的变化……国际经济网络，已在逐渐形成，将欧、亚、非、美四个大陆与太平洋的许多

岛屿（例如今日的印尼、菲律宾等）都编织在一个庞大的经济体系之内。然而，明朝政府并未察觉这一正在进行的巨变，仍以防守海疆的角度，制定官方的海禁。①

倭寇即日本海盗活动，一般分两个时期。前期元末至明初，主要侵扰朝鲜与中国北方沿岸。朱元璋派使者要求日本国王良怀取缔倭寇，并向大明朝贡。日本正值内乱，地方军阀多借国王的名义对外活动，"怀良亲王"拘明使者。朱元璋一面命当地守军击退倭寇，另一方面再遣人出使日本。"怀良亲王"送还被掠的中国人，但倭寇仍然时常侵扰。朱元璋也无奈，只好派兵出海防范，暂罢市舶司。

闭关似乎收到立竿见影之功，倭寇几乎没再侵扰，但中日两国政治关系变紧张。同年日本遣使贡方物，朱元璋以无表文为由却之，并令中书省拟文谴责。洪武十三年日本又派使者入贡，没有国书，只有将军奉丞相书，朱元璋很可能不知道日本怀良亲王早已退隐，认为其词句傲慢，再却之。这次回书不仅谴责怀良亲王，甚至威胁要出兵讨伐。怀良亲王毫不示弱，回复说任你文攻武战我都不怕，大不了输了做你臣属，可你如果输了做我小国臣属那就太难堪了，还是讲和为上吧！② 这回复让朱元璋大怒，但鉴于元朝征讨日本失败，弄不好真要"反作小邦之羞"，不敢轻易出兵，只好继续打"口水战"。洪武十九年（1386

---

① 《万古江河》。
② 《明史》卷三二二，日本传，第63册，"臣闻天朝有兴战之策，小邦亦有御敌之图。论文有孔、孟道德之文章，论武有孙、吴韬略之兵法。又闻陛下选股肱之将，起精锐之师，来侵臣境。水泽之地，山海之洲，自有其备，岂肯跪途而奉之乎？顺之未必其生，逆之未必其死。相逢贺兰山前，聊以博戏，臣何惧哉。倘君胜臣负，且满上国之意。设臣胜君负，反作小邦之羞。自古讲和为上，罢战为强，免生灵之涂炭，拯黎庶之艰辛。特遣使臣，敬叩丹陛，惟上国图之。"

年），日本又遣使入贡，朱元璋怒气未消，还是却之。第二年，有人说日本使者曾支持胡惟庸谋反，朱元璋立即断绝与日本的关系。

可是，倭寇问题依旧，只能以防守为主。这年在浙江沿海设防城59个，福建16个。洪武二十九年设捕倭奖，诏："凡指挥千百户获倭一船及贼者，升一级，赏银五十两，钞五十锭。军士水陆擒杀倭贼，皆赏银。"第二年重申禁海外互市。这些措施无疑起了一定作用，但仍然没有解决问题。

### 四、颁律令

朱元璋主张"刑用重典"，建国前一个月就急不可待颁发律令285条。洪武六年《大明律》修成，共606条，颁行天下。《大明律》有"骂詈"罪名，骂人也犯法。为了推行《大明律》，洪武十八年又颁《大诰》。这是朱元璋亲自撰写的刑典，内容是整理这一年审判贪腐方面的重大案件，计74条。同时，大力推行《大诰》，全国各地到京城讲读《大诰》者达19万人。第二年成《大诰续编》，共87条；又成《大诰三编》，共43条。洪武二十年（1387年）成《大诰武臣》，共32条。因为逐年增加太多，且"比年条例增损不一，以致断狱失当"，只好对《大明律》进行大修。洪武二十二年修成，重新颁发。继续深入开展"普法"宣传活动，洪武二十四年赏民间诵《大诰》子弟达19万人。随后又对明律进行一次大修，于洪武三十年正式颁发《大明律诰》，申令："今后法司只依《律》与《大诰》议罪。"朱元璋还特别强调："定律不可轻改"，"子孙守之，群臣有稍议更改，即坐以变乱祖制之罪"。后来的明帝们，"历代相承，无敢轻改"。

朱元璋治贪下了很大决心，花了很多心思。为防止官员私自涂改账册,他令记账时将一至十数字改为壹贰叁……沿用到今天。官吏贪赃满60两的,处死不算,还要剥皮示众,空前绝后之严酷。他还特别下令:百姓不分贵贱,皆可直接到京城告发地方官吏的贪污罪行,地方官吏不得拦阻。然而,朱元璋严猛反贪的效果并不理想,他禁不住叹道:"朕除贪官污吏,为何早上杀了而傍晚又有人犯,除之不尽?看来还是罚得太轻,今后要不分轻重全杀了!"①

刑部主事茹太素为人"抗直不屈",办事"以平允称",但表达能力较差,每次上奏章动则七八千字,朱元璋看得很不耐烦。洪武八年末一次,朱元璋叫人念给他听。念到1.65万字,还没听出个所以然,朱元璋大怒:"虚词失实,巧文乱真,朕甚厌之。"将茹太素痛打一顿不算,为此订立上书陈言格式,"繁文过式者罪之"。洪武十五年广平府吏王允道建议:磁州的临水镇产铁,希望效仿元朝置铁冶都提举司管理,每年可收铁100多万斤。不知这话触痛了朱元璋哪根神经,即将王允道杖一顿,流放海外。说不准什么事会犯法,会处以何种刑罚。

更恐怖的是洪武十五年,朱元璋将管辖禁卫军的亲军都尉府改为锦衣卫,授以侦查、缉捕、审判、处罚罪犯等权力。这是一个军事特务机构,由皇帝直接掌控。它另立法庭和监狱,俗称"诏狱"。诏狱里采取剥皮、抽肠、刺心等种种酷刑。朱元璋还让锦衣卫在朝廷上执行廷杖,不少饱读儒书的大臣惨死杖下,文明扫地。到处派特务,稍有异常言行就可能被监视到。不过,洪武二十六年后朱元璋没再让他们滥捕,主要是后来朱棣让锦衣卫横行。

朱元璋治下的社会景象,他亲笔描述:

---

① 刘辰:《国初事迹》,"本欲除贪赃官吏,奈何朝杀而夕犯!今后犯赃者不分轻重皆诛之。"

《大诰》一出，邻里亲戚有所畏儆，其苏、松、嘉、湖、浙东、江东、江西，有父母亲送子至官者，有妻舅、母舅、伯、叔、兄、弟送至京者多矣……有亲戚影射，四邻擒获到官者，本人枭令，田产入官，人口发往化外，如此者多矣。①

当时《大明会典》规定："凡军民人等往来，但出百里即验文引。如无文引，必须擒拿送官。仍许诸人首告，得实者赏，纵容者同罪。"文引即官方准予通行的文书。各地设关卡，"凡无文引私度关津者，杖八十。若关不由门、津不由度而越度者，杖九十。若越度缘边关塞者，杖一百，徒三年。因而出境外者，绞"。休想走旁门左道，翻山越岭。强调"人民互相知丁""市村绝不许有逸夫"。逸夫即无业游民。"或于公门，或在市间里，有犯非为，捕获到官，逸夫处死，里甲四邻，化外之迁"。如果犯了事，你的四邻也得发配到边远的不毛之地去。

## 五、正礼仪

为巩固皇权并对其后世子孙进行训诫，朱元璋登基第二年便命人编修《祖训录》，专门辑录朱元璋的言论和政事，按内容分类，易检索又易读，洪武七年书成，洪武九年（1376年）修订，洪武二十八年重定，更名为《皇明祖训》，从此形成一个修"宝训"的传统。同时组织儒臣收集历史上后妃的故事，编成《女诫》一书，印发给亲戚和宫女对照学习。洪武七年修成《皇明宝训》15卷，洪武十三年修成《臣戒录》，印发给文武百官学习。另编有《醒贪简要录》《彰善瘅恶录》等反腐教材。

---

① 《大诰三编》。

可是朱元璋对孟子却极其不满。洪武五年某日，朱元璋读《孟子》。当他读到"民为贵，社稷次之，君为轻"等语时，大发雷霆，立即召见文臣，宣布即日起免去孟子配享孔庙的资格，将孟子的牌位撤出孔庙。此令一下，举世哗然，因为历史上从来没有哪个帝王这么干过。大臣纷纷上奏反对，朱元璋坚持己见，不许异议。可是，刑部尚书钱唐偏偏视孟子高于帝王，高于自己的生命，坚持进宫为孟子求情。朱元璋大怒，命禁军射杀。钱唐肩臂中两箭，鲜血直流，仍然爬着进宫。朱元璋不能不有所感动，命人把钱唐送去治疗，且于不久后恢复孟子配享孔庙的资格。但对于《孟子》不可轻饶，删掉原文85条，编成《孟子节文》，科举考试只能以此为准。"民国"时期学者容肇祖依据当时国立北平图书馆所藏洪武二十七年刻本《孟子节文》，与《孟子》足本比对，梳理了朱元璋所删内容，指出：

> 《孟子节文》就是不许说人民有尊贵的地位和权利，不许说人民对于暴君污吏报复的话，不许说人民应有革命和反抗暴君的权利，不许说人民应有生存的权利，不许说统治者的坏话，不许说反对征兵征实同时并举，不许说反对捐税的话，不许说反对内战，不许说官僚黑暗的统治，不许说行仁政救人民，不许说君主要负善良或败坏风俗的责任。这11个"不许说"，实质就是权力王国的主宰者们"不许"道德王国的思想者们"说"不利于现存统治的话，而孟子洋溢着道德理想主义光辉的王道政治学尤其"不许说"。①

---

① 容肇祖：《明太祖的〈孟子节文〉》，《读书与出版》1947年第4期。

朱元璋就是如此野蛮，不仅要活着的臣民屈从，还要让死了的圣人也屈从于他！

洪武二十三年（1390年），朱元璋根据汉族的传统，上承周汉，下取唐宋，定朝臣衣服及士子巾服之制。第二年又更定冠服、车室、器用制度。服饰方面，男服有冕服，即皇帝的着装；朝服有通天冠服、皮弁服、朝服等；公服有百官的正式办公服；常服恢复唐宋时代的常服系统；女服有袆衣，为皇后受册、谒庙、朝会时穿着；翟衣为皇后的第二礼服；礼服为品官命妇的大礼服。人们日常生活，穿青布直身的宽大长衣，头上戴四方平定巾，一般平民穿短衣，裹头巾。还规定凡家中有人经商的，全家人都不穿戴丝绸服饰，以体现重农轻商。

洪武五年，朱元璋发布《正礼仪风俗诏》，在全国上下轰轰烈烈开展一场"教化"运动。其诏一条曰：

> 乡党序齿，从古所尚，今后民间士农工商人等，平居相见及见时宴会揖拜之礼，幼者先施；坐次之列，长者居上。佃户见田主，不论齿序，并以少事长之礼。若在亲属，不拘主佃，只行亲属礼。

连乡下人喝酒怎么坐席位都给规定死了，你看朱元璋工作多么深入，多么细致！但我想，那酒喝起来多无趣！

政治史学家、历史学家塞缪尔·E.芬纳认为，至元朝"可以说中国是儒学统治，但还不是儒教国家，因为县府衙门和乡村普通官员们还没有被彻底儒学化"。只有明朝开始，"随着地方官员、士大夫和学官们对市井民众等进行长期灌输，地方社会也被纳入了儒教网络当中，儒家社会开始出现,儒教国家也随之形成"。①

国子监说是教育部门,实际却跟监狱一般。学校设"绳愆厅",配皂隶2名及行刑凳2条,专门处罚犯规学员。学员初犯记录在案,再犯杖5下,三犯杖10下,四犯发配充军。首任校长宋讷,严酷得很,常有人被迫自杀或饿死,连尸也得经他亲自验。教师金文徵于心不忍,想方设法保护学生,直接向朱元璋告状。朱元璋说学生饿死罪在教师,而不在校长。金文徵不死心,又通过老乡关系建议吏部尚书令75岁的宋讷退休。宋讷向朱元璋辞行,说是被迫退休。朱元璋大怒,将金文徵等人全杀了,并出榜告示,写入《大诰》。洪武二十七年,学生赵麟不堪虐待,出壁报表示抗议,朱元璋也将他杀了,并枭首示众。当时国子监几任校长,除特别受宠的宋讷之外,不是被杀就是被贬。

## 千古之叹:明朝时期的贸易

明朝以前,有"大量的文献及考古材料证实,至迟在夏商时代中国的中原地区已和外界发生了经济文化交流。"② 早在张骞通西域之前,中国的丝绸就已销往西方,以至于中国被称为"赛里斯国"(Seres)即"丝之国"。宋朝时,西北部陆上"丝绸之路"被阻隔,不得不在广州、泉州、明州、密州设立"市舶司",专门负责对外贸易和招商引资。到元初,市舶司官僚主义日盛,反而在某种程度上阻碍了海外贸易的发展,弊端显现。明朝建立之初,因不堪倭乱之扰,朱元璋颁布"海禁"

---

① 《统治史》卷二。
② 孙玉琴、常旭:《中国对外贸易通史》卷1,北京:对外经济贸易大学出版社,2018年版。

令，废弃市舶司，"不许寸板下海"；但同时为了"怀柔远人"而保留了"薄来厚往"的朝贡贸易形式。永乐年间（1403—1424年），为接待朝贡使团，朱棣才在广州、福建、浙江沿海地区复置市舶司，其职能也转为接待朝贡使团、处理朝贡贸易事宜。

从朱元璋到朱瞻基时期（1368—1435年），朝贡使团规模越来越大，作为使者的亲王贵胄加上其亲眷仆从，有时甚至多达五六百人；规格也不断提高，一些国家甚至由国王亲自带领来朝。特别是朱棣至朱瞻基时期（1403—1435年），明朝对进贡使团极为优待，不仅赐予丰厚赏赐，还为使团提供食宿，对使团成员在华的违法行为也有豁免。使团除所贡方物之外还可携带大批货物，由朝廷"给价"（一般高于市值）收购或"抽分"（相当于收取一定比例的货物作为关税），余者准许他们自行交易，来朝者因此赚得可观利润。

朱厚照之后，明朝因为内忧外患，国力衰颓，接待日益庞大的进贡团体变成沉重负担。为此，朱祁镇不仅申明各国不可违背"三年一贡"的朝贡频率要求，还对朝贡使团的人数、在京交易时间、朝廷接待使团的规格等均做了严格限制。自此，明朝的朝贡贸易冷却下来。

朱棣在明初是一个特例，他一方面延续太祖的海禁政策，另一方面依然践行怀柔、德化的外交理念，派遣郑和率船队远航，七下西洋，对明朝的外交产生了有利的深刻影响。如果说接受朝贡是被动地吸引朝贡者，那么郑和率船队出海则是一项积极主动向各国展示大明国力的外交举措，促进了各国赴大明朝贡。对于明朝来说，郑和游历各国送去丝绸、瓷器等中国特产、文化，展示明朝的先进生产技术和精湛工艺，也带回各国进献的珍禽异兽、特产方物、工艺品等，促进了对他国工艺技术的输入。

随着时光流逝，明初开始实施的海禁政策负面影响日益突出，因为生计无着，沿海居民不得不冒险出海，甚至出现海寇猖獗的问题。万历年间（1573—1620年），朝堂上已经出现关于是否废除海禁令的争论。据万历朝进士谢杰所著《虔台倭纂》记载，当时大臣纷纷请求朝廷允许在近海与外通商，如福建巡抚许孚远认为："寇与商同是人，市通则寇转而为商，市禁则商转而为寇。"明穆宗朱载垕继位之初诏告群臣："先朝政令有不便者，可奏言予以修改。"福建巡抚都御史涂泽民不失时机上书："请开市舶，易私贩为公贩。"私贩指走私商，公贩指合法商人。朱载垕当即批准这一奏请，宣布解除海禁，允许民间远贩东西二洋，史称"隆庆开关"。至此，沿海地区民间私贸基本获得了合法地位。唯与日本的海上贸易仍在禁止之列，违者治"通倭"罪。隆庆开关终结了明朝施行二百多年之久的海禁政策，并取得了明显的积极成效。

首先是朝贡贸易的绝对垄断地位被打破。东南亚近水楼台，与大明之间的贸易形式最快也最方便地转为私贸，且互市利润增长显著。据万历年间张燮所著《东西洋考》记载，作为当时唯一准许船只出海经商的港口月港有18条航线，与47个国家和地区频繁进行直接贸易，从月港出口的货物有116种，进口货物140多种。

隆庆开关的另一个直接效果就是使大量白银涌入中国。隆庆开关期间，中国与西方的经济往来十分频繁。当时，在远洋探索中执牛耳者是西班牙。西班牙占据美洲后发现了大量银矿，新大陆产出的白银通过新航路源源不断地运往西班牙本土，这些白银再流入全球经济体系。1571年，西班牙人侵占了马尼拉，后将此地建为贸易中转站。马尼拉成为西班牙连接亚洲和美洲航线上的重要一环，而这条航线上的另一个重要节点就是中国的月港。著名的马尼拉大帆船装载明朝的热销商品出海，经菲律宾（马尼拉）中转后，运往墨西哥的阿尔普尔科，卸下的货物再转运至美洲各地和欧洲。换取的白银再从墨西哥流向中国。当时中国的商品如丝绸、瓷器、茶叶、铁器等广受世界各国欢迎，而中国进口的商品虽然品种也多，但民众消费进口商品能力很有限，所以需求总量并不大，其他国家只好以白银购买中国商品，大明处于稳固的贸易顺差地位。至此，自汉朝起建立的"海上丝绸之路"达到鼎盛。

在王朝的北部疆土，大明与北元的矛盾也有所缓解。至嘉靖朝，大明与北元人的战争已经打了一百五六十年，其间互市虽有中断，但并未完全停滞。到隆庆五年（1571年），双方达成通贡、互市的和平协议，史称"隆庆和议"。此后，明蒙之间的朝贡贸易转为互市交易。

明末，中国距资本主义仅一步之遥。但就这一步，成为成语"功亏一篑"的经典注脚。从隆庆开关的1567年到明朝灭亡的1644年，二者仅仅相距不到80年。无奈明末国内弊病丛生，内有农民起义，外有清兵叩关。王朝统治摇摇欲坠，纵使海上贸易繁荣也不足以逆天改命。到清初，为巩固政权，清朝统治者恢复了海禁政策。这一禁，便彻底阻断了中国自封建主义向资本主义转变之路。此为后话。

纵观明朝的贸易，有许多值得玩味之处。

先说明太祖的"海禁"政策。除倭乱因素之外，作为开国君主，朱元璋也同样担心国内反叛势力如张士诚余部勾结海外势力。令人感慨的是这一政策迁延了200余年才废止。受"海禁"政策影响的主要是福建省。俗话说"靠山吃山，靠海吃海"，后一句正是福建沿海百姓的真实写照。"靠海"于他们而言，不仅仅是打鱼捕虾、获取海产那么简单，也包括沿海贸易。背后一个重要因素是闽南居民贩卖鱼虾和海盐获利甚微，如无互市交易作为补充，生活难免贫苦难支。正德朝之前，普通百姓基本沾不上朝贡贸易的边，私人从事贸易会受到严厉惩罚，人们反抗情绪高涨。部分沿海居民出海做海盗，冒险私自贸易的情况屡禁不绝。

为确保明朝获得收益，也为缓解沿海矛盾，正德四年（1509年）起，明廷对番货实行"抽分"。得益于该政策的主要是广东，来到广东的私人船只也可在"抽分"之后在中国交易货物。私人海贸由此得到了一定的发展。因为"抽分"方便了私贸，一些朝贡者也直接转为私贸，免去贡物及繁文缛节，朝贡贸易越发冷却。但仅是这一点点喘息的空间，很快又因朱厚熜时期的"争贡之役"而被重新剥夺。简单说来，就是日本两大势力集团的朝贡使团来到大明后，因为勘合真伪而在宁波大打出手，在当地造成伤亡和恶劣影响。朱厚熜因此逆势重申严厉"海禁"政策。沿海百姓就如同一盆花刚见着些许阳光，又遭暴雨浇淋。嘉靖朝时期海贼泛滥更甚于前，更是陷入反抗—镇压—反抗……的死循环。嘉靖四十五年（1566年），倭寇基本剿清，明廷才认真考虑通海路、通私贸的问题，所幸朱载垕也终于准允了隆庆开关。200余年放在历史的尺度上可能不值一提，但其间历经明朝12任皇帝，又有多少百姓泥陷其中。

我脑海中浮现出一个成语：因噎废食。当一项政策的实施已经明显跟不上时代的潮流时，如果不能做出适当的调整或将其抛弃，无论它曾经起到过多么积极的作用，终究会成为一道枷锁。12任皇帝，不能说心里都全无百姓，但本质上仍是认为王朝统治优先于百姓疾苦。我们今天常说处理问题要善于抓主要矛盾，但回望历史，又有多少帝王真正知道什么是主要矛盾？

除前面提到的维护统治的需要，还有一个因素也不能忽视——重农抑商，本书在介绍明朝之前的朝代时也数次提到。中国因自身特有的地理环境，自古以来，人们便天然地与土地绑缚在一起。儒家重农抑商的思想根深蒂固。朱元璋出身贫农之家，想必重农思想也是与生俱来的。明朝开国之初，朝代交替、连年战乱导致民生凋敝、百废俱兴，首先恢复作为国本的农业经济几乎是朱元璋必然的选择。与此同时，商贸交易没有良好的物资基础，自然不会在扶持之列。可惜的是，重农抑商的思想依然贯穿了整个明朝，尽管在全球化的大背景下，崇尚自然秩序和物质生产的重农思想已经渐渐跟不上快速流通的商品经济的需要。"海禁"禁的是海上贸易，从更深层次看，也很大程度上阻碍了中国与世界各国的文明交流，导致明朝人未能很好地融入如商品和贵金属一样加速流动的世界知识大潮。

  隆庆开关真算是颠覆性的创举，朱载垕没有拿祖宗家法说事因循守旧，已是相当难得。然而，不可否认的是，即便是隆庆开关，也具有一定的局限性。中国漫漫海岸线，也无非只开了月港。也许是朱载垕生命短暂，统治期匆匆而过，他未及进一步实施开放举措。也许因为大明帝国200余年的积弊远不止"海禁"一项，已是积重难返，决定了这次开关未逢其时，只能昙花一现。远的不说，之前的朱厚熜24年间几乎不上朝，之后的万历朝，朱翊钧28年不上朝，朱载垕夹在中间，显得孤独而尴尬。很多人会想，如果开放的范围再大一些会如何。这的确是一个值得探讨的问题。隆庆开关200年后，第一次工业革命在英国兴起。而往回看100余年，郑和的船队启航，当时大明的造船技术和航海技术可以说是傲视全球。其间300余年，中国便从大航海的先驱变成与工业革命失之交臂的后知后觉者，很难不令人唏嘘。

第十三章

# 清初百年

> **提要**
>
> 康雍乾时期——自 1681 年康熙平三藩至 1796 年乾隆退位，康熙创设"内务府"，雍正创设"军机处"，为长治久安发挥了积极作用；拓展疆域，清朝国土面积比明朝增加 300 多万平方公里；引进高产抗旱的粮食，人口跳跃式增长；组织编纂《康熙字典》《四库全书》，向欧洲推介中华文化，被誉为"康乾盛世"。

## 开国立朝：偶然之偶然

满族的来源，隋唐称"靺鞨"，五代以后称"女真"，明朝后期才改称"满族"。明末他们总人口才 34 万，兵 4 万，而中原人口达 1.6 亿，根本不成比例。努尔哈赤虽有"无敌雄师"之誉，也只不过在东北一隅横冲直撞。翻开中国地图看看，蒙古高原自东北向西南方向延绵万里,东北和南方是两大平原,再向东是碧波万顷的渤海。在山与海之间,只有一条极狭的走廊。这走廊两端,一头是山海关,一头是锦州。它是从辽东进关的必经之地。大军要想过关,不走这条走廊就得远绕蒙古。即使绕道蒙古入塞,如果没打通这条走廊也不敢久留。因此,尽管丧失关外40余城,只要最后一道关山海关守住,就仍然有"一夫当关,万夫莫开"之势,满族想要入关统治中原的可能性微不足道。

他们本来很可能没有入主中原的奢望。美国汉学家魏斐德认为:

> 皇太极对将来统治天下怀有矛盾的心理。他想当皇帝,但未必渴望北京的龙床。他的主要汉族谋臣宁完我、范文程和马国柱,经常劝他出兵明朝,占领中原。但皇太极坚持说,他并非"好杀掠而兴兵"。相反,他与明朝交兵是因为对方拒绝响应他的和平建议。①

何况他们不是没有后顾之忧。努尔哈赤通过30多年努力,于天命元年(1616年)基本统一女真各部,便在赫图阿拉城(今辽宁省新宾满族自治县)称帝,史称"后金",崇德元年(1636年)改名为"大清"。第二年努尔哈赤转而向大明挑战,但多年没有实质性战果,他自己倒是在被袁崇焕打伤后不久死去。崇德八年(1643年)也即入关前一年,皇太极死,肃亲王豪格与睿亲王多尔衮争夺皇位,相持不下,暂立5岁的福临为帝,随时可能爆发内战,自相残杀,哪还敢奢望入关?

就在这时刻,李自成率民军攻入北京,朱由检自缢于皇宫后的歪

---

① [美]魏斐德著,陈苏镇、薄小莹译:《洪业:清朝开国史》,新星出版社2017年版。

脖子树上，尸身三天后才被发现，李自成赶到现场，假惺惺叹道："我来与汝共享江山，如何寻此短见？"进京前后几天，李自成华丽转身，竭力约束部下，所杀只是"寄生虫"即衙蠹、府蠹、豪蠹、学蠹和官蠹，所以他们受到北方军民的热烈欢迎。上年被朱由检录取的状元周钟，上表劝李自成早日称帝，称赞他"四海归心，比尧舜而多武功，迈汤武而无惭德"，肉麻得无以复加。还有不少人将李自成比作秦始皇，但他仍然草根本色，不喜欢冠冕堂皇，装模作样，迟迟不肯接受帝王礼仪，明说"我马上天子耳，何用礼为"。他十分鄙视那数千名公开表示愿意归顺的明朝官员，不禁对旁人感叹："此辈无义如此，天下安得不乱？"

大明灭亡后，李自成招降吴三桂，吴三桂已同意，并起程南下。可就在这途中，吴三桂接到家书说陈圆圆被李自成部下抢走。在这惊变的日子里，吴三桂10天里写了6封信给父亲，每一封都关切陈圆圆的安危。爱江山更爱美人，才显英雄本色。吴梅村《圆圆曲》描述这一事件，诗很长，其中一句最出名："恸哭六军俱缟素，冲冠一怒为红颜。"《清史稿》也说：吴三桂"闻其妾陈为自成将刘宗敏掠去，怒，还击破自成所遣守关将"。是的，吴三桂怒发冲冠，当务之急骤然变成找李自成报仇："还我河山，归我佳人！"于是，他忽然想借助于满人，"泣血求助"他们入关来帮他报杀父夺爱之仇，"救民于水火"。吴三桂开出的报答条件是，让他们占长城以北更多地盘。吴三桂的设想是清兵赶走李自成就会撤回东北，而他可以像东汉或者南宋那样恢复大明江山。

清廷摄政的多尔衮喜出望外，马上搁下内讧入关来。此前3次南下，清廷都鼓动士兵抢掠，这次则禁止无故烧杀劫掠，而"当定国安民，以成大业"。他们一路张贴安民布告：

> 义兵之来,为尔等复君父仇,非敌百姓也,今所诛者,惟闯贼。官来归者,复其官;民来归者,复其业。必不尔害。①

清军自称"义兵",打着"为尔等复君父仇"的旗号,一路顺利,很快进京。

李自成抵挡不了清兵,占北京仅42天,最后一天才匆忙称帝,随后四处放火,向西逃去,沿途洗劫民宅和商店。吴三桂被封为"平西王",奉清军之命追剿李自成,不久大功告成。然而,多尔衮却不肯返回关外,而乘势将他们的朝廷搬到北京来,并南下。他们新张贴的布告口气大变,强调中原天下并不是朱氏一家之天下,谁有德谁都可以坐天下。我大清是有德的,你们如果归顺,荣华富贵,否则……②

这时,原来朱由检那帮大儒名臣,与李自成亲热之余,又手舞足蹈地投身多尔衮的怀抱,改朝换代轻易完成。③

明亡清兴是中国历史上改朝换代最富戏剧性的一幕。吴三桂头脑清醒过来后,后悔也来不及了,只能硬着头皮继续错下去。后来被迫反清,说满人如果退回辽东,可以保证让他们享受朝鲜的待遇,康熙不理睬,汉人则没法信任他。从入关到全面征服大江南北的40年间,清军灭南明流亡小朝廷,平吴三桂等"三藩",征郑成功父子,东西南北到处血流成渠。康熙们竭力自吹"自古得天下之正莫如我朝"④,

---

① 萧一山:《清代通史》第1卷,华东师范大学出版社2006年版。
② 《清代通史》第1卷,"天下者,非一人之天下,有德者居之。军民者,非一人之军民,有德者主之。我今居此,为尔朝雪君父之仇,破釜沉舟,一贼不灭,誓不返撤。所过州县地方,有能削发投顺,开诚纳款,即与爵禄,世守富贵。如有抗拒不遵,大兵一到,玉石俱焚,尽行屠戮……"
③ [明]张怡:《謏闻续笔》,"于是,诸名公巨卿,甫除贼籍,又纷纷舞蹈矣。"
④ 《清圣祖实录》卷275。

实属谎言。

从大明到大清是一连串偶然促成的,而从野蛮屠杀到盛世则是另一系列偶然成就的。

福临继位时才5岁,显然需要"周公",这就是他的叔叔多尔衮。直到顺治七年(1650年)多尔衮病逝,第二年福临将多尔衮同母之兄以谋乱罪幽禁后,才开始亲政。福临也曾雄心勃勃,想干一番事业,但他更迷恋情色,不惜改变祖制选收汉人宫女,弄得大江南北人心惶惶。他宠爱董鄂妃,董鄂妃偏偏薄命。顺治十七年,董鄂妃一死他的心也死了,只想远离红尘,虽经劝谏重新蓄发罢出家之念,精神却再也振作不起来。第二年病死,年仅23岁。也有人说他最终还是出家去了,这成为清史三大疑案之一。

福临13岁结婚,共生8个儿子。那么,选谁为太子呢?康熙是第三子,只因脸上有几颗浅浅的痘痕,居然成为入选的理由。原来当时已比较开放,任用德国传教士汤若望为钦天监。汤若望也通现代医学,说福临患的不治之症是天花,康熙脸上有痘痕表明他出过天花,具有终身免疫力,而其他皇子都没出过天花。换言之,没出过天花的还会出天花,夭折可能性大。就这样,福临在临死前下"罪己诏"自我检讨14条过错,并指定康熙为太子。福临死后康熙即位,但康熙这时也只有不到7岁,又需要"周公"。这"周公"是鳌拜等4位大臣。

鳌拜有"满洲第一勇士"之称,为清王朝立下汗马功劳,但在4位辅政大臣中地位最低。不过由于其他3位年老多病等原因,鳌拜还能专权。鳌拜结党营私,日益骄横,后来发展到不顾康熙意旨,先后杀几位大臣的地步。

康熙八年(1669年)的一天,15岁的康熙领着一群少年在宫内玩

"布库"。布库即摔跤，是满族一种常见的角力游戏，所以鳌拜不以为意，还跟着他们嬉闹，让他们抓住。万万没料到康熙的脸色陡然一变，当即宣布鳌拜30条罪状，廷议当斩，但念鳌拜历事三朝，不忍加诛，予以革职。就这样，不可一世的鳌拜偶然不小心被年纪轻轻的康熙下狱，不久死于禁所。从此，康熙开始亲政。

康熙在拓展疆土方面很有作为。但他比较低调。1721年，康熙登基60周年即将到来时，群臣建议举国大庆，他不同意，于后一年病逝。

康熙有16个儿子。长子胤禔在平噶尔丹时立过战功，但他迷信喇嘛，为当皇帝竟然想用魇镇之术谋害太子，甚至说要替父杀子，被囚终生。次子胤礽被立为太子，康熙由此一改满人不立太子的习俗。胤礽是中国历史上最后一位太子，也是在位时间最长的太子，但他从小被宠溺，养成暴戾性格，飞扬跋扈，奢侈骄横，最后被废，被囚禁至死。三子胤祉是个书生学究，言多必失，尽管有康熙庇护但也不可能被立储，后来也被幽禁。四子胤禛性格与3位兄长不同，韬光养晦，吃斋念佛，好像对皇位根本没有觊觎之心，却最终夺得大位，年号"雍正"。民间盛传胤禛将康熙遗诏"传位十四子"改为"传位于四子"，前些年辽宁省档案馆新馆展出康熙用汉、满、蒙3种文字写的遗诏原件，证明并未篡改。

雍正儿子有10个，然而长子早在弘历（乾隆帝）出生前7年死去，其后还有5个皇子夭折，六子过继给别人，只剩四子弘历与五子弘昼两个竞争。弘历只比弘昼早出生一个时辰。雍正十三年（1735年），雍正去世，弘历继位，年号乾隆。弘昼被称为历史上著名的荒唐王爷，因为他喜好办丧事吃祭品，但有历史学家认为他其实装疯卖傻，目的是避免卷入皇位之争。这样倒好，让乾隆集中精力享受权力。

## 最大看点：封建王朝的最后盛世

### 一、远迈汉唐

《清史稿》不无自豪地写道：

> 有清崛起东方，历世五六。太祖、太宗力征经营，奄有东土，首定哈达、辉发、乌拉、叶赫及宁古塔诸地，于是旧藩札萨克二十五部五十一旗悉入版图。世祖入关翦寇，定鼎燕都，悉有中国一十八省之地，统御九有，以定一尊。圣祖、世宗长驱远驭，拓土开疆，又有新藩喀尔喀四部八十二旗，青海四部二十九旗，及贺兰山厄鲁特迄于两藏，四译之国，同我皇风。逮于高宗，定大小金川，收准噶尔、回部，天山南北二万余里毡裘湩酪之伦，树颔蛾服，倚汉如天。自兹以来，东极三姓所属库页岛，西极新疆疏勒至于葱岭，北极外兴安岭，南极广东琼州之崖山，莫不稽颡内乡，诚系本朝。于皇铄哉！汉、唐以来未之有也。[①]

清初百年，确实如此变魔术般崛起。从努尔哈赤到康熙、乾隆，从东北一隅入关，东征西并，南拓北扩，疆域最盛时达1316万平方公里，远迈汉唐。

---

① 《清史稿》卷五四，地理志，第2册。

## 二、发展经济

传统中国是一个农业社会，农耕一直受到朝野重视。皇帝为鼓励百姓春耕生产，常常会搞些"演耕"活动，就是在御苑一块土地上种些庄稼，表示带头春耕了。康熙可是动真格，在丰泽园种了几亩水稻。水稻一般九月成熟，但有年六月下旬的一天，他忽然发现一株稻子又高又壮，谷粒已经饱满成熟。他把这株稻谷收藏起来，第二年再种下去，也在六月间成熟。如此反复，经过10年试验，培育出一个崭新的水稻优良品种"御稻米"。

康熙们非常重视垦荒种粮。如康熙五十三年（1714年）湖南荒田4.61万顷，招民开垦，免租6年。雍正元年（1723年），雍正专门下诏：垦荒对百姓是最有利的，但有些州县甚至督抚"陋规"不少，导致垦荒比买地还不合算，所以百姓变得宁肯抛荒。今后，各地不得勒索阻挠。宁夏北部原来是一片尚未开发的荒滩，南北绵延数百里，东西宽四五十里或二三十里不等，蒙语称之"查汉托护"，意为"白色河湾地"，即今宁夏平罗等地。因唐徕、汉延两渠水流不到，地广人稀，雍正四年，当地负责水利的官员通智和川陕总督岳钟琪在这里组织开新渠，渠成后可垦地2万余顷，按每户授田百亩可安置2万户。雍正六年，雍正令招募远近的农民移居那里，由官府发给牛具、种子和钱粮，鼓励他们在那里安居乐业。如今平罗县人口已达近28万，并有"塞上小江南"之誉。

据统计：顺治十八年（1661年）全国耕地面积仅526万顷，康熙六十一年达851万顷。农业种植方式也得以改进，广东部分地区收获早稻后插晚稻，收获晚稻后再种油菜或甘薯，一年三熟。江西土薄，早稻收获后不能续种晚稻，就种荞麦，一年两熟。由于南方多熟种植的推广，每年可增产粮食60多亿公斤。而由于粮食增产，加之没有大范围的战乱，人口迅速增长。康熙时期全国人口恢复至1亿，乾隆六年（1741年）增至1.4亿，乾隆二十七年超过2亿，乾隆五十五年突破3亿大关。①

中国历朝历代都重视农业，商业长期受打压，手工业与科技则被视为"奇技淫巧"。在国学大师钱穆《中国经济史》一书当中，也没有工商业的一席之地。然而，从一些蛛丝马迹看，"康乾盛世"工商业已有长足发展。

先看矿业。在古代有着十分重要的意义，但统治者顾虑重重，往往禁止多于支持。雍正时期就主禁。乾隆五年，大学士赵国麟建议："凡产煤之处，无关城池龙脉及古昔帝王圣贤陵墓，并无碍隄岸通衢处所，悉听民间自行开采，以供炊爨，照例完税。"②乾隆准奏，直隶、山东、山西、湖南、甘肃、广东等省俱听民采煤。据统计，雍正十三年（1735年）全国矿场仅162处，乾隆五十二年增至309处。但乾隆是有条件的，他坦言"朕思开采一事，虽有益于鼓铸，每易于滋事"，要求"断不可因目前之微利，启将来之患端"③。广西一个铜矿因为与苗疆近，乾隆就要求"照常封闭，以杜聚集奸匪之渐"④。新疆金矿类型较多，以砂金和脉金为主，曾有人在阿勒泰的河床中淘出重达170两的金块。乾隆时期在阿勒泰地区发现大型金矿，关内很多流民跑去那里挖矿淘金。官府怕流民多了引发骚乱，派兵把守关口，不准运送粮食进去。流民出逃矿区

---

① 闵宗殿：《中国农业通史》附录卷，北京：中国农业出版社2017年版。
② 转引自《中国历史大事编年》卷五。
③ 《乾隆实录》卷二九七。
④ 《乾隆实录》卷二九七。

只好铤而走险，翻山越岭，打家劫舍，变成为害一方的土匪。朝廷多次派兵去围剿，折腾了几年，土匪反而越剿越多。乾隆退位当年即1796年，他对一些军国大事放心不下，还重申查禁新疆开挖金矿。

再看手工业。主要是茶叶、陶瓷和丝绸等粗加工的初级产品的生产。

中国的丝绸业发展很早，在西汉就拓展了"丝绸之路"。棉花在南北朝时期引进，明代后期已经"遍布于天下……（人）皆赖之，其利视丝、麻，盖百倍焉"[1]。棉花种植衍生出纺线、织布、印花、染色"一条龙"产业，其生产集散地在今上海、苏州一带。明清时，内务府在南京特设"江宁织造"，以皇商身份共同经营江南地区的丝绸产业。明朝由提督织造太监主管，康熙二年（1663年）改由内务府派员常任，后改为"江宁织造郎中"。历史上对手工业也有一些限制，例如江南丝织业就规定"机户不得逾百张，张纳税当五十金，织造批准造册，给文凭然后敢织"[2]，江宁织造曹寅（曹雪芹祖父）向康熙奏请免税，获准允，民间纺织业一时突飞猛进。康熙多次严令禁止各级官僚通过陋规、摊派等手段盘剥手工业者与商人。如康熙三十九年（1700年）规定："如遇大差大役，有因公济私，以一派十者，又有每年每节派送大小礼仪者，郡守之交际又有派之各属者，有府州县卫所官出门，派中火路费以及跟役之食用者，有上司差使往来派送规例下程者，起运饷银派解费者……应勒石永禁从之。"[3] 对此禁令，全国各地贯彻落实。例如康熙五十八年，山东巡抚李伟在长清县孝里铺（今山东济南长清区孝里街道）树了一块

---

[1] ［美］裴德生编，戴寅等译：《剑桥中国清代前中期史》上卷，中国社会科学出版社2020年版。
[2] 《江宁府志》。
[3] 《清朝文献通考》卷二一。

"禁止苛派告示碑",其精神与康熙此令高度一致:

> 今钦奉恩诏:内开杂派款项,永行禁革,以安民生。我皇上视民如伤,时勤宵旰。凡属臣工,自当益加警惕,弊绝风清……①

严禁乱摊派的做法,为工商业发展创造了一个良好的社会环境。清时仅今南京市区范围就拥有织机3万多台,男女工人5万,相关就业者20多万,年产值达白银1200万两。

中国瓷器也历史悠久。这时期,西洋原料及技术传入,使"瓷都"景德镇的瓷器生产如虎添翼,步入高峰。乾隆时督陶官唐英《陶冶图说》:"景德镇袤延仅十余里,山环水绕,僻处一隅,以陶来四方商贩,民窑二三百区,工匠人夫不下数十万,藉此食者甚众。"景德镇四大传统名瓷青花瓷、玲珑瓷、粉彩瓷、色釉瓷,在康熙时发展出青花、五彩、三彩、郎窑红、豇豆红、珐琅彩等装饰品种,雍正时发展出粉彩、斗彩、高低温颜色釉等品种,乾隆时又发展出青花玲珑瓷、象生瓷、仿古铜等特种工艺瓷,不断推陈出新,深受西方消费者喜爱。

对外贸易也是一个观察角度。明清时代先后3次限定西洋商人只可在广州一地通商,史称"一口通商"。第一次是明嘉靖年间(1523—1566年),第二次是清顺治至康熙年间(1655—1684年),第三次是乾隆二十二年至道光二十二年(1757—1842年),《南京条约》签订后改为"五口通商"。"一口通商"一方面给广州带来迅猛发展的机遇,另一方面是广州生产并销往海外的工艺品,主要有广绣、广彩、广雕及外销画、外

---

① 转引自韩子奎:《长清"禁止苛派告示碑"史话》,《济南日报》,2022年3月27日。

销银器、外销漆器、外销扇等,中华民族的传统风格、广东本地审美趣味与西洋情调相映成趣,也给西方世界好一阵惊艳。仅说当时的外销扇,与中国传统扇有较大区别,从材质角度而言有象牙扇、玳瑁扇、檀香扇、贝雕扇、银累丝扇、羽扇、丝绣扇等。据"沐文堂"收藏全集《中国扇具》介绍:这些扇子被欧洲上流社会贵妇、少女们作为时尚饰品,连玛丽女王和维多利亚女王都爱不释手,并且在社会开始风行一套"扇语"——例如把扇柄放在唇上,表示"请你吻我";左手拿着扇子,表示"来跟我谈";手指扫过扇面,表示"想亲近你";扇子横放颊前,表示"我爱上你";右手执扇置脸前,表示"请跟随我";左手执扇置脸前,表示"想认识你";扇子搁在右颊上,表示"对";扇子搁在左颊上,表示"不对";慢慢关上张开的扇子,表示"愿嫁给你";扇子掉在地上,表示"交个朋友"。当时在思想文化界,欧洲也有一股"中国热"。

清代大一统的格局,行之有效的农工商各业举措,带来了国力的提升。英国"麦迪森数据库"创造者、荷兰格罗宁根大学荣休教授,剑桥大学 Selwyn 学院荣誉院士安格斯·麦迪森在其所著《世界经济千年史》一书中写道:

> 19世纪以前,中国比欧洲或亚洲任何一个国家都要强大。从5世纪到14世纪,它较早发展起来的技术和以精英为基础的统治所创造的收入都要高于欧洲的水平。14世纪以后,虽然欧洲的人均收入慢慢地超过了中国,但是中国的人口增长更快。1820年时,中国的GDP比西欧和其衍生国的总和还要高将近30%。①

---

① [英]安格斯·麦迪森,伍晓鹰、许宪春、叶燕斐、施发启译:《世界经济千年史》,北京大学出版社2003年版。

1820年这个时间距乾隆时代稍晚一些,但值得参考。

## 三、昌明文化

康熙、雍正和乾隆的汉文化水平都很高,对文化建设还是比较上心的。

先说开科取士。早在清初,范文程曾进言:"治天下在得民心,士为秀民。士心得,则民心得矣。请再行乡、会试,广其登进。"[1]清统治者欣然采纳。入关第二年即1645年正式开科,并颁布《钦定科场条例》,随后一再修订,对科举制度的方方面面做了非常详尽的规定。"八股文"在明朝就声名狼藉了,清朝还是长期坚持。为什么呢?大臣鄂尔泰坦言:"非不知八股为无用,而牢笼英才,驱策志士,其术莫善于此。"[2]所以,钱穆指责:"若说考试制度是一种愚民政策,清代是当之无愧的。"[3]

再看清代重大文化工程,相继编成了《康熙字典》《四库全书》,对梳理、传承中国文化的巨大作用不可估量。

《康熙字典》于1716年编成,全书12集,每集上中下3卷,收录汉字47035个。其优点一是收字相当丰富,在很长时期内是我国字数最多的字典(1915年被《中华大字典》超过);二是以214个部首分类,并注有反切注音、出处及参考等,差不多把每一个字的不同音切和不同意义均列举入;三是除僻字僻义外,差不多在每字每义下举例,而又几乎全引始见的古书。

---

[1] 《清史稿》卷二三八,范文程传,第8册。
[2] 《满清稗史》第37节。
[3] 《中国历代政治得失》。

《四库全书》分经、史、子、集四部，故名。鉴于《永乐大典》佚失，乾隆三十七年（1772年），乾隆诏令将所辑佚书与各省所采及武英殿所有官刻诸书汇编在一起。这是一项浩大的文化工程，历时10年才完成。乾隆经常亲自审检《四库全书》书稿，多次发现错别字，如将"桃"误为"梅"之类。总纂纪昀等人某年被记过3次，纂修周永年某年记过50次，总校官何思钧记过3828次，[1]这说明乾隆对此书质量督察非常严格。《四库全书》共收书3460多种，"经部"分易、书、诗、礼、春秋等10类，"史部"分正史、编年、纪事本末等15类，"子部"分儒家、兵家、法家等14类，"集部"分楚辞、别集、总集等5类，总约10亿字。一般认为这部书客观上保存了大批重要典籍，开创了中国书目学，确立了汉学在社会文化中的主导地位，具有重要的文献价值、史料价值、文物价值与版本价值。

### 四、文化交流

在"康乾盛世"中国文化曾在欧洲国家引发一股"中国热"。

孔子时代所说的"天下"只是今日中国很小的一部分，他"周游列国"其实还没出今天山东、河南两省。后来面临的"国际社会"，长期也只不过加上今天的朝鲜、日本、越南等周边国家。除郑和下西洋可能到过非洲好望角，基本上没有超越我们现代所说的亚洲，也只不过是真实"天下"很有限的一部分。随着航海技术发展，步入清朝，世界局势发生了巨变。

在"康乾盛世"，西方对于中国大多是尊重而友好的，政治、经

---

[1] 唐文基、罗庆四：《乾隆传》，人民出版社2015年版。

济、文化交流比较正常。康熙善于抓历史机遇。1681年,法国国王路易十四向清朝派出所谓的"科学"传教团。康熙热情接待,甚至在巡视中与他们同住一顶帐篷,同吃一桌饭菜,情同手足,让他们深为感动与钦佩。白晋是法国天主教传教团成员之一,1682年到北京,为康熙讲授天文、历法及医学、化学、药学等西方科学文化知识,并用西药治愈了康熙的疟疾。康熙很感激,特地在皇城西安门内赐地建房作为传教士的住宅。康熙特聘白晋为钦差,委托他回去招聘更多耶稣会士来中国。白晋回法国后,出版了《中国现状》与《康熙皇帝》两本书,详细介绍康熙的文治武功,及其品德、性格、生活、爱好等,皆是溢美之词。这书不仅送呈路易十四及王族,还在巴黎公开发行,向西方大展康熙的光辉形象。其他传教士纷纷响应,争着出书宣传介绍中国,中国变成当时世界最耀眼的"文化输出国"。

**法国耶稣会神父杜赫德**:虽然一生从未踏入中国,却也对中国文化非常着迷。他收集大量在华耶稣会士有关中国的通信、著作、研究报告等,精心选编《中华帝国及其所属鞑靼地区的地理、历史、编年纪、政治和博物》(简称《中华帝国全志》)一书,内容涉及中国地理、历史、政治等各个领域,分4卷,长达2500页。这不仅是耶稣会士报告的分类汇编,还是18世纪上半叶欧洲有关中国知识的总汇。1735年在巴黎首印,随后被译成英文、德文、俄文,介绍到欧洲各国,引起欧洲专家学者越来越大的兴趣,直到19世纪都是欧洲"关于中国知识的标准著作",被誉为法国汉学三大奠基作之一。

**法国耶稣会传教士刘应**:与白晋等耶稣会士一道曾向康熙奉献金鸡纳霜(奎宁),治好康熙的疟疾。他对中国和中亚历史都有研究,著《鞑靼史》一书,汇编中国史书有关匈奴、鞑靼、蒙古、突厥等的史料，1779年在巴黎出版。

**法国耶稣会传教士冯秉正：**出生于法国一个古老的望族，1686年抛弃荣华富贵，不断申请来中国传教，1702年终于成行。冯秉正精通满、汉语言，先后为康、雍、乾三位皇帝提供过翻译等方面的服务。他会同德玛诺神父一起测绘河南、浙江、福建等地，后测绘台湾及其附属各岛。历经10余年，于康熙五十七年（1718年）制成《皇舆全览图》和各省份图稿32幅，刻印成册。冯秉正还熟悉中国古籍及风习、宗教、历史，尤其善于考据，便以《通鉴纲目》一书为主，博采其他史书加以补充，对明清两代介绍尤为详细。历时6年，《中国通史》7卷本终于译成。冯秉正将书稿寄回法国，该稿由于意外原因在里昂学院图书馆沉睡了30年，直到1783年才付梓。同年就有人将其翻译成意大利文，为欧洲人研究中国提供了很大方便。

**欧洲旅居中国和东印度的传教士：**将相互间的书信和报告汇编为《耶稣会士书信集》，1702—1776年共刊出34卷，其中16至26卷收集由中国寄回的信。1843年在巴黎重新出版，名为《耶稣会士中国通信集1689—1781年》，记载康熙、雍正、乾隆年间白晋、马若瑟、宋君荣等众多法国耶稣会士的通信内容，对中国哲学宗教、历史地理、民风习俗、物产工艺、伦理道德等方面都有描述，成为当时欧洲人了解中国乃至东方的第一手资料和主要参考文献，很快被翻译成欧洲多种文字，成为18世纪欧洲汉学的三大巨著之一。

这样，很快在欧洲掀起一场"中国热"。当时西方帝王们像当今少男少女追星一样崇拜中华文化，不仅仿造中国皇家园林，还仿效康熙亲自驾牛扶犁耕地作秀。

伏尔泰有"法国的孔子"之誉。他并没有到过中国，只是凭着传教士们的介绍，就对中国崇拜不已，认为中国是"举世最优美、最古老、最广大、人口最多和治理最好的国家"，毕恭毕敬在自己书房中挂着孔子像，每天一起床向孔子行礼；将元杂剧《赵氏孤儿》改编为《中国孤儿》在法国广泛上演，并公开呼吁"全盘华化"。法国思想家托克维尔还写道：

> 游客告诉我们，中国人安宁但不幸福，有工业但不进步，稳定但不强大，有物质性的秩序但无公共道德。由于这些，社会的发展还算不错，但不是很好。我想，当中国向欧洲人开放之时，他们会发现那是世界上中央集权制的最佳模式。①

法国路易十四对中国，"虽不能至，心向往之"，随之建立起凡尔赛—北京轴心。法国人甚至用中国"民为贵，社稷次之，君为轻"之类思想为武器攻击本国等级森严的社会政治制度。

## 千古之叹：明清时期为什么逐渐陷入停滞

从文明的角度看，晚明至清中期是一个逐渐陷入停滞的时期，这是一个比较大的共识。清中期即历经三朝的康乾盛世。

雷海宗痛心地写道：

> 晚明、盛清是政治文化完全凝结的时代。元、明之间仍有闽、

---

① ［法］托克维尔著，董果良译：《论美国的民主》，商务印书馆1988年版。

粤人的活动，王阳明的奇才，足以自负。明末以下的三百年间并没有产生一个惊人的天才，也没有创造一件值得纪念的特殊事业，三世纪的工夫都在混混沌沌的睡梦中过去。①

这话说得有点重，是一个学者的呐喊。

自"隆庆开关"至清初，中国海上贸易还是取得了较大的发展。然而，这只是末世的一抹亮色，终究无法盖过明末的败家。明末至清中期的政策举措确有一些连续性，关于明末情况，前文已说过，本节将目光更多地投向清早期和中期。康雍乾时期既为盛世，为何短短44年之后即爆发第一次鸦片战争，清政府从此便签订了一个又一个丧权辱国的条约，中国几乎走到亡国的边缘？这个问题，史学界评价基本一致：在这130余年的盛世表象之下，实则潜藏着诸多问题，使得中国的社会发展逐渐陷入停滞。

## 一、转型失败

经过康熙、雍正、乾隆祖孙三代的努力，中国封建社会达到了中央集权的顶峰，各项盛世指标均达到甚至超出。但又不得不说，对比其他盛世，康乾盛世是处在一个特殊的时代关口。西方各国在17—18世纪纷纷完成了从封建社会向资本主义社会的转型，并通过殖民掠夺完成了一轮原始积累，将生产力水平提升到了历史高度。

而中国，在明末刚刚出现资本主义萌芽，却被清兵入中原打断了向资本主义发展的历史进程，因而没能在清朝完成从封建主义到资本主义

---

① 《中国文化与中国的兵》。

的转型。国内，至清朝，小农经济仍然是中国主要的农业生产模式，很难产生巨大的商品交换需求，也很难出现大量的富余劳动力专门从事手工业生产，更难促进农耕技术进步，农民无法受惠于新的技术革命成果。而知识分子普遍热衷于通过科举步入仕途，对提高生产力毫无兴趣；明清两朝的闭关政策又阻碍了外部世界的新技术传入中国。

为了满足统治阶级和权贵的奢侈生活需要，丝织品、瓷器、茶叶、药材、珠宝等高档商品的生产在一定程度上得到了发展，但棉纺业这种与百姓相关的产业则无起色。工场主和商人作为新兴资产阶级，力量远不够强大，他们更多的是依附和讨好统治阶级，甚至也受保守思想影响，赚了钱也想捐个官当当，走上"正道"。因此，向资本主义转型的阶级力量不足。

清政府的外贸政策显然也是保守的。据研究，清初至鸦片战争前，大致可分三个阶段，一是顺治十二年至康熙二十二年（1655—1683年），严厉海禁，外贸基本停止；二是康熙二十三年至乾隆二十二年（1684—1757年），开海贸易，设江、浙、闽、粤四海关；三是乾隆二十二年至道光二十年（1757—1840年），埠定广州为唯一对外贸易口岸，外贸政策逐渐走向封闭。在差不多二百年间，错失了很多向别国学习，对世界开放的机会。面对全球资本主义扩张，老迈的帝国势必走向停滞与没落。

反观同时代的西欧大小国家，它们大力发展资本主义，并野蛮地向全世界扩张。荷兰直到1579年，还只是西班牙王国的北方一省，但1581年尼德兰联省共和国成立后，勇于改革开放，崇尚自由贸易，不论你信奉什么宗教，都欢迎到荷兰做生意。于是，世界各地的商人都朝荷兰奔去。荷兰迅速成为航海和贸易强国，被誉为"海上马车夫"，在世界各地建立殖民地和贸易据点。

同以荷兰为代表的西方资本主义列强相比,所谓"康乾盛世"简直不值一提了。

## 二、思想僵化

与其他大部分盛世相比,康乾盛世一个最突出的特点恐怕就是文化方面不再具有包容性,"文字狱"的阴影始终笼罩在清朝知识分子头上。

从雍正朝开始频频制造"文字狱",乾隆时期则到了"登峰造极"的地步。当时的文人不敢研究历史,更不敢联系现实,"古人之文一涉笔必有关系于天下国家,今人之文一涉笔唯恐触碍于天下国家"[①],只能埋头于故纸堆,钻研文字音韵之类。越来越多读书人由提着脑袋反清复明变为削尖脑袋投清廷怀抱,皓首穷经,甚至不惜铤而走险,自然没心思去考虑国家民族,去探求人生哲学。

在文化交流方面,也存在着一定的局限性。或许有人会问,前文不是提到康熙挺支持西方传教士来华吗?康熙朝西方传教士来华,带来西方科学技术不假,但西方传教士带来的知识基本上没能走出紫禁城,只是皇帝和少数高级官员的谈资,并未在整个知识分子群体中激起什么水花,更遑论对普通百姓产生什么影响。如果要说文化交流,大概更谈不上了。从明朝隆庆年间开放海禁开始,西方传教士便伴随殖民的脚步不断走进中国,但明末至清中期,中国除在乾隆朝向俄国派出过使团,可曾向其他西方国家派出过使者?这显然不符合文化交流双向进行的规律。这反映出清统治阶级以"天朝上国"自居的思想

---

① 李祖陶:《与杨蓉诸明府书》。

根深蒂固，即便外面的世界已是日新月异，他们仍然孤芳自赏、抱残守缺。

文明特别是思想文化是一个国家、一个民族的灵魂，而清朝统治者却为了维护封建集权统治筑起了思想的牢笼，导致文化发展不断放缓，以至全国上下万马齐喑，似一潭死水，并且这种僵化还将蔓延至大清的躯干乃至四肢，导致中华民族这个东方巨人沉沉睡去。

### 三、技术落后

天朝的大门是被西人的坚船利炮硬生生地打开的，于是有人说中国不重武，显然冤枉。自从盘古开天地，没有几天不打仗。早在西周之初，官方就要求学生掌握"六艺"，即礼、乐、射、御、书、数，其中射就是射箭的技艺。射箭的技艺提高了，就是战斗力提高。

先秦的君子——贵族是要带兵打仗的，后来的普通学子及第为官后也很可能要率兵御敌，而且大都是跟擅长于骑马射箭的游牧族战斗。乾隆们一次次傲慢拒客，做梦都不会想到这些来自遥远的西方的"客人"最终会变成要自己命的"敌人"。关于马戛尔尼访华事件，我特别关注一个往往被忽略的重要细节：在英国送给乾隆的大堆礼品当中，有一尊"轻便铜制野战炮"，"敢决言中国全境，必无此种轻快之炮"。对此，负责接待的金大人、樊大人和周大人却不屑一顾，没带到北戴河呈送乾隆。后来遇到次相福中堂，马戛尔尼还指望他能帮助将这种大炮介绍给乾隆：

> 因曰：大人为中国兵家，功业彪炳，敝使良深仰慕，此次敝使东来，部下带有卫队一班，颇精于欧洲单板机式之火器操法，倘

异日大人有暇,敝使拟请大人观操,藉聆雅教,弗审大人亦肯赏光否?福大人意颇冷淡,岸然答曰:看亦可,不看亦可,这火器操法谅来没有什么稀罕。①

福中堂竟然认为这火炮没什么稀罕,马戛尔尼实在想不通。没过几天,答案从另一位满族大臣嘴里出来。他叫溥大藩,对马戛尔尼炫耀八旗子弟的先进性:

溥大藩做诧异之状,良久曰:弓箭毕竟是好东西,打起仗来少不了它。余无言,内念中国人之重视弓箭,殆较它种军器为尤甚,缘溥大藩之言既如此……②

溥大藩们早吃过火炮的亏,也尝过火炮的甜头。他们英勇的老祖宗努尔哈赤就曾被明军火炮轰至兵退盛京,他们攻占江南及与四周也屡屡依仗火炮取胜。

但乾隆本人仍沉醉于弓箭。每年夏接见武官后在宫门外比赛射箭,赛3次,每次3箭,乾隆一般9箭中六七箭,1763年一次他9箭全中,可见他的箭术确实不错。然而,时代完全不一样了。这样武装的军队根本吓不倒西洋炮舰,马戛尔尼一眼看穿:

广东一处地近海洋,洋人到中国者必在此间登岸,中国为防御洋人起见,特设重兵镇之……然以余观之,此辈宽衣大袖之兵

---

① 《乾隆英使觐见记》。
② 《乾隆英使觐见记》。

队，既未受过军事教育，而所持用军器又不过刀、枪、弓、矢之属，一旦不幸，洋兵长驱而来，此辈果能抵抗与否？尚属一不易置答之疑问也。[①]

万一什么时候"洋兵长驱而来"，这些"宽衣大袖""未受过军事教育"而只会操刀弄箭的清兵，能够抵抗吗？乾隆们养那些军队主要目的是对付手无寸铁的百姓，那刀、枪、弓、矢当然足够！

"清朝几乎从未在海上花费力气。当英国船舶处于技术高速革新之时，中式帆船却在17世纪之后几乎毫无改变"[②]。

当中国经历了第一次鸦片战争及其之后的一次又一次失败，1865年时任清廷海关总税务司的英国人赫德等上呈3份督促加速开放的建议书，清廷征询沿江沿海各省督抚意见。结果，左宗棠仍然认为英国根本没什么值得我们学习的，他们的"来复枪"还不如我们广东的土枪。

## 四、盲目自大

中国历史上，中原王朝常常自诩为天朝上国，而将其他部族或国家贬低为蛮夷，甚至称别国为属国，把它们同中国进行贸易也看作"朝贡"。这是一种妄自尊大的天朝上国的心理。清朝皇帝们也学会了汉人帝王的这一套。

乾隆不学孔子乐见远客，而要学朱元璋搞海禁。乾隆仅限广州一地对外通商，并限定"十三行"代理一切外商交涉事宜。"十三行"演变

---

[①] 《乾隆英使觐见记》。
[②] [美]罗威廉著，李仁渊、张远译：《最后的中华帝国：大清》，中信出版社2016年版。

成亦商亦官的垄断性外贸组织，收取各种附加费，还有其他名目繁杂的"规礼"，让外商不堪重负。外商很不理解：送礼应该是自愿的，怎么变为不合理的课税了？更让他们不堪忍受的是种种歧视与刁难，给中国官员的信件不是不敢翻译就是被篡改，如平等关系的"国书"被译为上下关系的"表文"，"特使"译为"贡使"，"英吉利"国名3字都加个口字旁以示动物——蛮夷的标志。官方文件对外国商人一律贬称"夷商"，时间一久，外国商人知道这称呼带侮辱性，一次次抗议，但都没用，直到甲午战争后才改正。同时，对外国商人的生活加以种种限制，例如"夷商"只能住由华人"行丁"把守的地方，不得随意出入；有事外出须有行丁跟随，并不许乘轿；不得与汉人交结，不得学汉语；不许带"番妇"入广州，更不许接触中国妇女；而"夷商"稍有违规就被"封舱围馆"。中国有一个成语"南橘北枳"，很好地说明了外部环境对基因的作用。所以，当中华文明基因相同时，为何明清时期中国的发展却放缓以至几近停滞？那就不得不思考这一时期的整体环境了。

读着中国历史，我最常想到的成语典故是：刻舟求剑。此语出自《吕氏春秋》，公元前239年前后才成书，因此孔夫子肯定不知道，但董仲舒、朱熹、曾国藩等大小儒们不可能不知道吧，他们何以老是像王莽那样"脚步向前走而眼睛向后看"？

我还常联想到的成语有：画饼充饥、作茧自缚、削足适履、东施效颦，等等。后儒说"自考亭以还，斯道已大明，无烦著作，直须躬行耳"，我有时想借来用用，不过不是指"自考亭以还"。我是想国人太善于舞文弄墨了，光有那么多成语典故就够用。

当然，我记忆中也有不少美好的诗句，例如："江山不夜月千里，天地无私玉万家。"不要迷失了自我，抱怨基因不好，而要问问是不是给了基因足以让它表现出自身优秀的良好的后天环境。冯梦龙说:"君子之智,亦有一短。小人之智,亦有一长。小人每拾君子之短,所以为小人;君子不弃小人之长,所以为君子。"小人不是天生的,而是长期"每拾君子之短"逐渐形成的。唯有不断自省,自我更新,去伪存真,创造好的生态环境;唯有敞开胸怀,虚心吸纳一切先进的文化化为己用,我们的民族国家才能拥有一副健康的躯体,才能不断成长。

小 结

# 长寿王朝的"长寿秘诀"

> **提要**
>
> 如果说长寿王朝有什么"长寿秘诀"的话,那就是在开国初期能够及时进行正确的改革,实现华丽转身。

一般情况下,长寿王朝从兴起到衰亡的曲线像椭圆上半部分,即多少有些缓慢的转变过程。这个跟"椭"字最相似的隋朝的历史轨迹却像三角形,上端只有一个转折点。隋文帝"开皇之治"造就了开国即盛世的大好局面,604年隋炀帝继位,到609年仍能保持上升态势,几乎和隋文帝时期保持在同一上扬直线水平上,不料短短几年掉下万丈深渊,总体近似一个三角形。

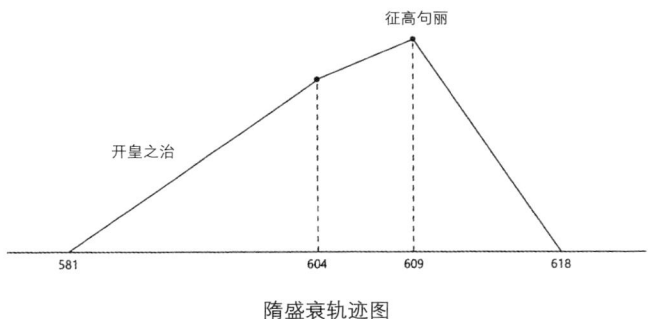

隋盛衰轨迹图

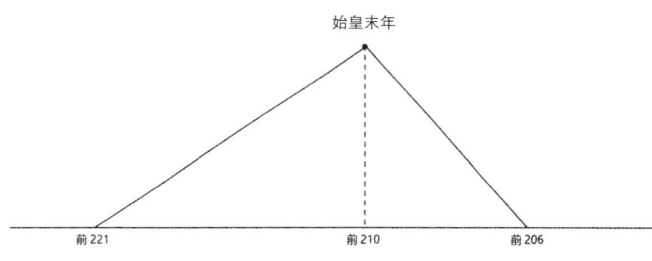

秦盛衰轨迹图

中国历史上的盛世共有 43 个,即盛世 6 个、治世 22 个、中兴 15 个。其中尧舜盛世、少康中兴、盘庚中兴、武丁中兴属于传说时代,东周宣威盛世则由于楚国建国无法考察具体时间,暂不计。其余 38 个盛世当中,26 个出现在开国立朝 70 周年之前,占 64%;其中 7 个在开国帝王手上即步入盛世。我对此做了系统梳理,从中发现一个规律,即:长寿王朝四季分明,从春到夏,历秋到冬;而短命王朝,则直接由春到冬,没有夏秋可言。而长寿王朝的"长寿秘诀"在于他们一开国立朝就开始主动进行改革,把工作的重点转移到社会经济文化建设上,并迅速取得非凡成就,获得一个较长的平稳发展期,从而实现华丽转身。我们可以验之以秦和隋。秦帝国建国迅猛，但没有平稳的发展期。公元前210年秦始皇一死便急转直下，如同一路跑到楼顶便跳下，一点回旋的余地都没有。隋也好不到哪里去，609年是隋朝的一道分水岭。《剑桥中国隋唐史》评述道，在这一年前后，炀帝执政的政治基调发生了变化。在609年以前，炀帝似乎全力采取以下几项措施：进一步巩固从其父亲那里继承下来的帝国，促进帝国发展，获得臣民拥戴。609年以后，他全力专注于对外扩张，对高句丽的征服发展到着迷的程度，对国内问题则相对放松，同时日益依赖他的核心顾问集团。[①]

德国社会学家马克斯·韦伯分析了众多历史人物，认为造反人物往往过于迷信自己的"克里斯玛"，夺权之后仍然不停地折腾，而不懂适时转身，适得其反。克里斯玛意指神授的能力，是追随者用来形容具有非凡号召力的天才人物的用语。多才多艺、被认为功列南朝诸帝第一的梁武帝萧衍，落得被囚饿死的结局，直叹："自我得之，自我失之，亦复何恨！"[②] 王莽、李自成、洪秀全等等都如此。平稳发展期的长短，或者说韧性的强度，决定了一个王朝寿命的长短。

---

① 参见《剑桥中国隋唐史》。
② 《梁书》卷二九，王坚传，第17册。